U0541771

主　　编：王　名
执行主编：仝志辉
本卷执行编委：陈洪涛　董文琪　刘海龙　刘求实　马剑银　谢洪波　周秀平　朱晓红
编辑秘书：刘彦霞
刊物支持：上海增爱基金会

学术顾问委员会
白永瑞（韩国延世大学）
陈健民（香港中文大学）
陈金罗（北京大学）
陈锦棠（香港理工大学）
丁元竹（国家行政学院）
高丙中（北京大学）
官有垣（台湾中正大学）
郝秋笛（Jude Howell，英国伦敦政治经济学院）
华安德（Andrew Watson，澳大利亚阿德莱德大学）
黄浩明（中国国际民间组织合作促进会）
江明修（台湾政治大学）
康保瑞（Berthold Kuhn，德国柏林自由大学）
康晓光（中国人民大学）
莱斯特·萨拉蒙（Lester Salamon，美国约翰-霍普金斯大学）
林尚立（复旦大学）
罗家德（清华大学）
马长山（黑龙江大学）
沈　原（清华大学）
天儿慧（Amako Satoshi，日本早稻田大学）
托尼·塞奇（Tony Saich，美国哈佛大学）
王　名（清华大学）
王绍光（香港中文大学）
温铁军（中国人民大学）
吴玉章（中国社会科学院法学研究所）
杨　团（中国社会科学院社会学研究所）
张　经（中国商会行业协会网）
张秀兰（北京师范大学）
赵黎青（中共中央党校）

（以上均按首字母排序）

本刊编辑部地址：清华大学公共管理学院309室
电话：010-62773359
投稿邮箱：nporeviewc@gmail.com

英文版刊号：ISSN：1876-5092；E-ISSN：1876-5149
出版社：Brill出版集团
英文版网址：www.brill.nl/cnpr

中国非营利评论

清华大学公共管理学院NGO研究所 主办　第五卷

社会科学文献出版社
SOCIAL SCIENCES ACADEMIC PRESS (CHINA)

本刊得到上海增爱基金会的赞助
理事长胡锦星寄语本刊：增爱无界，为中国公益理论研究作出贡献！

增爱无界　胡锦星

卷首语

2009 年即将过去。我在给一个周刊的年底寄语中用了"公益中国"一词，以形容我目力所及的这一年。在这 365 天中，中国非营利与公益事业的发展一方面展现出前所未有的生机及前景，另一方面也遇到了不少新的挑战。

这一年笼罩在 2008 点燃的慈善祥云中。无论慈善捐赠的数字，志愿者的数字，还是各种公益组织的数字，都激动着国人，激动着公益。那些堪称天文数字的一连串的零，让我们确信钱不是问题，人不是问题，组织不是问题……只要我们肯做，公益不是问题。

这一年的公益实践提出了大量理论课题。你做公益，我做公益，但我们做的公益属于谁？谁都不愿承认的公益产权如何从理论上、政策上和法律上说清与界定？和谐社会是不是公民社会？公民社会与社会主义何干？社会组织除致力公益外有没有自身的利益？市场机制的社会企业能否实现公益？在强国家、强市场的挤压下，社会公益的空间到底有多大？如何界定社会组织的市场收益？社会组织的市场收益该不该免税？等等。

这一年涌现出许多社会组织的新葩。不仅在城市社区，也在农村田野，在弱势群体中，在打工者、上访者、感染者、吸毒者、性工作者、同性恋者等各类特殊群体中，在驴友、车友、网友等各种新型社群中，以及在文青、房奴、白领、富二代等新社会阶层中，结社越来越成为一种流行的社会标识，"新社会组织"的称呼表达了一种来自 CCTV 的官方认同，而如"社会复合主体"、"服务体"、"草根"之类来自基层的新词则掩映出实践的创意，社会在迅速的跳跃中前行。

这一年中央和地方都出台了许多可圈可点的公益政策。政府购买公益服务，税收优惠措施和公益认证制度，管理体制创新与改革，基于"部市协议"的先行先试和社会特区，枢纽式平台及一揽子政策，社区备案制实践，以及关于慈善法、协会法等相关立法的热议，等等。相关各级党政部门纷纷出台有关社会组织的"新政",有的甚至打出"公民社会"的旗号力推社会组织的发展与社会改革。

这一年越来越多的企业家和富人慷慨捐赠,用公益刷新财富的含义。新近公布的非公募基金会名单上赫然出现了许多企业及富人的名字:万通、万科、姚明等等;媒体报道的一次性公益捐赠的额度从数千万元迅速攀升到近百亿元;企业社会责任、社会企业、公益创投、公益产业等带有浓厚市场气息的概念风行一时;许多跨国公司、知名品牌,打出种种公益广告并竞相发表社会责任报告。慈善和非营利成了市场中的风向标。

这一年中国的公益之路也遇到了不少新的挑战。被称为奥运期间最亮丽风景线的大批志愿者终究无所适从、销声匿迹;汶川地震后井喷式公益捐赠的绝大多数最终不得不流入财政的渠道,引起媒体和公众的一片哗然;财政部和国家税务总局下发的两个通知引发许多基金会对税收优惠政策的质疑;有关部门以违规为名查处了几家颇有影响的社会组织;等等。

总之,这一年的全球经济被金融危机所笼罩,公益却笼罩着中国。在急促前行中,中国的公益在长大,公益的中国越来越成为市场的话题,国家的话题,公民的话题,成为走向未来的中国形象。

这一年我有幸享受清华七年一度的学术休假,有种"被公益"的轻松和诚惶诚恐。因此得以借机完成拖欠几家出版社的书稿,同时游历各地。上月在哈佛结识一批关注国内非营利事业的留学生,他们以"公益中国"之名成立学生社团,致力于推进关于中国非营利与公民社会的研究,颇令人鼓舞。这也是我借用他们之名致辞的缘由。在岁末年初的此时,我愿寄语更多如"哈佛公益中国会"一样的青年才俊们:中国非营利研究在通向公民社会的中国社会转型中必是越来越重要的智识和思想的源泉,将引领中国未来数十年的发展,因此需要更多能够担此大任的如你们一样的智者。本刊将致力于为所有关注中国非营利研究的智者们,提供一个真正的公共领域。

预祝2010,公益的中国更加成熟,更走近公民社会!

王 名

2009年12月31日于涵清阁

目　录

论文

我国社会组织发展的趋势和特点 …………… 王　名　孙伟林 / 1

从封闭到开放：中国基金会的"散财之道" ………… 徐宇珊 / 24

非政府组织问责研究 …………………………………… 李　勇 / 45

全球气候变化应对与 NGO 参与：

　　国际经验借鉴 ……………… 蓝煜昕　荣　芳　于绘锦 / 87

关于促进 NPO 与政府建立合作关系的有效条件之探讨

　　——以案例分析为中心 ………………………… 李妍焱 / 106

农会是谁的？

　　——战后台湾早期农会法令规范及其演变

　　（1945~1974） ………………………………… 林宝安 / 130

西方社会企业兴起的背景及其研究视角 ……… 杨家宁　陈健民 / 172

案例

非营利组织资源募集策略变迁之研究

　　——以台湾联合劝募组织为例 ………… 官有垣　邱连枝 / 188

书评

重构公民社会理论

　　——读《公民社会与政治理论》 ……………… 谈火生 / 221

随笔

小农挑战全球资本主义
——评"粮食主权人民论坛" ………………………… 严海蓉 / 227

稿　约 ……………………………………………………………… / 237
来稿体例 …………………………………………………………… / 239

CONTENTS

Articles

Trends and Characteristics in the Development of China's
  Social Organizations   *Wang Ming, Sun Weilin* / 1

From Closed to Open: The Ways of Chinese Foundations
  to Distribute Donations   *Xu Yushan* / 24

A Study of NGO Accountability   *Li Yong* / 45

Global Climate Change and NGO Participation: Lessons
  from International Practice   *Lan Yuxin, Rong Fang, Yu Huijin* / 87

Key Factors for Establishing Collaboration between NPOs
  and the Government: A Case Study   *Li Yanyan* / 106

Whose Farmers Associations? The Evolution of Legal Regulation
  of Farmers Associations in Taiwan: 1945 – 1974   *Lin Bao'an* / 130

Research Perspectives on the Background and Rise
  of Social Enterprises in the West   *Yang Jianing Chen Jianmin* / 172

Case Studies

NPO Fundraising Strategies in Transformation
  —A Case Study of the United Way Taiwan
          Yu‑yuan Kuan Lien‑Chih Chiou / 188

Book Reviews

The Reconstruction of Civil Society Theory – Review of
Civil Society and Political Theory　　　　　　Tan Huosheng / 221

Impressions

Small farmers challenging global capitalism: On
"People's Food – Sovereignty Forum"　　　　　Yan Hairong / 227

Request For Submissions　　　　　　　　　　　　　　／ 237
Review Guidelines　　　　　　　　　　　　　　　　／ 239

我国社会组织发展的趋势和特点

王 名 孙伟林[*]

【摘要】 早在改革开放之初就涌现出来的大量社会组织，在推动个人参与、实现社会价值、拓展公共领域等方面形成了日益丰富的社会舞台，成为中国社会转型中不容置疑的事实。同时，各种社会组织无论在广度上还是深度上的延展，都使它们日益融入社会进步的主流进程，成为今日中国之与国家体系、市场体系交相辉映的公民社会体系。从数量增长、社会参与、组织建构和活动领域四个不同视角分析30年来我国社会组织兴起的过程及其发展趋势，可以看出社会组织的兴起是改革开放与社会转型的必然结果。经过30年的实践，一个相对而言较为丰富、多样和开放的结社生态系统逐渐形成，社会组织作为其主要制度形式渐趋规范有序，社会组织的活动领域日益广泛。今日中国的经济发展、社会和谐与政治文明，越来越离不开社会组织。

【关键词】 社会组织　非营利组织

我国的社会组织已经走过了30年的发展历程。如何认识和把握社会组织的发展趋势和特点？近年来一些学者提出了许多观点。例如：孙炳

---

[*] 王名，清华大学公共管理学院教授，NGO研究所所长；孙伟林，清华大学公共管理学院博士研究生，国家民间组织管理局局长。

耀等①提出"官民二重性"等范畴，探索从国家 - 社会关系角度解释社会组织的发生机制；高丙中②从合法性的多层次视角剖析社会组织发展的制度环境；贾西津③阐释了社会组织自上而下型、自下而上型和合作型的三条发育及发展路径；康晓光等④提出"行政吸纳社会"的概念，揭示了社会转型过程中基于行政控制建构的以国家与社会融合为特征的"行政吸纳社会"的制度模式；林尚立⑤则从政党控制的角度，将迅速发展的社会组织解释为执政党的社会基础。这些观点，尽管彼此之间有着不小的差异和分歧，但都注意到了社会组织发展背后的国家 - 社会关系的变化，尝试发掘社会组织发展的内在趋势及其制度基础，在不同程度上揭示了我国社会组织发生和发展的规律，为本文的研究提供了积极的参考和启示。但他们共同的不足在于：未能将社会组织的发展置于其生成发展的整个历史行程之中，进而做总体的、全程的和系统的关照，而是往往停留在某一过程、某一类型、某一问题、某一方面的局部视角，难于形成关乎全局和拔地而起的高度，使得对过去 30 年来我国社会组织发展的总体认识仍显不足，难以为相关的政策和立法过程提供有说服力的支持。

2008 年适逢改革开放 30 周年，本文作者之一⑥有幸组织主编《中国民间组织 30 年——走向公民社会》一书，并执笔其中《民间组织的发展及其通向公民社会的道路》一文。在那里，作者尝试对 30 年来社会组织发展全过程的数量变化进行系统考察和分析，并在此基础上分析社会组织发展的社会基础和可能的发展道路等问题。本文在此前基础上，将研

---

① 孙炳耀：《中国社会团体官民二重性问题》，《中国社会科学季刊》（香港）1994 年第 6 期；康晓光：《转型时期的中国社团》，《中国社会科学季刊》（香港）1999 年第 28 期。
② 高丙中：《社会团体的合法性问题》，《中国社会科学》2000 年第 2 期。
③ 贾西津：《中国公民社会发育的三条路径》，《中国行政管理》2003 年第 3 期。
④ 康晓光等："Government Absorbing Society: A Further Probe into the State - Society Relationship in Chinese Mainland", *Social Sciences in China*, 2007, pp. 116 - 128.
⑤ 林尚立："Two Modes of Social Construction: the CPC and the NGOs", *Social Sciences in China*, 2007. A Quarterly Journal Vol. IX, No. 2, pp. 129 - 136.
⑥ 见王名主编《中国民间组织 30 年——走向公民社会》，北京，社会科学文献出版社，2008 年 10 月。

究视野继续置于改革开放以来30年的全程历史跨度中，进一步从数量增长、社会参与、组织建构和活动领域四个不同的视角，探析我国社会组织生成和发展的内在趋势及其规律。我们的基本结论是：经过30年的实践，一个相对而言较为丰富、多样和开放的结社生态系统逐渐形成，社会组织作为其主要制度形式渐趋规范有序，社会组织的活动领域日益广泛，今日中国的经济发展、社会和谐与政治文明，已经越来越离不开社会组织。

一 数量增长的趋势及特点

在从1978年至2008年的30年间，社会组织在数量增长上发生了怎样的变化？呈现出哪些主要的趋势和特点？要回答这些问题，首先需要给社会组织做出一个具有可比性的界定。事实上，在这30年的实践中，不仅不存在一成不变的概念，也难于找到一以贯之的统计数据。为解决这个问题，我们一方面在社会组织的总体范畴内尽可能找到一些具有可比性的概念，来观察这些概念所代表的社会组织在数量上的增减趋势；另一方面把30年的历史过程划分成若干不同区间，分区间考察社会组织规模的变化情况。在前一方面，我们选择冠以"学会"、"研究会"、"协会"、"商会"、"促进会"、"基金会"、"俱乐部"、"联合会"等名称的社会组织（以下称为"主要社会组织"），将通过对媒体检索和登记注册两个渠道获取的数据进行对比分析，来观察30年来这些主要社会组织数量的增减趋势。在后一方面，我们根据统计数据的可比性将改革开放以来的30年划分成三个主要区间，第一阶段是缺乏基本的可比统计数据的区间，从1978年至1991年；第二阶段是有基本的统计数据但缺乏详细分类的区间，从1992年至2001年；第三阶段是建立可比统计数据的区间，从2002年至今。① 我们分别来观察在每一个区间内社会组织规模的变化情况。

---

① 这样划分的根据如下：1988年以前没有建立统一的登记管理制度；1988年虽已开始登记注册，但数据显示的前四年（1988~1992年）期间的数量从4446家增长到15.45万家，增长了33.75倍，显然不具统计上的可比性；2002年开始区分三种类型的民间组织。文中除有特别说明之处，统计数据截止到2007年。

我们得出的主要结论如下：

第一，改革开放30年来，主要社会组织的数量增减趋势总体上呈现为在曲折中不断增长、突飞猛进的过程。从每年新增的主要社会组织数量看，以改革开放之初1978年的基数为100，则1979年以来主要社会组织年度增长趋势如图1所示。图1表明，尽管在20世纪80年代中后期至90年代末一度出现了曲折，但每年新增主要社会组织的数量均高于1978年的水平，且在20世纪80年代中期和最近10年先后出现了两次增长高潮，在1985年和2007年分别达到1978年水平的5.8倍和9.7倍。

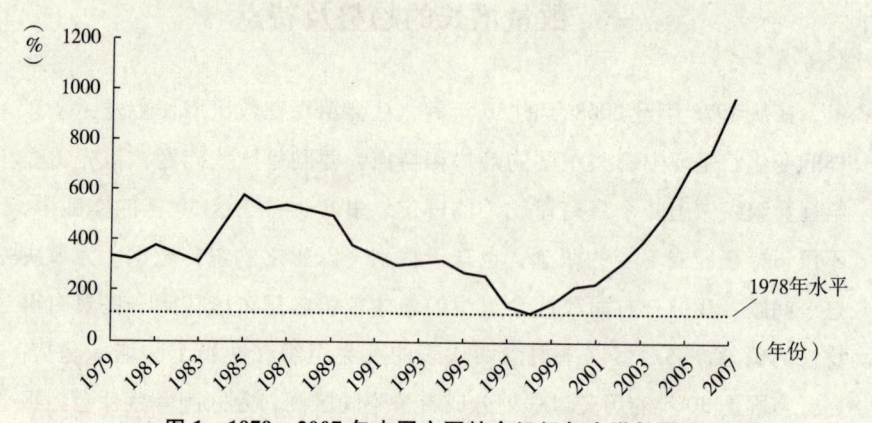

图1　1979～2007年中国主要社会组织年度增长图示

资料来源：根据中国期刊网等权威检索系统分年检索分析整理。

另一方面，如图2所示，从实际年底登记注册的社会组织数量变化看，自1988年实施统一登记制度以来，两类社会组织登记年末数在经历了最初五年的非常规增长后，在1992～2000年间一度徘徊在15万家上下，从2001年突破20万家之后一路攀升，至2007年年底达到41万多家。

第二，从结构上看，在30年来主要社会组织的数量增减中，各种协会商会的比重呈显著增大趋势，而各种学会研究会的比重则相对缩小。图3反映了通过媒体检索观察的两类主要社会组织在过去30年间每年新增数量的比较。图3表明，每年新增的各种学会研究会数量在20世纪80年代中期达到顶点，约相当于同期各种协会商会的三倍，但随后其增量不断减少，相对比重也显著下降，至2000年，新增各种学会研究会只相

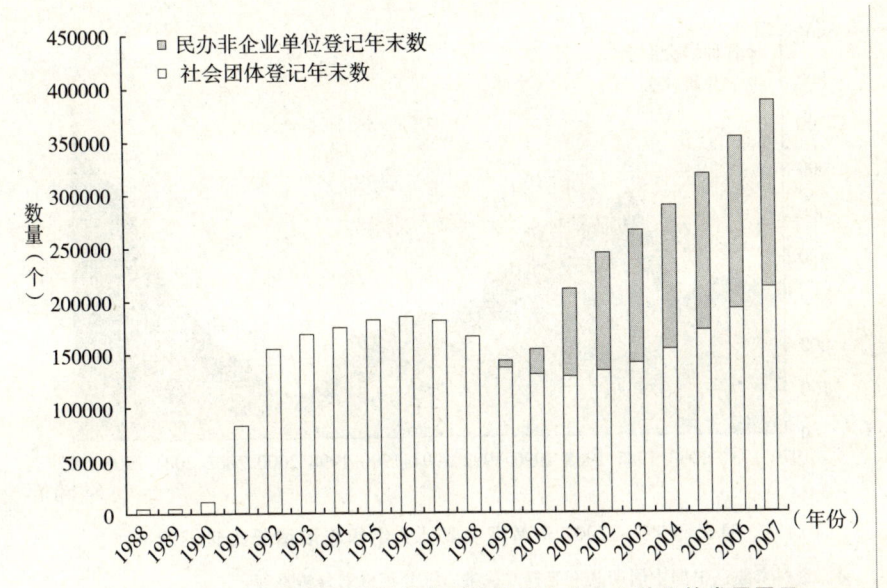

图2　1988～2007年登记注册社会团体和民办非企业单位的发展图示

资料来源：国家民政部历年公报。

当于同期各种协会商会的四成，到2007年更下降到不足同期各种协会商会的1/4。与之相对，每年新增的各种协会商会数量在20世纪80年代中期曾一度形成一个高潮，后来在整体曲折的背景下陷入低谷，但从2000年转入新的增长高潮，并迅速持续扩大，2002年超过上一个高潮，到2007年，年度新增组织数量已相当于2000年的5.3倍。另外从民政部门登记注册数据看，这种趋势同样存在。如在2002～2006年期间，学术性社会团体的比重从28%下降到21%，而行业性社会团体的比重从29%增长到31%，专业性社会团体的比重从28%增长到30%。

第三，在划分的三个不同历史区间中，第一阶段（1978～1991年）是以学术性社会团体的勃兴为主流的增长高潮期，第二阶段（1992～2001年）是整体曲折的增长低迷期，第三阶段（2002～2007年）则是民办非企业单位、协会商会和其他新兴社会组织等全面兴起的新的增长高潮期。第一阶段缺乏可比的统计数据，只能依靠媒体检索获得的不完全数据，但从这组数据中依然能够清晰勾勒出一个以学会等学术性社会团体为主体的增长高潮，如图4所示。从各方面的报道和已有研究看，包括各种学会、研究会、科普协会、农村专业技术研究会等在内，这一时

图3　1979～2007年两类主要社会组织年度增长比较图示

资料来源：根据中国期刊网等权威检索系统分年检索分析整理。

期的学术性社会团体的总数大约在数十万家，占据了当时社会团体的主体部分。① 但到了20世纪80年代后期，由于政治波动、管理体制的清理整顿等一系列因素的影响，社会团体在整体上陷入增长的低迷期，这在图1至图4的四个图示中都清楚可见。从媒体检索的数据看，1992年新增主要社会组织只相当于1985年的52.7%，其中学术性社会团体减少了近六成。到1998年，新增社会团体只相当于1985年的18.1%，而学术性社会团体相比1985年则减少了近九成。这也反映在登记注册社会组织的数量上，1999年与1996年相比，登记注册的社会团体数量减少了26%。在第三阶段，登记注册和媒体检索两组数据都反映出社会组织全面兴起所形成的一个新的增长高潮。从登记注册情况看，2001年社会组织登记注册数突破20万家，此后一直以年均10%左右的速度递增，2003年突破25万家，2005年突破30万家，2006年突破35万家。② 在各级社会团体中，县级社会团体增长最快，从2002年的近6万家增加到2007年

---

① 据报道，在1987年底，中国科协下属的全国性学会达146家，分科学会1555家，乡镇科普协会46569家。到1992年，全国各地由农民自发组成的农民专业技术研究会已达12万家。转引自王名主编《中国民间组织30年——走向公民社会》，北京，社会科学文献出版社，2008，第12～13页。
② 据民政部2008年统计数据，社会组织总量突破40万家。

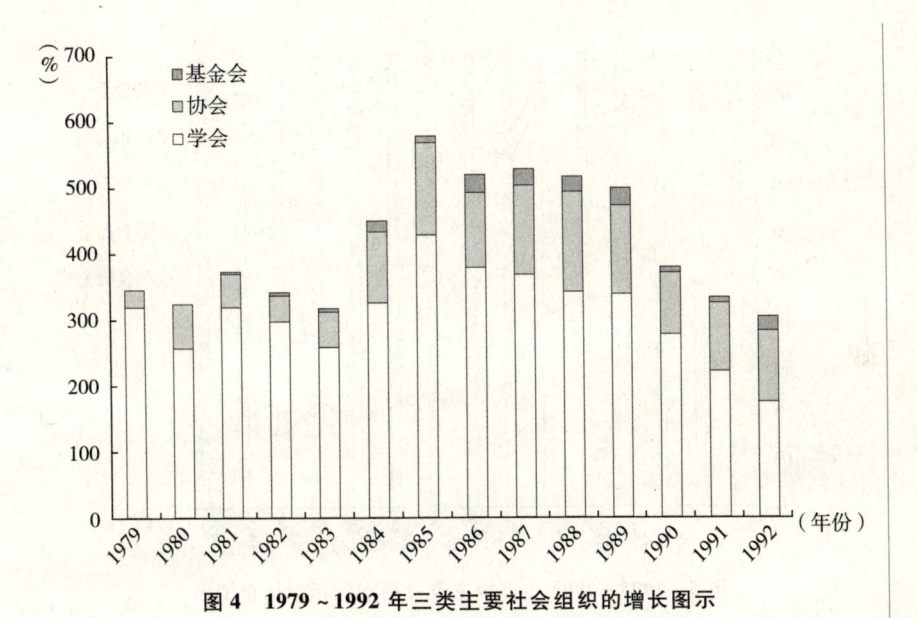

图4　1979～1992年三类主要社会组织的增长图示

资料来源：根据中国期刊网等权威检索系统分年检索分析整理。

的12.9万家，所占比重从44.4%提高到60.8%；在各类社会团体中，行业性社会团体增长较快，从2002年的3.9万家，增加到2007年的6万家，所占比重从29%提高到31%。另一方面，自1999年开始登记民办非企业单位（以下简称"民非"）以来，民非登记数量也迅速增大，2000年突破2万家，2002年突破10万家，2006年突破15万家，2008年达18.2万家，几乎形成与社会团体平分秋色的格局。媒体检索的数据所反映的增长趋势则更加显著。从图1可见，主要社会组织的年度新增量在走出1998年谷底之后即形成了一个高度上扬的增长态势，以年均28%的速度持续增长至今。若以1998年为100，则2000年突破200，2002年突破300，2004年突破500，2005年突破600，2006年突破700，2007年突破900，即相当于1998年的9倍。再从不同类别的比例看，图5反映了1993～2007年间每年新增五类主要社会组织相对比重的变化情况，图中可见，学会研究会的相对比重从1993年起不断缩小，从近60%减至不足15%，协会商会的相对比重则不断扩大，从33%扩大到66%，其他几类社会组织的相对比重也在不同程度地扩大。

上述三个主要结论表明：改革开放30年来，我国社会组织的数量增长呈现为一个几乎可称为"爆炸式增长"的突飞猛进的历史过程，其中

图5　1993～2007年五类主要社会组织相对比重图示
资料来源：根据中国期刊网等权威检索系统分年检索分析整理。

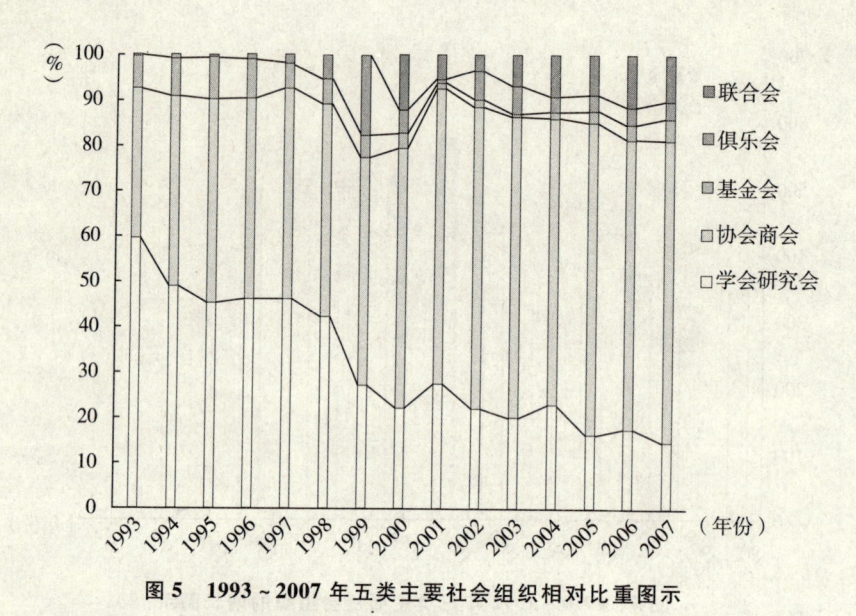

虽经历曲折，不同时期的增长态势不同，结构上也表现出明显的差别，但数量增长的总体趋势无疑是非常显著的，不仅以两次高潮表现出强劲的增长势头，且呈现出持续增长和不断扩展的趋势。其结果，使得我国社会组织经过30年的发展，已经达到相当的规模，成为遍及社会生活各个方面、各个层次、各个领域的一种普遍的社会现象。

二　社会参与的趋势及特点

社会组织数量的剧增，说明在我国，有越来越多的社会成员参与到形形色色的社会组织中，以各种结社的形式来表达其社会欲求，实现其社会价值，通过各个不同层面的集体行动，加入改革开放的主流进程中并获取资源，从而推动社会的转型和进步。

将社会组织的发展视为人们社会参与的过程，并进行一个以时间为维度的比较观察后我们发现：在30年的历史进程中，这个过程较为清晰地呈现出一个从有限群体的无限结社到无限群体的受限结社的趋势。

改革开放之初，公民个人要发起和参与社会组织并非易事。尽管粉碎"四人帮"和思想解放运动激发了人们的社会责任感和参与积极性，但体制的束缚依然严重，无论在行动上还是思想上，要发起、组织和参与社会组织都不容易。不过从1978年开始的若干年内，的确出现了一个几乎可称之为"爆炸性"增长的社会组织发展浪潮。据不完全统计，1978～1979年恢复成立的各类学会、研究会和分科学会共有327家，其后的数年间每年新增都在300家以上，到1987年底，中国科协下属的全国性学会达146家，分科学会1555家，乡镇科普协会近5万家，形成了遍布全国的学术性社团及群众性科普网络。① 此外，在广大农村地区，群众性的农村专业技术研究会和农民合作基金会迅速发展，到1992年分别达12万家和2万家。其他各类社会组织的发展势头也很快。

为什么在体制束缚②依然严重的情况下会涌现出大量的社会组织？我们曾对前引1978～1979年的327家学术性社会团体进行了分类。③ 这些社会团体的绝大多数属于全国或者省级两个层次，其背景都是得到中高层党政领导的支持，并具有广泛的社会影响，且其活动集中在各个不同的学术领域，其发起和参与者通常是专家学者，并以其所在的专业领域为界。学术性社会团体所体现的这种特定人群及其特定职业的限制，可以说是改革开放初期社会组织参与主体的主要特征。与之相对应的是发起人所具有的特殊背景或特殊身份。20世纪80年代初期中国先后出现十多家基金会，其中包括"中国儿童少年基金会"、"宋庆龄基金会"和"中国残疾人福利基金会"等，几乎无一不是基于发起人的特殊背景或特殊身份而成立的。华侨茶叶基金会是最早于1981年成立的两个基金会之一。一位参与筹办这个基金会的资深人士这样描述发起过程：

---

① 王名：《中国民间组织30年——走向公民社会》，北京，社会科学文献出版社，2008，第12～13页。
② 需要说明的是，此处的体制是指政治社会等制度环境，而非社会组织的管理体制，因为这时的管理体制在全国范围内缺乏整体设置，而有关社会组织外部制度对社会组织及其管理体制的影响将在下文做出分析与探讨。
③ 据分析，在327家学术类民间组织中，全国学会及其二级学会占44%，省级学会及其二级学会占48%。它们的活动集中在理化工程（占34%）、生态资源（占15%）、医疗卫生（占14%）、人文历史（占12%）等四个主要领域。参阅王名《中国民间组织30年——走向公民社会》，北京，社会科学文献出版社，2008，第13页。

华侨茶叶基金会的成立缘起于一位著名华侨关奋发先生。关先生13岁就随父辈在福建武夷山地区做茶叶生意,后来到东南亚经销茶叶,日本侵华以后茶叶生意难以为继,他转而在东南亚做房地产生意并发了财。1980年左右关先生回到大陆,希望能出资帮助中国发展茶叶产业。他先和地方政府谈这个想法,当时的武夷山地方政府希望他帮助进口高档消费品。他感到很失望,就找到国务院侨务办公室提出这个想法。碰巧他和当时的国务院副总理姚依林是亲戚,就把这情况和姚说了,提出要出资1000万港币成立一个茶叶研究所,帮助福建的茶叶生产提高单产和改进品质、包装等工艺。姚当时是中共中央政治局委员和书记处书记。正值国务院17个部委联合打报告给中共中央,要求成立中国儿童少年基金会,姚也参与讨论审批此事,他就建议关先生也成立一个基金会。在姚的支持下,关先生成立基金会的报告很快得到批复。确定由国务院侨办和外贸部主管,于1981年9月正式成立。①

对此,当时的《人民日报》做了这样的报道:

由华侨爱国人士关奋发先生倡议发起的'华侨茶业发展研究基金会',经过3个月的筹备,在有关部门的支持下,今天在北京成立,并举行首届理事会。理事由11人组成。推选国务院侨办副主任林修德为理事长,关奋发先生和中国土畜产进出口总公司副总经理于宝森为副理事长,黄国光、陈椽、庄晚芳、阮宇成等茶业界著名专家、教授为理事。这个基金会首批资金由香港敬慎基金会提供和募集。基金会欢迎关心祖国茶业发展的海外侨胞、港澳和台湾同胞及各界人士赞助。根据当前出口的需要,基金会将安排福建、广东两省乌龙茶的研究项目,并照顾两省所属华侨茶场的研究成果。②

时任国务院副总理姚依林的支持是这个基金会得以发起和成立的关

---

① 引自清华大学NGO研究所:中国NGO口述史研究(内部访谈记录)。
② 《人民日报》,1981年9月15日第4版。

键，而关和姚的亲戚关系则无疑成为上述过程的特殊背景。当然，关借助这种特殊背景发起成立基金会并推动祖国茶叶事业发展的公益使命在先，通过成立基金会，不仅使他的公益捐赠得以落实，且得到自上而下各级政府的支持，使其上述公益使命很快得以实现。这种情况在当时是相当普遍的。不仅一位海外华侨有强烈的公益使命感，国内但凡发起、组织或参与基金会或其他社会组织的人，一般都有强烈的社会责任感，要为社会、为民族、为他人奉献爱心和力量。但这种社会责任感必须要通过特殊的背景、"关系"或"门路"，找到有关领导并得到相应的支持，方有可能实现为一定的社会组织形式。而一旦这样的社会组织成立，发起、组织和参与者就有了可称之为"单位"的平台，这在所谓"单位社会"中是极为重要的一种社会归属形式。

上述情况提示出一个简单的逻辑：体制内的官方支持是社会组织合法性的保障。而在一个"关系社会"中，只有特殊的个人才拥有关系资源，而拥有特殊资源的个人延伸其"关系"或"门路"的可能性可谓无限。① 在缺乏相应制度约束的条件下，简单的合法性便很快表现为大量涌现的社会组织。② 当然，得到官方支持其实并非易事，因此能够参与结社过程的公民毕竟有限。然而在体制改革和社会转型的过程中，"官方"及其判断标准并不是一成不变的，而公民个人疏通关系的能力却在不断增长。公民个人强烈的结社意识，不是通过制度化的相应程序表达为具有合法性的社会组织，而是在人际关系的沟通中通过传播、感染、认同等情绪化、个性化的情结得到支持，进而表达为在自上而下的合法性关怀下出现的具有"单位"性质的社会组织。

因此就公民个人而言，从改革开放初期开始呈现出的社会组织发展的浪潮，实际上体现的是这样一个过程：具有社会责任感的公民个人以种种方式寻求体制内的官方支持，通过发起社会组织获得既有体制及其社会成员以单位形式的认同，以集体行动的方式加入到改革开放的主流

---

① 于洋将"关系社会"解读为自明代以降江湖化的中国社会之典型特征，他称之为"江湖的网络化"。参见于洋《江湖中国——一个非正式制度在中国的起因》，北京，当代中国出版社，2007，第56~63页。
② 关于这些社会组织的发展及其所形成的结社浪潮的分析，详见王名《中国民间组织30年——走向公民社会》，北京，社会科学文献出版社，2008，第13页。

社会进程中，从而获取资源并推动社会转型。在这个过程中，可以说所有的参与者都或多或少地体验到了社会参与的酸甜苦辣，体验到了社会责任感得以实现的价值，体验到了集体行动及其所提供的参与社会主流进程的可能性。这是中国在改革开放和社会转型中第一次赋予公民个人以结社生活的直接体验。由于没有太多制度性的规范，社会组织的发展在相当程度上表达了公民个人在结社方面需求的强弱及其得到体制内支持的程度。例如，知识分子的结社需求强烈，且学会、研究会等学术性社会组织易于得到体制内支持，加之科协系统在当时发挥了重要的推动作用，这些类型的社会组织在20世纪80年代发展就最为迅猛；农民的结社需求强烈，且伴随农村改革进程出现的农村专业研究会、农民合作基金会等社会组织被认为是农民群众在改革中的制度创新并得到各级党政部门的大力推崇，农村社会组织在当时也就取得了巨大的发展。而知识分子和农民之所以具有较为强烈的社会参与意识，又是与他们在当时体制条件下所处的社会境遇及地位分不开的。在一定程度上可以说，发起或参与社会组织的主要力量，往往是处于体制边缘的，如知识分子和农民这样的活跃群体。

20世纪80年代的结社体验对于当时社会的有限群体（如知识分子和农民）而言，在很大程度上是普遍化和社会化的。不仅社会组织的数量很大、空间分布很广，且在时间上也高度密集，表明公民个人发起或参与这些社会组织并不存在明显的限制，不仅制度性的限制少，且在动机、资质等主观条件方面也限制不多。这对高度集权且缺乏结社传统的中国社会而言，是一种极为珍贵的结社体验，在一定意义上甚至可以说，80年代的结社体验作为在改革开放和社会转型初期阶段所形成的集体记忆，对于延续至今的公民个人强烈的结社激情，依然具有不可低估的历史作用。

当然，上述结社体验就其主体而言依然是一个有限的社会群体，并非大多数社会成员都参与到当时轰轰烈烈的结社过程中并拥有那样的集体记忆。就现有的研究来看，知识分子和农民应当是其中最基本的人群。[①] 而知

[①] 对此，王名从集体行动的视角曾对80年代知识分子和农民参与结社并成为推动社会组织发展的主要力量做了较为详细的分析。参见王名《中国民间组织30年——走向公民社会》，北京，社会科学文献出版社，2008，第40~43页。

识分子和农民相对于当时体制下处于领导地位的工人阶级和广大干部群众来说显然属于非主流的群体。可以说，非主流的有限群体的无限结社，体现了自改革开放之初就形成的结社高潮的主体力量。

自20世纪80年代后期以来，随着我国政治、经济和社会生活中一系列重大事件的发生，经济体制和政治体制的改革经历了一段曲折，社会组织的发展也从前一时期在缺乏制度约束条件下的结社高潮，转入一个以规范管理为特征的发展低潮，并随着一系列规范管理制度的建立逐渐又转向一个新的发展高潮。这样一个相对漫长的曲折过程，对于公民个人的结社体验来说意味着什么呢？

与改革开放初期相比，对公民个人的社会参与而言，近十年来的主要变化表现在：一方面，随着社会组织双重管理体制的建立、法律法规的颁布和相关政策措施的陆续出台，公民个人发起和参与社会组织的限制性规定增多，门槛提高，难度加大；另一方面，原有的结社主体——知识分子和农民，随着社会阶层的深刻变化已经分化并在很大程度上失去了其主导社会组织发展的作用。

然而，从社会组织的数量增长及其构成的变化上看：一方面，如前所述，最近十年来社会组织的数量增长显著加速，表明有越来越多的社会成员成为了社会组织的主体；另一方面，这一时期的社会组织在活动领域、空间分布、组织形式、规模大小、结构特征等诸多方面，呈现出日趋丰富、复杂和多样化的倾向，表明发起和参与社会组织的主体越来越具有广泛性、个性化和多元化。因此，尽管制度规范增大了人们发起和参与社会组织的难度，但仍然有越来越多的社会成员成为了社会组织的主体，且这些社会成员并不再局限于某些特定的社会阶层或领域，其结社的需求越来越具有个性化的特征，呈现出日益明显的主体多元化的趋势。可以说，在制度规范下的主体多元化，乃是推动社会组织的发展出现新高潮的主要因素。

从有限群体的无限结社到无限群体的受限结社，一方面反映了在社会组织数量不断增长的背后，有越来越多的社会成员积极参与到社会组织中，以各种结社的形式来表达其社会欲求，实现其社会价值；另一方面也表明随着统一的登记管理制度的建立，以双重管理为特征的制度规范越来越成为各阶层社会成员通过结社进行社会参与的制约因素。

三 组织建构的趋势与特点

随着社会组织数量的持续增长以及人们由此展开的社会参与，各种形式的社会组织的内部组织建构也经历了一个发展过程。通过基于实践观察的实证调研我们发现，有四个因素成为影响社会组织在内部组织建构方面的关键因素，依次是：对党政机构的模仿，向境外 NGO 的学习，制度化过程的作用，基于自律的制度创新。

第一个因素是对党政机构的模仿。在改革开放之初，尽管在短时间内诞生了大批社会组织，但许多社会组织的内部结构和治理框架沿袭了党政机构的组织建制。1979 年 2 月恢复建立的盲人聋哑人协会被作为民政部的下属单位，在行政级别、财政经费、人员编制、办公场所乃至党组织设置等方面，均由民政部及其党组正式下文规范。后来成立的中国计划生育协会、中国儿童少年发展基金会、宋庆龄基金会、中国残疾人福利基金会等，在组织建构上几乎大同小异，有的由党和国家领导人担任会长，有的由中央编制部门核定编制、由组织部门安排干部任免，基本上按照党政机构设置一定的行政级别和工资级别，许多组织还建立了从中央到地方的纵向层级网络体系。这种情况同样发生在各级学会、研究会等学术性社会团体身上，各级各类的行业协会、文化协会、慈善团体、宗教团体等也都不同程度地采取了党政组织建构，甚至在农村乡镇，许多专业协会、合作基金会也很大程度上沿袭了人民公社等党政机构的组织架构。

对党政机构的模仿，可视为社会组织发展初期的一种自然现象。在改革开放之初，社会组织作为一种制度创新，既无明确的规范，也缺乏先例可循。各级党政领导对社会组织的支持往往成为其合法性的来源。正式的批示、批件或者经领导圈阅的报告，有时甚至是领导出席会议的发言稿，都成为社会组织合法成立并得到党政机构支持的标志。而党政机构提供给社会组织的，不仅是合法性的形式，也包括政治思想上的保证，物质条件上的保障，进而包括人员编制、行政级别和各种有形无形的社会资源，从而将社会组织纳入党政领导管辖的范围内，成为体制内的组成部分。在这种情况下，社会组织的建构最直接地受到党政机构的影响。这种影响集中体现在形成类科层化的层级结构上，后者指的是与党政组织的行政级别相对应的层级结构和上下级隶属关系。王颖等人曾对20世纪80年代浙江萧山地区的社团发展进行过实证考察，发现在当地民政部门登记注册的93个合法社团中，具有类科层化组织的有16个，占17%。① 这种组织结构所产生的内在机制是：现职党政官员兼任社会组织的领导人以及管理体制上的政社不分。其结果，往往使得社会组织成为依附于党政体系的所谓"二政府"。90年代中期以来从中央到地方各级政府三令五申禁止现职党政官员兼职，努力推进社会组织的民间化和政社分开，但时至今日，社会组织的"类科层化"或"官僚化"依然是一个没有根本解决的问题。

第二个因素是向境外NGO的学习。改革开放在带动社会组织发展的同时，打开了多年紧闭的国门，使得社会组织的发展从一开始就与国际交流结合在一起，能够吸取国际上的经验和模式。从80年代中期开始，越来越多的境外NGO开始在华开展各种公益项目，涉及农村扶贫、基础教育、公共卫生、社区发展等诸多领域。境外NGO在华活动的开展，不仅直接带动了中国本土社会组织的发育，且其丰富的经验、高效的组织体系和良好的治理结构，对处于发育和成长期的中国社会组织提供了许多可直接参照与学习的样板。较早受到这方面影响的如80年代成立的四川小母牛项目组织、广州慧灵弱智服务机构等，在很大程度上是出于受赠的压力或直接在境外NGO的指导下建构组织框架的；而后来成立的许多组织如自然之友、地球村、农家女、仪陇乡村发展协会等，则更多的是在与境外资助机构的互动中，学习、借鉴、改进并建构起更加合乎中国国情的社会组织治理模式的。一些学会、基金会、行业协会等通过国际交流不断学习国际上同类组织的经验和管理模式，并吸收、消化到自身的组织建构中，逐渐形成与国际接轨并有自身特色的制度形式。

向境外NGO的学习，对社会组织的主要影响是形成较为开放的治理

---

① 王颖等：《社会中间层——改革与中国的社团组织》，北京，中国发展出版社，1993，第158~161页。

结构、公开透明的决策机制和运作高效的服务模式。清华大学 NGO 研究所对 40 多家典型社会组织的领导人进行了口述史访谈，发现多数领导人都认为境外 NGO 在组织治理、决策机制和运作模式等方面优于本土的社会组织，并肯定在这方面的学习和借鉴不同程度提升了本组织的能力建设水平。① 1999 年以来，关于社会组织能力建设方面的教育培训及信息交流渐趋活跃起来，国际 NGO 和境外社会组织发展中的许多经验和模式大量被介绍进来，并通过培训班、研讨会、沙龙等多种平台进行交流互动，使得更多的社会组织有机会接触并学习这方面的国际经验，加强自身的能力建设。

第三个因素是制度化过程的作用。从 20 世纪 80 年代中期开始，国务院相关部门提出对当时分别挂靠在各个部门的社会团体进行规范管理的建议和安排。② 1988 年，国务院在民政部设立社会团体管理司，统一进行对社会团体的登记管理，并于 1988 年 9 月、1989 年 6 月和 1989 年 10 月，先后颁布了关于基金会管理、外国商会管理和社会团体登记管理的三个法规。此后，各级政府陆续制定和颁布了一系列相关法律法规和政策措施，其中除规范社会组织登记管理的体制和制度外，对社会组织的内部治理、组织结构、运作机制等诸多方面，都做出了许多具体的规定（下文将会有详细分析）。同时，自 1990 年以来，为了加强对社会组织的政治控制，党和国家先后多次开展自上而下的"清理整顿"，整顿和取缔了农民合作基金会、法轮功等，以消除社会组织发展中出现的种种消极影响。由此构成一个自上而下的制度化的过程，对社会组织的组织建构产生了重大影响。

制度化过程的主要作用在于：结束了此前社会组织无章可循、无法可依的混乱状态，通过逐步构建的体制和制度框架引导社会组织走上规范发展的道路。这里所要强调的是：尽管制度化的过程中存在一些问题

---

① 引自清华大学 NGO 研究所：中国 NGO 口述史研究（访谈记录）。
② 这方面较早的文件是 1985 年中办发 50 号文件，要求各有关部门上报全国性社会经济组织的名单及登记表，以做好清理、复查工作。根据这个文件及各单位上报的材料，当时国家经委体改局组织召开了座谈会，讨论确定了包括 84 家全国性社会经济组织的名单，并于 1986 年 4 月 11 日下发了国家经委《关于对全国性社会经济团体名单征求意见的函》。

且消极作用甚广，但伴随制度化过程出现了一个社会组织在内部治理、组织结构和运作机制上的规范化过程，其深远的影响不可低估。

第四个因素是基于自律的制度创新。与制度化的"他律"相对应的来自社会组织内部的自律要求。自律问题的提出和市场经济的发展、社会组织的公信力等问题有关。行业协会是较早探索自律的一类社会组织。早在20世纪80年代中期，随着工业领域行业协会的建立和发展，围绕行业协会的性质、功能等问题在学术界曾开展了一场讨论。① 其中提到行业协会一方面通过民主办会、自主办会实现协会自律，另一方面推动行业自律的发展。90年代中期以后，在温州等市场经济相对发达的沿海地区，出现了行业协会自律联盟、自律公约等制度形式。在基金会的发展中，大规模公益项目的开展使得公信力成为基金会的生命线，内部自律和行业自律就成为许多基金会谋求发展的共识。早在20世纪90年代后期，一些基金会就试图组建具有自律联盟性质的"基金会联合会"，并多次以"公约"的形式发表自律宣言。近年来，围绕非营利性、自律、问责、可持续发展等诸多问题，许多社会组织进行了大胆的探索和创新，搭建了包括联盟、网络、论坛、评估中心等多种形式的制度平台。

基于自律的制度创新对社会组织发展的主要作用在于：将规范发展的外部约束转变为社会组织的自觉行动，并通过社会组织之间的联合行动形成广泛的社会影响，进而影响社会组织整体的生态系统。尽管到目前为止这方面的进展更多还是探索性的、初步和框架性的，并受到现行管理体制的制约，但这种制度创新对于社会组织发展的长远影响不可低估。

包括以上四个方面的诸多因素，推动着社会组织在过去30年间实现组织数量持续增长的同时，在组织建构上实现了一个逐步走向成熟的发展过程。这是一个在黑暗中摸索前行的过程，除了上述因素外还有许多其他因素相互交织在一起，形成错综复杂的交互影响，并在历史的进程

---

① 主要文献如：焦剑飞、夏安宁《对行业管理几个问题的探讨》，《江淮论坛》1987年第3期；王建华《关于对"对行业管理几个问题的探讨"一文的几点质疑》，《江淮论坛》1988年第2期；梁其《发挥行业协会作用，推进铝加工行业管理》，《轻合金加工技术》1988年第6期；李时荣，刘敏世《关于行业协会的若干问题》，《中国工业经济》1986年第S4期。

中又逐渐地形成了一个前后继起性与逐渐走向成熟的递进趋势,使我们在回首社会组织内部组织建构时能够看到一个并不十分模糊的历史过程。

四 活动领域的趋势与特点

从社会组织活动领域的视角看,改革开放30年来社会组织的发展无论在社区层面还是在整个社会层面,都占据了越来越多的社会空间,不同程度地形成了具有公众协商、理性对话性质,并体现积极公民意识以追求共同利益的"公共领域"。

首先,我们来看社区层面社会组织的发展情况。王颖等人的研究反映了20世纪80年代一个沿海发达省份的发达社区——萧山市——社会组织发展的状况。根据他们的调研,从1978年到1990年,萧山市的社会团体从4家增加到91家①,增长了21倍,这样的增长速度在当时不算低。但放到116万人口的城乡结合体中一平均,当时萧山市的社会团体发展密度仅为0.78/万人,② 也就是说,每万人中尚不足一个社团。再从构成上看,其中学术类社团占了近一半,行业协会占22%,文化、体育、健康和卫生社团仅有9家,占9.8%。③ 这种结社的规模和结构,基本反映了当时社会组织发展的总体状况甚至是比较理想的状况。也就是说,社会组织发展速度很快,但结社并不普遍且限于有限群体,在社区生活中所占的比重很低,发挥的作用有限。

十多年后,社会组织在社区层面的发展如何?限于数据,我们拿北京市东城区社会组织发展的情况与之进行对比。东城区与萧山市有很大不同,是人口密度很大的一个城市社区。但无论人口密度还是经济社会发展水平,都可称为21世纪中国发达地区的发达社区了。2006年,东城区登记注册的社会组织342家(其中社团124家,民办非企业单位216

---

① 原为99家,减去其中具有人民团体性质的工会、共青团、妇联、科协等8家政治性社团。
② 王颖、折晓叶、孙炳耀著《社会中间层——改革与中国的社团组织》,北京,中国发展出版社,1993,第15页,第34页。
③ 王颖、折晓叶、孙炳耀著《社会中间层——改革与中国的社团组织》,北京,中国发展出版社,1993,第45~51页。

家),另有备案的社区社会组织4740家,合计共5080家,全区的社会组织发展密度为71.85/万人。① 从构成上看,登记注册的社会组织包括了各领域的社会团体和民办非企业单位,学术类社会组织仅占8.7%。特别值得一提的是备案的社区社会组织,其中包括大量居民合唱团、体育小组、模特队、居民自治类组织等自发成立的居民组织。这种发展水平不仅远高于当年萧山的水平,而且甚至可与许多发达国家现今社区的社会组织发展水平相提并论了。

其次,我们来看整个社会层面社会组织发展的情况。改革开放之初,各种学术类社会组织蓬勃发展,后来加入了以农民为主体的农村专业技术研究会和农民合作基金会,这两种典型类别的社会组织占到当时社会组织总数的近2/3,且一直延续到80年代后期。这一期间也出现了不少行业协会、公益基金会、社会服务机构和遍及社会生活诸多领域的结社组织,但相对而言其比重、规模、影响都不大。例如在萧山市所呈现的情况,在全部91家社团中,学术类社团有42家,行业协会和农村专业研究会有20家,两者合计占68%,而其他各种类别的社团尽管活动领域广,但也仅占总数的32%。

经过20年左右的发展,情况发生了怎样的变化?我们先以2007年登记注册的社会组织为例来看其领域分布的现状。据民政部的统计,到2007年底,在全国县以上民间组织登记管理机关注册的社会团体共21.17万家,民办非企业单位17.39万家,基金会1340家,合计38.69万家。按照民政部于2006年开始采用的新的分类体系,2007年底三类社会组织按照14个主要类别的领域分布如图6所示。

由图6可见,就登记注册社会组织的情况看,80年代主要集中在学术类社会组织(科技与研究)和以农民为主体的社会组织(农业及农村发展)的格局,已经根本改观了。社会组织的发展已经遍及社会生活的方方面面,其中教育约占26%,社会服务占13%,健康卫生占10%,这三个领域成了相对比重比较大的领域,这与世界上大多数国家公民社会

---

① 数据来源:北京市社会团体管理办公室:《北京民间组织管理二十年:1986~2006》,第664页。

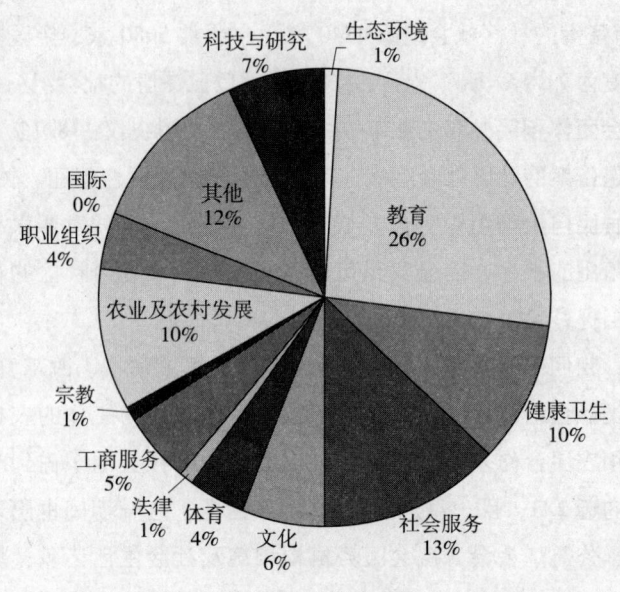

科技与研究 7%　生态环境 1%
国际 0%
其他 12%
教育 26%
职业组织 4%
农业及农村发展 10%
宗教 1%
工商服务 5%
法律 1%
体育 4%
文化 6%
社会服务 13%
健康卫生 10%

图6　2007年登记注册社会组织分领域结构图示

部门活动的分布领域大体一致。① 与这种领域分布上的多元化特征相呼应的，是社会组织的类型也开始呈多元化特征。与20世纪80年代单纯的会员制组织不同，90年代以后出现了大量非会员制组织，其中包括活跃在各种社会服务领域的民办非企业单位和基金会。

再来看媒体检索的主要社会组织领域分布和活动类别的情况。从20世纪90年代中后期开始，每年新增的社会组织中，学术性社会组织持续减少，各种协会、商会和基金会则不断增加。后者与学术性社会组织的相对比重在1997年大体持平，随后不断拉大，至2007年新增社会组织中各种协会、商会和基金会已相当于学术性组织的4倍。其中除包括大量行业协会等各种市场领域的社会团体外，在城乡社区还涌现出形形色色的公益性、互益性和自治性的社会组织，各种俱乐部、联合会等新型社会组织也层出不穷。大量的社会组织覆盖了人们社会生活的各个领域，从市场经济、社区生活、基层民主，到教科文卫、婚丧嫁娶、网络交往，

---

① 在萨拉蒙主持的国际比较研究项目中，从就业人数和活动领域看，33个国家平均的总体情况是：教育占23%，社会服务占20%，健康卫生占14%。参见萨拉蒙等《全球公民社会》，北京，北京大学出版社，2007，第29页。

各种形式的社会组织已经渗透到人们社会生活的方方面面，成为现代社会不可或缺的组成部分。

还必须看到，在近十年来，我国社会组织发展的另一个突出的特点是：在登记注册体制之外，出现了越来越大的灰色地带，形形色色的未经民政系统登记注册的各类非营利组织，包括大量具有社团性质的网络组织、校园组织、联盟组织等等，渗透并活跃在社会生活的方方面面。

通过以上四个不同过程可以看出，改革开放30年来，我国社会组织在数量增长、社会参与、组织建构和活动领域等各个方面，都已经展现出旺盛的生命力。日趋伸展成为一个扎根于广袤的社会之基，并在曲折而昂扬的生长过程中逐渐成长壮大，枝繁叶茂，丰富多样，自律并开放的结社生态系统。这是改革开放30年来中国发展和进步的必然结果，是伴随市场经济发展和社会转型，中国特色社会主义走向繁荣、和谐与文明的必然趋势。

当然，30年来社会组织的发展趋势及其特点，其表现并不限于上述四个方面。本文的尝试，尽管只是根据既有资料进行的有限分析，并据以得出粗线条的上述结论，但一个呈现在相对长程的历史区间中的发展趋势已足够显著，其所展示的一个由各色社会组织的生长所形成的结社生态系统也已相当繁盛。如同改革开放的历史趋势不可逆转一样，这已经启动的社会组织发展之巨轮，以及因之而繁盛起来的结社生态系统，也势必将继续发展和繁盛下去。

参考文献

麦克尔·爱德华兹著，陈一梅译《公民社会（上）》，《中国非营利评论》第二卷，北京，社会科学文献出版社，2008。

邓正来、（美）杰弗莉·亚历山大主编《国家与市民社会：一种社会理论的研究路径（增订版）》，上海：上海世纪出版集团/上海人民出版社，2006。

民政部民间组织管理局：《社会团体登记管理条例》、《民办非企业单位登记管理暂行条例》、《事业单位登记管理暂行条例》，北京，中国法律出版社，1998。

民政部民间组织管理局/国务院法制办政法司编著：《基金会指南》，北京，中国社会出版社，2004。

莱斯特·M. 萨拉蒙等著《全球公民社会——非营利部门国际指数》，陈一梅等译，北京，北京大学出版社，2007。

王名：《中国民间组织30年——走向公民社会》，北京，社会科学文献出版社，2008。

王名、刘培峰：《民间组织通论》，北京，时事出版社，2004。

王颖等：《社会中间层——改革与中国的社团组织》，北京，中国发展出版社，1993。

徐麟：《我国慈善事业发展研究》，北京，中国社会出版社，2005。

资中筠：《财富的归宿：美国现代公益基金会述评》，上海，世纪出版集团/上海人民出版社，2006。

中国社会组织网 http://www.chinanpo.gov.cn/。

Trends and Characteristics in the Development of China's Social Organizations

Wang Ming   Sun Weilin

【Abstract】Since the beginning of the Reform and Opening, social organizations (社会组织) have proliferated rapidly, promoting, in the process, individual participation and social values and expanding the social sphere. Social organizations are thus playing an increasingly rich social role and have undeniably become a part of China's transforming society. At the same time, increases in the breadth and depth of social organizations are facilitating their integration into the mainstream of social progress and helping them to become, in complement to state and market systems, a new, civil society system. Analyzing the 30-year rise of social organizations as well as trends in their development from perspectives of numerical growth, social participation, organizational structures and fields of activity, we can see that the appearance and growth of social organizations is a necessary result of the Reform and Opening and of China's social transformation. After 30 years of practice, a relatively rich, diverse and open ecosystem of associations has gradually formed. As the most populous form in the ecosystem, social organizations are becoming increasingly normalized and orderly; the scope of their activities, too, is broadening. In today's China, economic development, social harmony and political civilization are all increasingly inseparable from social organizations.

【Keywords】 social organizations   non-profit organizations

（责任编辑　朱晓红）

从封闭到开放：
中国基金会的"散财之道"

徐宇珊[*]

【摘要】 本文研究的核心问题是中国基金会的"散财之道"，即中国基金会是如何花钱的，花钱的方式正在发生哪些变化。归纳总结诸多国内基金会的散财方式，根据公益项目实施机构的范围以及基金会确定项目实施机构的方式，将中国基金会的"散财之道"分为封闭式和开放式两种类型。封闭式散财的特点是封闭性与垄断性，指令性与行政性，低成本与低费用。这种散财方式运作方便、实施迅速，可降低基金会的行政运作成本，提高公益财富的使用效率，但可能侵蚀基金会的社会性和民间性，模糊基金会与政府的行为边界。开放式散财的特点是开放性、透明性、竞争性和选择性，可使社会公益资金真正进入公民社会部门，在社会中高效运转起来。伴随着民间组织三十年的发展，中国基金会的散财方式正在由封闭式向开放式转变，表现为项目实施机构的扩大和公开竞争机制的引入。开放式散财将促进我国基金会担当起第三部门支持性机构的重任，成为中国公民社会的引擎！

【关键词】 基金会　散财之道　公民社会　NGO

---

[*] 徐宇珊，女，山东济南人，深圳市社会科学院助理研究员，管理学博士，研究方向：社会组织研究，基层政府改革。

一 引言

资中筠教授曾将美国基金会的功能传神地概括为"散财之道",在一定程度上美国基金会的确是富豪们为多余的财富找到的合理归宿,通过建立基金会,富人们完成了"散财"行为。笔者将借鉴资教授的这一提法,但概念的内涵与外延有所不同,本文将要讨论的是基金会如何"散财",即基金会是怎样花钱的。

基金会如何花钱以实现组织的公益宗旨?是通过基金会自己的人员完成,还是把钱交给其他机构完成呢?美国1969年税收改革法要求基金会根据资金使用方式进行明确分类,将美国基金会明确地划分为资助型基金会和运作型基金会,各基金会必须在两者中选择其一作为组织定位。资助型基金会是捐赠资金给其他个人或非营利组织去做项目;运作型基金会是按照既定宗旨由自己运作项目,本身有点类似于研究所,享受更为优惠的税收待遇:不必交财产营利税,没有每年必须支出的定额。

从经济学的角度看,基金会由谁花钱这一问题类似于科斯①和威廉姆森②提到的企业交易成本问题,即如何确定一种资源的配置,究竟是通过市场交易行为还是在企业内部完成。科斯在《企业的性质》一文中第一次提出并分析了企业的原因及其扩展规模的界限问题,指出市场与企业是两种不同的且可以相互替代的资源配置手段。在市场上,资源的配置是通过价格机制来进行,价格机制的建立与使用均需要付出搜寻费用、讨价还价与签订合同的费用,以及监督合同执行的费用等交易成本。在企业内部,资源的配置是通过内部的科层制度和权威关系来进行的,企业之所以能够产生,是因为企业可以消除搜寻成本,并极大地减少后两种成本。但由于企业内部存在行政管理成本或协调成本,随着企业规模的扩张,这类成本就会上升。企业规模最终会扩张到这一点上,即减少的边际市场交易成本与增加的边际企业管理成本相等,这一点就是企业

---

① Coase, Ronald H., "The Nature of the Firm", *Economic*, 1937, Vol. 16.
② Williamson, Oliver E., "Markets and Hierarchies", *Analysis and Antitrust Implications*, New York: Free Press, 1975.

组织的边界。交易成本经济学的视角提出了组织的效率边界，如果一项交易活动由组织完成更有效率，则应该纳入组织边界之内；反之，如果这项交易由市场来组织更有效率，则应该置于组织边界之外，由市场来进行组织。组织边界的设定原则就是要使得交易管理成本达到最小（比较市场交易成本和企业管理成本），资源配置最有效率。

用交易成本的观点来看基金会的"散财之道"，则基金会自己运作项目以实现公益宗旨的行为类似于在企业内部完成资源配置，基金会资助其他人或机构来完成公益项目的行为类似于借助市场手段的外包型资源配置方式。世界宣明会[1]属于典型的自我运作型慈善组织，所有项目均由宣明会的工作人员驻项目点统筹、执行及监督。它将负责在发展中国家实施项目的"国家办"划分为若干区域办，负责制定政策、指导培训、审计监督。各区域办下分管若干基层项目点，项目点办公室是宣明会最基层的执行机构。若干密集的项目点办公室则设立一个区域督导。从区域办到督导，再到项目点办公室的负责人，均由宣明会国家办直接进行考核与任命，向宣明会区域级办事处和国家级办事处负责，项目点办公室的一般工作人员也是从当地招聘的全职人员，由宣明会支付薪酬。这样一套宣明会组织内部完整的自上而下的公益项目执行体系，可确保项目质量和善款有效使用，但势必大大增加行政管理成本和协调成本。而福特基金会则是典型的资助型基金会，它根据自身情况，选定其具体的兴趣领域和资助范围，符合条件的个人或团体均可提出申请并有望获得福特基金会的资助。资助型机构面对成千上万的多样化的项目申请文本，需要付出搜寻成本、签约费用及监督合同执行的费用等等。

运作与资助两种不同的方式在成本效率方面各有所长，究竟哪一种方式适合中国基金会呢。事实上，以运作型和资助型划分中国基金会的类型比较困难且并不适用，因为中国基金会在实施公益项目的过程中兼有运作和资助两种方式，且相互融合渗透。20世纪末成立的以公募为主的基金会与2004年《基金会管理条例》颁布后成立的一些非公募基金会

---

[1] 根据美国税法，世界宣明会并不属于美国意义上的"基金会"，而是公共慈善机构。但世界宣明会的筹款机制、运作方式等与我国的公募基金会有很多类似之处。事实上，将中国的公募基金会与美国的公共慈善机构对比分析是更有借鉴意义的。

的资金使用方式也存在较大差异，不能简单地采用资助或运作的二分法来讨论中国基金会的"散财之道"。本文根据甄选公益项目实施机构的范围以及基金会确定项目实施机构的方式将中国基金会①的"散财之道"分为封闭式和开放式两种类型。

二 封闭式的"散财之道"

20世纪八九十年代成立的基金会大多是项目主导型的，以直接发起设立公益项目、提供公共服务作为组织宗旨的实现形式。即基金会的活动集中在开展大型公益项目上，各基金会通过如希望工程、春蕾计划、幸福工程、母亲水窖、母婴平安120等品牌项目宣传造势、募集资金、扩大影响并实施公益救助。基金会直接介入项目，完成项目策划、发动、实施、监管、审核等一系列具体操作过程。因此通常认为中国基金会以自己运作项目为主。然而中国基金会又不同于美国的类似研究所性质的运作型基金会，也不同于典型的自我运作型公共慈善机构。因为中国基金会在实际运作公益项目时，并不像世界宣明会这种典型的自我运作型组织，有直达各个项目点的本机构工作人员。而且2004年以前囿于基金会等社会组织不允许设立分支机构的限制，仅靠基金会总部的工作人员难以完成这些涉及面广、深入最基层、直接面向受益群众的公益项目，因此基金会要想实施项目必须借助其他的网络。这些基金会找到的最佳运作网络就是体制内的已有的贯穿全国的行政组织网络，如中国青少年发展基金会依靠共青团系统，中国妇女发展基金会依靠妇联系统，中国人口福利基金会则依靠计生系统等等。以中国人口福利基金会发起的"幸福工程"为例，该项目的项目执行方主要是各省组委会和各地计生协，前者负责在当地筹款，后者负责项目运作。通常各省组委会只有虚名没有实体，与当地计生协一套人马两块牌子，各地计生协是其具体执行机构。计生协有独特的网络体系，目前全国计生协有100多万个基层组织、8000万名会员，组织网络遍及全国城乡各个街道和村落，与各家

---

① 本文所讨论的内容将不包括中国的高校基金会。因为高校基金会资金筹集和使用方式与其他基金会差异较大，超出了本文的研究范围。

各户保持着密切的联系。而且由于中国的人口政策和计划生育工作采取"一票否决"制,各地计生系统的工作经费、人力资源、办公条件相对较好,因此从基础资源的角度看,地方计生协是一支足以胜任的队伍。对"幸福工程"的项目评估结果显示,依托基层计生协,不仅可以保证扶贫资金很快直接到户,而且可以对资金的安全运作、项目的合理选择和开展进行指导、服务和监督。① 这些遍及全国城乡的组织体系作为基金会公益项目的实施机构,协助基金会完成公益项目,实现了组织的公益宗旨。依靠基金会本部的十几个人,动员几十万甚至上百万人参与到基金会公益项目的执行之中,也成为中国基金会"散财"中的一个创举!

依靠现有的行政体系实施公益项目,是这些基金会最突出的散财特点。由于在这一过程中,参与项目实施的机构局限在基金会所属业务主管单位的封闭行政系统下,在运作过程中带有指令性特征,同时外界的潜在项目实施方难以进入这一系统,因此将其称为封闭式"散财之道"(如图1所示),它具有如下几个特点。

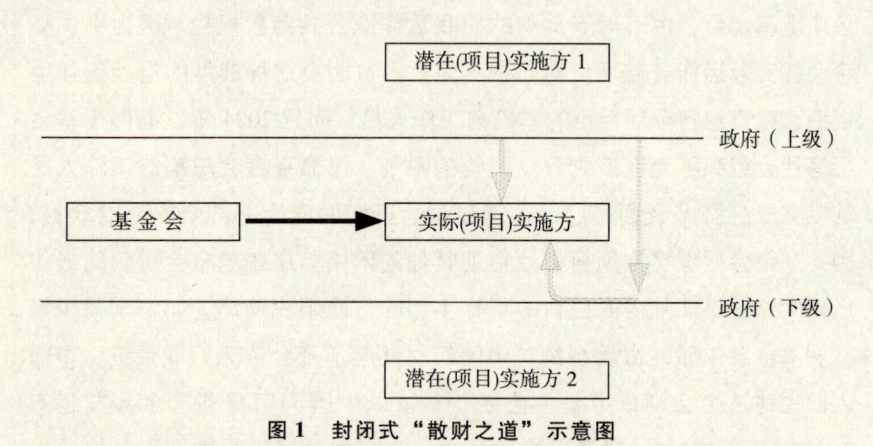

图 1　封闭式"散财之道"示意图

第一,封闭性与垄断性。基金会将公益资金拨付给与业务主管单位相关的行政组织网络,由他们再执行公益项目,这一过程表面上类似于"资助型"资金使用方式。但在这一过程中,并没有资助型基金会在选择项目合作伙伴时的竞争机制。基金会是在一个封闭的系统内,面对有限

---

① 邓国胜:《公益项目评估——以"幸福工程"为案例》,北京,社会科学文献出版社,2003,第72~77页。

的组织个体，进行项目的合作与资金的分配。由谁来执行基金会的公益项目，并不完全是基金会主动选择的结果。换句话说，基金会在资助过程中，并没有选择权！对于某个地方而言，该行政机构在当地具有天然的垄断的执行权，无论其工作能力如何，只要基金会打算在这一地区开展项目，就必须通过当地的这一机构执行。理论上，即使基金会认为某地区的项目执行机构不能实现基金会的公益使命，也无法在同一地区找其他机构替代，而只能解除对该地区的授权，进而停止这一地区的项目。因此基金会通过授权等方式，所能够选择的也只能是实施项目的地点，而不是实施项目的具体机构。在缺乏竞争机制的封闭环境下，基金会难以控制执行机构的管理水平，即使有所考核和评估，也由于缺乏退出机制和淘汰机制，使得评估流于形式难以发挥实效。同时，缺乏竞争的封闭环境以及服从行政指令性的工作动机在一定程度上阻碍了执行机构的组织创新性和工作积极性，不利于基金会提高整体散财水平和散财效率。

第二，指令性与行政性。自上而下的行政命令是其资金使用过程中最为突出的特点。尽管在实践中，基金会总部可能是通过授权的方式赋予地方执行机构以合法性，名义上的项目实施机构可能被冠以某某项目组委会、某某基金会的称谓，但事实上这些地方组委会、地方基金会往往与现有的行政机构是一套人马两块牌子，他们接受当地上级行政机构的领导，把基金会的公益项目作为一项行政任务来执行，越到基层这种行政化因素越多。对这一现象，康晓光在对中国青少年发展基金会的研究中就有过比较透彻的解析："团组织和教委系统之所以要参与资助落实工作，并不完全是出自于自觉的选择，在很大程度上是自上而下的行政安排的结果。在基层团组织和教委看来，落实希望工程的资助与他们的其他工作并没有什么实质性的区别，都是上级下达的'任务'。他们得到这项任务并不是向青基会立项申请的结果，而是上级统一安排的。也就是说，青基会不仅依托行政系统落实自己的资助，而且各级行政组织之所以承担这种责任也是行政安排的结果。"① 各级计生协执行"幸福工

---

① 康晓光：《创造希望——中国青少年发展基金会研究》，广西师范大学出版社，1998，第419页。

程",各级妇联执行"母亲水窖"也都是自上而下的行政安排。下级组织执行项目时对本系统或者本区域内的上级领导负责,而并非对基金会负责。中国人口福利基金会每年都要通过国家人口计生委办公厅转发幸福工程组委会等五家单位关于开展幸福工程活动的通知或精神。例如2006年2月16日国家人口计生委办公厅向各省、自治区、直辖市人口计生委,计划单列市、新疆生产建设兵团人口计生委,解放军、武警部队人口和计划生育领导小组办公室以及中直机关、中央国家机关人口计生委转发了《关于开展幸福工程2006年度"救助贫困母亲活动日"系列活动的通知》,该通知提到"2006年,人口计生委将'努力做好以救助贫困母亲为重点的幸福工程'作为重点工作之一。""希望各地结合实际,把开展幸福工程2006年度系列活动纳入工作日程,统筹安排,积极参与,支持并帮助主办单位做好有关协调和组织工作,为救助贫困母亲、扶助计划生育困难家庭,构建和谐社会作出更大贡献。"类似地,基金会开展幸福工程十周年系列纪念活动、幸福工程项目管理服务年和幸福工程活动日等均通过国家人口计生委转发有关文件。通过人口计生委办公厅对相关部门转发关于实施幸福工程的通知,是政府利用的最常见的发文件的方式,自上而下地在组织系统内部发动幸福工程项目,带有相当程度的政府强制力,属于比较典型的行政化动员手段。通过人口计生委转发文件这一行政性行为,提高了各级计生系统对幸福工程的重视程度,以行政命令的方式要求各级计生系统为幸福工程提供各种方便,积极配合有关工作。

最后,低成本与低费用。如果按照交易成本理论的观点,封闭式资金使用无疑是公募基金会配置社会公益财产的成本最为低廉的方式,依靠基层机构现有的人员、办公场所、车辆设备等,大大降低了基金会的运作成本。以中国人口福利基金会为例,幸福工程的项目经费几乎全部用于受益群众,不给执行机构支付项目经费,在地方运作的行政管理成本基本上是由地方计生协或人口计生委分摊。各级计生干部组成了基金会最广泛的志愿者队伍,计生协完善的网络体系和充沛的人力财力资源大大减少了基金会依靠组织自身力量设立专职工作人员及办事机构的管理成本,以及通过其他民间组织实施项目的协调成本。在某种程度上，执行项目的行政体系是基金会免费的组织网络，不仅不需基金会支付人员的工资福利及其他办公经费，连实施本项目必要的行政成本费用也由这些行政机构买单。在 2004 年之前基金会"零成本"运作的法律环境下，依托现有的行政体系运作项目不啻为基金会降低成本的理性选择。

封闭式散财可称得上是中国基金会的一个创举，是基金会与政府合作的独特形式，在基金会资金实力尚不雄厚，组织结构尚不健全的发展初期，仅依靠基金会自身的工作人员和组织体系难以完成基金会的公益项目，利用政府行政体系的组织资源是基金会快速全面推行公益项目的最有效手段。尽管这一过程是基金会散财的过程，但基金会所获得的"资源"并不少，一方面从节约成本的角度积累社会公益财产，另一方面行政支持本身就是一笔重要财富。在基金会发展初期，依靠已有行政组织体系的封闭式使用资金方式无疑比纯粹的运作型或资助型方式更加快速、高效、低廉，是组织最佳的效率边界临界点。但是对于非营利性的基金会而言，成本机制仅仅是组织所要考虑的一个方面。面对如此"合算"的交易，我们不禁要问为什么政府愿意付出大量的人力物力，用政府财政资金来支持基金会的民间公益项目？封闭式散财对基金会而言，是不是免费的午餐呢？根据资源依附理论①的观点，获得资源与增加依赖是一个硬币的两面，组织在与其他组织交换以获得资源的过程中产生了对环境的依赖。在封闭式散财方式中，政府与基金会之间互有资源的输入与输出，也因此互有利益交换，互存依赖关系。从幸福工程的案例中，可以看出基金会在降低运作成本的同时，又付出了什么代价；政府在付出财政资源的同时，又收获了哪些其他资源。

对基金会而言，封闭式散财模糊了基金会与政府的行为边界，不利于基金会树立独立的民间组织形象。中国人口福利基金会幸福工程组委会的工作人员在基层执行项目时，大都由当地或者上级计生系统的人员全程陪同，不仅受益群众和其他部门的基层官员搞不清楚中国人口福利基金会的性质，甚至连计生委或者计生协的工作人员也常常误将基金会

---

① Pfeffer and Salanick, *The External Control of Organizations: a Resource Dependence Perspective*, Harper & Row Publishers, 1978.

的工作人员当成是国家人口计生委的公务员。例如2004年8月，幸福工程全国组委会在内蒙古包头举办第二期项目培训研讨班，当地计生协同志在组织联欢会介绍时，一会儿说"欢迎来自国家计生委幸福工程组委会的领导"，一会儿又说"欢迎北京市计生委的领导"，几次纠正后，才说清楚"欢迎中国人口福利基金会幸福工程办公室的领导"。可见，在地方计生系统干部的眼里，基金会的工作人员就是在北京、在中央的上级领导，但究竟是哪里的领导，却常常搞不清楚。这一方面说明，地方计生委、计生协的工作人员非常重视来自基金会的工作人员，便于基金会工作的开展；另一方面这种重视在某种程度上来自对本系统内上级领导的敬畏。基金会在基层运作其他公益项目时，即便不直接通过计生协执行的项目，通常也要当地计生协协助进行差旅安排，与计生协的高频率互动使基金会密切了与计生系统干部关系的同时，也模糊了基金会的行为边界。

在封闭式散财方式下，执行机构实施项目的根本动力源自行政系统内的体制压力，执行者更关注上级领导分派的行政性任务，而不是基金会的管理制度与运作规范，基层项目执行者缺乏对基金会进行深入了解的动力。2004年8月，幸福工程全国组委会召开项目培训研讨班之际，笔者对来自上海、天津、河南、陕西、安徽、湖北、山西、河北、辽宁、黑龙江等省市的100余名基层官员进行了问卷调查和访谈，共收回有效问卷87份。统计结果显示，其中有78%的人不知道基金会的其他项目，认为自己知道的人中也仅有一人正确说出了基金会还有"生殖健康"项目，而其余的人尽管听说过其他项目，但要么不能写出具体的项目名称，要么张冠李戴，把中国妇女发展基金会或中国青少年发展基金会的项目安在中国人口福利基金会头上。

项目执行者尚无法正确认识基金会的性质，全面了解基金会的组织状况，更何况项目的受益者呢？据清华大学评估组对幸福工程6个项目点410位受资助的贫困母亲的调查显示，有17.3%的人表示不清楚资助机构，在回答了解的339位贫困母亲中，有45.1%的人认为该资助款是"幸福工程"提供的；有24.2%的人回答是计划生育部门提供的；有14.5%的人回答是乡政府提供的；有16.2%的人回答是王光美提供的。

对于幸福工程的举办单位"中国人口福利基金会"的了解则很少。① 因此绝大部分受益者并不清楚所受资助的项目名称,更不要说基金会的名称与性质了。

中国人口福利基金会及幸福工程项目面对这一尴尬局面并不是个别现象。在中国最有影响力的希望工程同样面临着类似的问题。中国科技促进发展研究中心1997年对希望工程项目的评估结果显示,社会各界对希望工程的组织者和实施者的名称和性质都不是很了解。58.6%的公众认为希望工程的组织者是政府部门,即使是希望工程的捐赠者,认为希望工程的组织者是政府部门的人也在50%以上。受助生家长中更甚至有51.0%的不知道希望工程组织者的性质,36.8%的家长认为是政府教育部门所为,只有12.1%的家长知道希望工程是民间组织所为。②

对政府而言,通过行政系统实施基金会的公益项目需要付出人力物力,但由此所获得的政绩、威望也是不可小视的。希望工程的实施机构是各级青少年发展基金会系统,基层的绝大部分资助工作则由县乡两级团组织、县教委和学校承担。中国科技促进发展研究中心对希望工程项目的评估结果显示,各级共青团组织为希望工程作出了重要贡献,希望工程也促进了共青团事业的发展。77.6%的县团委书记回答希望工程是本县团委投入精力最多的工作,93.3%的县团委书记认为希望工程是本县共青团为社会做的最大一件实事。各级领导人一致认为,希望工程对共青团事业的发展有很大或较大意义,希望工程扩大了共青团的社会影响,密切了共青团与人民群众的关系。根据清华大学对幸福工程社会效益的评估发现,各级计生协的项目管理人员几乎一致表示,幸福工程对"当地计生部门与计划生育协会最大的益处就是大大提升了计生干部在群众中的形象,改善了干群关系"。基层政府在执行项目的过程中,不仅获得了一笔可观的项目资金,该项目的引进还可能被当地领导视为吸引资金的政绩,提高部门在整个政府系统中的地位与威望,甚至可以通过基

---

① 邓国胜:《公益项目评估——以"幸福工程"为案例》,北京,社会科学文献出版社,2003,第48页。
② 中国科技促进发展研究中心希望工程效益评估课题组:《捐款是怎样花的——希望工程效益评估报告》,浙江人民出版社,1999,第106页。

金会的引荐，让高层领导关注到基层工作，进而可能带来其他的资源。

在封闭体系下，其他民间组织很难进入基金会的项目实施体系，行政体系内的组织成为天然的执行机构，使得原本属于社会公益财产的民间资源又重新进入政府行政化的封闭体系内循环，强化了政府对资源的控制，政府成为民间公益资源的实际分配者，基金会所创立的公益项目无形中成了相关业务主管单位所实施的惠民措施。通过社会公益资金的体制内循环，达到了政府设立基金会的初衷，即用民间资源弥补政府对某一事业投入的不足。执行项目的各级政府机构只需付出极小的行政成本，就可获得社会公益资金的分配权，并进而通过对民间资源的分配获得领导认可和群众满意。社会公益财产在施惠于弱势群众的同时，成为项目执行者获得政绩的有利工具。尽管封闭式散财运作方便、实施迅速，降低了基金会的行政运作成本，提高了公益财富的使用效率，但绝不是免费的午餐。由于政府系统内的科层制丧失了民间组织原有的灵活性、开放性等优势，工作效率反而可能因层层指令性行政性的任务安排而降低。更重要的是，封闭的散财方式侵蚀了基金会的社会性和民间性，模糊了基金会与政府的行为边界。

三 开放式的"散财之道"

与上述具有一定政府背景的基金会相比，2004年之后成立的非公募基金会在受政府干预少的同时，也难以借用政府的网络体系来实施公益项目。在这样的背景下，开放系统下的散财渠道就成为这些基金会的选择。即基金会的资金和项目向全社会开放，凡符合基本条件的组织（个人）均是基金会潜在的项目实施方，均可以向基金会提出申请，通过基金会的审查后，某些潜在实施方则变为实际项目实施者，这被称为开放式散财（如图2所示）。如南都公益基金会就采取典型的开放式散财方式。无论是资助新公民学校还是资助民间组织从事抗震救灾项目，南都公益基金会都遵循公开、公平、公正的原则，面向社会，面向非营利组织进行项目招标。凡符合条件的组织都可以向南都公益基金会提出申请。基金会全年接受项目申请，项目的评审分为预审、初评、中评、终评四个阶段。预审与初评由南都公益基金会秘书处完成；独立的项目评审机构对申请项目进行中评；南都公益基金会理事会在项目中评的基础上，最终确定中标的项目。基金会理事会每年召开4次评审会议，申请者须于评审会议前一个月提交申请文件。基金会试图通过完善的项目评审制发现最佳的资金使用者，提高资金使用效率。为了保证招标过程更加公开透明，基金会还专门开发了管理信息系统，包括基金会项目招标信息的发布，项目申请机构提交项目申请，基金会对项目的评审、资助、监测、评估等所有工作流程都将通过此系统实现。项目不同评审阶段，包括预审、初评、中评与终评的结果将通过该系统及时发布，申请机构可用获得的用户名和密码，登陆项目申请系统，了解项目申请的进展，并根据要求补充、修改与完善项目申请文件。

归纳总结起来，开放式散财具有如下一些特征。

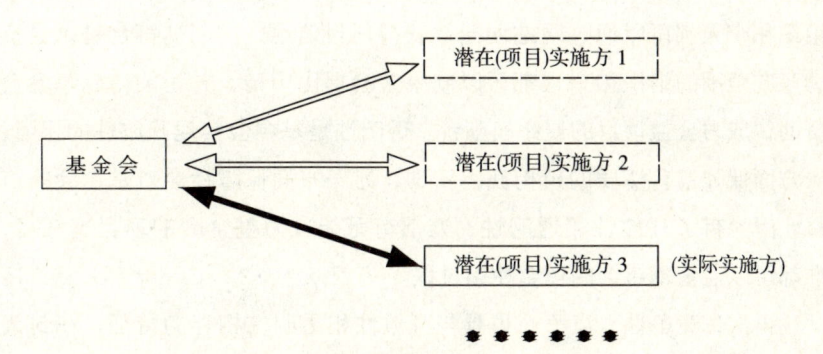

图2 开放式"散财之道"示意图

首先，开放性。封闭式散财的重要特征之一是公益项目在现有行政网络的封闭系统内运作，系统外的人员和机构难以进入。而在开放条件下，凡是认同组织宗旨，愿意奉献的人都可能成为基金会的志愿者；凡是符合条件的组织均可能得到基金会的资助。在封闭式资金使用方式下，行政机构内的工作人员是基金会不拿工资的志愿者，在某种意义上，他们是因本职工作关系而被动成为基金会志愿者的，而开放的环境下，这些非公募基金会则能够在完全开放的条件下招募更广泛更优秀的志愿者群体来协助组织完成资金使用过程，例如香江社会救助基金会的5个"1000"爱心计划中有"组织1000个义工"，这些义工将协助基金会做好图书室项目、资助孤儿、帮助贫困学生、帮助穷困家庭等4个"1000"

项目走访调查、核实监督等工作，可以说，义工这个"1000"是实现其他4个"1000"的前提条件，正是依靠这些来自四面八方的志愿者，才能保证项目的顺利实施。除了人员的开放性，项目执行机构所表现出的开放性则更为突出，基金会的项目资金向所有符合条件的组织和个人开放，大家可以机会均等地申请项目。开放性是实现后面几个特征的前提条件，也是开放式散财的最本质特点。

其次，透明性。要想实现真正的开放性，基金会必须做到公开透明，即全社会均可以获得有关该基金会项目、资金等方面的资料。基金会向社会开放的过程就是实现透明化的过程。对于资助型基金会而言，在基金会的网站上应当有明确的项目资助方向、资助额度、申请原则、申请时间、申请流程、评审规则，并及时发布通过资格预审的项目和机构信息以及获得资助的项目进展情况。基金会的透明性意味着社会中的所有组织和个人都可以通过网站便捷地获得项目信息，进而凡符合基金会资助意向范围的组织和个人都可以向基金会提出申请，并可能得到基金会资助，成为公益项目的最终实施者。透明性是基金会实现开放性的保障，一方面保障富有资质的机构获得资助，另一方面保障社会对基金会的监督。因为有了开放性和透明性，谁都有可能成为基金会的项目实施者，谁都可以监督基金会的资金使用过程。

再次，竞争性。竞争性也是与开放性和透明性相伴的特征。在封闭条件下，封闭的运作环境导致执行机构的垄断性，一个公益项目在一个地区必然由固定的某一机构来完成，缺乏其他组织的竞争。而在开放条件下，凡是希望得到基金会资助的组织和机构，都要遵循基金会的项目申请要求，公开公平地进行竞争。只要有竞争，就必然存在着优胜劣汰，例如，友成企业家扶贫基金会在网站上介绍该基金会申请项目的初选淘汰率在60%~70%。竞争基金会资助项目的过程，就是民间组织及公益项目彼此间竞争的过程，那些服务质量上乘、能力建设规范、治理结构完善的组织会脱颖而出并更加发展壮大，民间组织之间的竞争有助于促进公民社会健康有序发展。

最后，选择性。封闭式资金使用方式下，基金会与项目实施方均处于无法选择、无法退出的境地，基金会无法选择项目实施方，项目实施方也无法申请系统外其他基金会的项目。而在开放条件下,基金会与项目实施方得以双向选择,基金会能够面向社会寻找最能有效实现组织宗旨的实施机构,而潜在的项目实施方也可以选择最适合自己的基金会,双方可以真正实现伙伴关系。

总之,通过开放式散财,基金会的公益财产实现了面向社会的开放性和透明性,实现了项目的竞争性和选择性,使得社会公益资金真正进入公民社会部门,真正地在社会中高效运转起来。

四 中国基金会的"散财之道":从封闭到开放

封闭式和开放式是中国基金会两种典型的"散财之道"。在我国基金会的起步阶段,正是依靠自上而下的封闭系统的支持,大量公益项目得以迅速实施。一方面,当基金会及其公益项目的社会影响力和公信力均严重不足时,通过已有体制实施项目,可以快速地获得最广泛的社会支持和认可,获得受益人的好感和信任;另一方面,在基金会长期处于"零成本"运作时期,封闭式的散财方式为基金会节约了可观的行政成本,使其将有限的公益资源最大化地投入到公益项目的实施中。伴随着基金会的日益成熟,原本仅仅依靠体制内散财的基金会在稳固已有资金使用渠道的同时,也开始尝试新的方式,逐步扩展合作伙伴范围,引入开放机制。例如中国人口福利基金会 2000 年后新项目的实施扩大了合作伙伴范围,地方福利院和医院成为该基金会的项目实施方(见图 3)。与

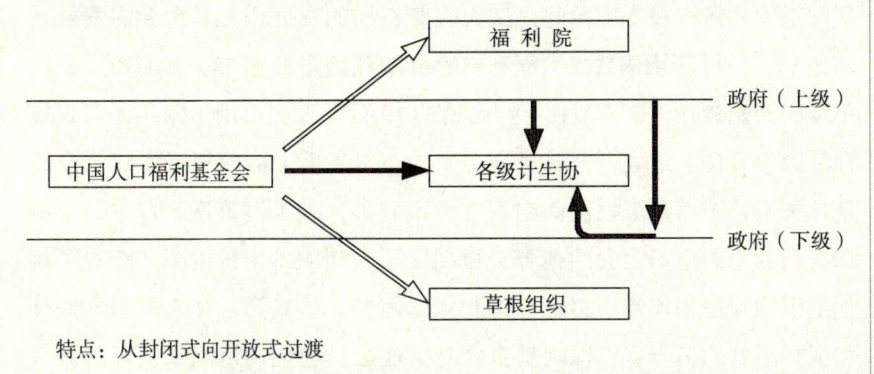

特点:从封闭式向开放式过渡

图 3 中国人口福利基金会散财方式的转型

此同时，新成立的非公募基金会选择了完全不同于以往的开放的资金使用方式，尽管最初的运作困难重重，但却给基金会领域带来新的气息，成为真正将公益资源回归社会的散财方式。总的来看，尽管目前封闭式散财依然占有主体地位，但开放式散财却势不可挡，扑面而来！

中国各类民间组织三十年的发展，对基金会从封闭式散财到开放式散财的转型提出了要求，也奠定了基础。首先，随着基金会资金规模的扩大，仅依靠现有的封闭系统已无法有效实现组织宗旨，需要更为灵活的、多元化的民间组织来完成资金的使用；其次，公众问责意识日趋提高，不仅仅关注公益机构是否贪污腐败，还将会关心公益机构通过什么渠道使用资金以及使用效率如何，即社会问责机制的日趋健全构成基金会"散财之道"转型的外部压力和动力；再次，非公募基金会的"开放式"散财给公募基金会带来新的理念和方法，推动公募基金会资金使用方式的转变；最后，中国公民社会力量的壮大，特别是各类草根民间组织的成长，则为开放式散财奠定了组织基础。具体地说，从封闭式到开放式包括以下两个阶段。

第一，项目实施机构的扩大，将项目实施方从封闭的行政系统内的官办组织拓展到所有社会组织。传统的公募基金会进行开放式散财的尝试源于与其他社会组织的合作，即本系统以外的组织成为基金会的项目实施方，如上文所说的中国人口福利基金会。再如，中国残疾人福利基金会以往实施公益项目几乎都是将资金拨付给各级残联，依靠残联系统来完成，自第四届理事会开始，逐步将视野关注到为残疾人服务的草根民间组织，将积极支持民间残疾人服务机构的发展作为基金会的发展方向之一。2006年中国残疾人福利基金会向江西省赣州市一家由聋儿家长组成的天籁聋儿语言康复训练中心资助19万元人民币用于购买语言康复训练教学设备。过去，公募基金会未能与自下而上的草根组织建立合作伙伴关系，固然与草根民间组织发育不完善，水平良莠不齐有关，但更深层次的原因是基金会的视野一直局限于封闭的本系统内部，忽视了其他组织的存在和作用。实施机构的甄选面扩大是基金会开放式理念提升和视野拓展的第一步，说明基金会开始通过其他民间组织来实现公益宗旨，但并非意味着所有的民间组织都可能成为基金会关注的对象。因此仅仅是实施机构的扩大并不是真正的开放式使用资金，公开公平的竞争机制才是开放式散财的灵魂。

第二，公开竞争机制的引入。中国人口福利基金会和中国残疾人福利基金会的上述做法是基金会资金使用迈向开放式的第一步，即合作伙伴的多元化，而开放式最为核心的一点是公开的竞争机制的引入。2008年5·12地震后中国红十字基金会的举动则表明公募基金会的资金使用方式开始向着开放式转型。5·12地震之后，中国红十字基金会拿出2000万元捐款，面向国内公益性社会组织和其他专业公益服务机构公开招标，联合实施5·12灾后重建项目，期望通过公开、平等的竞争，选择优秀的专业公益服务机构和项目，开展灾后重建工作，实现公益资源的优化组合，在灾后过渡性安置和恢复重建中发挥积极作用，通过公平竞争，有三批15个民间公益组织申报的16个项目中标。2009年8月，中国红十字基金会再次安排500万元资金，面向全国公益组织公开招标实施灾后重建项目，给全国优秀草根民间组织提供更多的合作机会。中国红十字基金会的招标面向所有中国大陆正式注册的公益性社会组织和其他专业公益服务机构，表明了组织开始尝试真正的开放式散财。在2008年12月19日召开的全国社会组织论坛，将"中国红十字基金会'5·12灾后重建项目'"作为了2008年中国社会组织十件大事之一，入选语中这样说道："这种评委独立、规章完备、程序公正、资助透明的项目公开招标开创了社会组织横向合作的新模式，是基金会对于捐款使用的制度创新，也是中国公益性社会组织资源优化配置的有益探索。"在开放式的散财方式下，基金会通过公开招标的方式，制定较为翔实的项目申请制度和流程，为潜在申请者明确游戏规则，让所有符合条件的机构公平竞争，基金会根据所申请机构的情况来选择合适的组织进行资助。过去封闭系统下的资助方式是垄断性和指令性的，项目实施者和资助者之间互无选择权。基层执行机构即使不愿意实施项目，迫于上级行政压力也不得不为之；基金会即使对地方执行机构不满意，也无法在该地区更换执行者。而在开放系统下引入竞争机制后，基金会作为资助方，执行机构作为被资助方，可以双向选择。引入公平竞争机制是开放式散财的核心，是确保草根民间组织获得基金会资助的前提条件。通过这样公开的评审机制才能甄选出优秀的民间组织，促进公民社会健康有序发展。总之，开放式散财意味着基金会以开放的胸怀，用公平公开的竞争机制，寻找最合适的组织，完成基金会的"散财之道"，让基金会的社会公益财产真正在公民社会体系中运转起来。

五 开放式散财：让基金会成为公民社会的引擎

选择开放式散财将促进我国基金会成为资助型组织，成为众多民间组织的支持型组织。过去，我国基金会往往直接关注最终受益人群，如社会弱势群体中的农村妇女、贫困儿童、残疾人等等，而较少关注为这些边缘弱势群体提供服务的组织和机构。国际很多救援机构的经验表明，基金会直接支持弱势群体的发展固然可以获得一时的资助效果，但一旦来自外界的捐赠款中断后，被资助者可能会立即重返贫困。其原因之一就是缺乏根植于当地的、熟悉被资助者生活和文化的基层草根组织。为弱势群体提供服务的机构则可成为一个支撑平台，为弱势群体提供长期有效的帮助。我国基金会散财方式由封闭向开放的转型有助于基金会逐渐从直接救助最终受益者变为间接支持那些为最终受益者提供服务的机构。这包含两方面的意思：一方面是服务对象的转型，从个人到组织；另一方面是资金使用机制的转型，从直接救助到间接支持。例如，中国人口福利基金会实施的"幸福工程"是直接针对贫困母亲经济发展的项目，2000年后基金会与其他国内外机构和企业的合作中就开始关注基层组织的发展。在与福特基金会、美国半边天基金会、微笑联盟等国际非营利组织合作的过程中，基金会为本土的基层组织提供了资金支持并引入项目管理经验，如项目实施过程中在河南上蔡培育组建了文艺宣传队、腰鼓队等根植于社区的草根组织，再由这些组织为当地群众提供服务。而明确定位为资助型的南都公益基金会则在整个公益产业链条中作为资金和资源的提供者，资助社会服务和公益项目，培育民间组织和社会企业家，带动民间社会创新。5·12地震发生后，南都公益基金会紧急安排1000万元专款，为民间组织参与救灾和灾后重建提供资金支持。尽管这1000万元的资金比起几百亿的救灾款来说微不足道，但这些有限的资金却通过几十个专业性民间组织在一线的行动,"调动了百倍的资源"。①

在美国,绝大部分基金会选择作为资助型组织,通过支持其他组织来使用慈善资源,这从美国基金会中心对基金会的定义②中也可以清晰地看出来。这是因为基金会的优势在于资金,为其他组织提供资金资助是基金会实现公益宗旨最为有效的方式。而众多的草根 NGO 及中国的民办非企业单位在教育、科技、文化、医疗卫生、体育和社会福利等具体的公益领域开展服务,这些基层公益组织往往是由最具理想主义和献身精神的人士组成,他们工作在第一线,直接面对服务对象,处于公益产业的服务终端;他们最接近社会问题所在,最熟悉当地的文化,最了解当地的需求,具有灵活性和便捷性,最知道如何才能解决问题,因而这些组织在直接提供公共服务方面最有优势。理论上,由基金会提供资金,由基层组织提供服务,是公民社会最佳的资源配置结构,可以用更低的管理成本,实现更广泛的目标并达到更深入的效果。

以间接支持民间组织作为资金使用定位时,基金会扮演了"种子基金"的作用,可起到资金和人力放大化的效果。之所以称之为"种子基金",源于基金会的公益财产和公益理念就像一颗种子,被资助的草根民间组织如同土壤,当这颗种子遇到适合它的土壤并经过精心培育,就会生根发芽,慢慢长成参天大树,每一棵大树都是一个充满希望的公民社会组织,是一份民间的公益力量。无数棵大树将成为一片森林,而这就是公民社会。因而基金会为草根民间组织提供资金和理念的支持,就是培育公民社会的过程。在这一过程中,无论是有形的物质财富还是无形的精神财富都将成百上千倍地扩大,因为每一家民间组织都将成为拥有一定规模的资金、具备一定社会公益精神的民间组织,它们的总和将成为一笔巨大的社会财富。

然而,目前明确定位为资助型,以完全开放地方式选择项目实施机

---

① 包颖:《南都公益基金会:有限资金调动百倍的资源》,2008 年 8 月 3 日《中国社会报》。
② 美国基金会中心对基金会的定义:非政府的、非营利的、自有资金(通常来自单一的个人、家庭或公司)并自设董事会管理工作规划的组织,其创办的目的是支持或援助教育、社会、慈善、宗教或其他活动以服务于公共福利,主要途径是通过对其他非营利机构的赞助。

构的中国基金会依然是凤毛麟角。尽管不少基金会在组织定位时，都提到开展"资助"型项目或者服务，但项目具体实施方式却尚未发生根本变化，依靠封闭的行政体系直接运作项目依然是绝大多数公募基金会的资金使用方式。这一方面源于基金会的心态，认为让别人花钱不如自己花钱放心，只有基金会用自己的项目官员设计运作自己的公益项目才觉得安心；另一方面源于草根组织自身能力有限，发育缓慢，无法完全承担从项目申请到实施的全过程，不少资助型基金会苦于找不到合适的"花钱"组织而无法完成资金预算。草根组织羸弱与资源匮乏是矛盾的两个方面，处于初创期的草根组织面临的主要困难之一就是缺乏资源，资源的匮乏使其难以开展卓有成效的公益项目，难以完善自身的治理结构，而这种状况又使其难以通过资助型基金会的资格审查，获得资金支持，于是草根组织在能力不足与资源匮乏之间恶性循环。资助型基金会对于公民社会组织的重要性在于发现具有发展潜质的民间组织并给予支持和培育，以此逐渐壮大公民社会的力量。正如徐永光所坚持的那样，"尽管目前选人做项目还有一些难度，但经过一段时间的筛选、培育，会筛选出一批优秀高效的项目合作机构。……正是因为民间公益还很弱，才需要更多的支持，这就是培育公民社会。"[1] 目前在中国大陆，以资助民间组织公益项目为主要运作方式的基金会几乎全是国际组织，如果资金雄厚的基金会能够成为民间公益的支持性机构和资金提供者，则有望改变民间公益资源的配置结构，推动中国民间公益组织在本土基金会资助下的发展壮大。

尽管目前由于草根组织良莠不齐，能力不足，使得基金会在寻找被资助者时困难重重；尽管目前明确定位为开放的资助型基金会尚为数不多；尽管目前资助型基金会远未达到成为民间组织孵化器的水平，但我们不可否认基金会未来应担当起第三部门支持性机构的重任，基金会开放的散财方式将有望使其成为中国公民社会的引擎！

---

[1] 程芬：《"散财"难倒慈善家 中国富豪"借脑"践行公益梦》，2007年12月25日《公益时报》。

参考文献

包颖：《南都公益基金会：有限资金调动百倍的资源》，2008年8月3日《中国社会报》。

程芬：《"散财"难倒慈善家 中国富豪"借脑"践行公益梦》，2007年12月25日《公益时报》。

邓国胜：《公益项目评估——以"幸福工程"为案例》，社会科学文献出版社，2003。

康晓光：《创造希望——中国青少年发展基金会研究》，广西师范大学出版社，1998。

中国科技促进发展研究中心希望工程效益评估课题组：《捐款是怎样花的——希望工程效益评估报告》，浙江人民出版社，1999。

Coase, Ronald H. "The Nature of the Firm", *Economic*, 1937, Vol. 16.

Pfeffer and Salanick, *The External Control of Organizations*: *a Resource Dependence Perspective*, Harper &Row Publishers, 1978.

Williamson, Oliver E. Markets and Hierarchies, *Analysis and Antitrust Implications*, New York: Free Press, 1975.

From Closed to Open: The Ways of Chinese Foundations to Distribute Donations

Xu Yushan

【Abstract】This paper focuses on how Chinese foundations distribute donations, i. e. the ways in which they spend their money and how those ways are changing. Reviewing the practices of numerous domestic foundations, this paper identifies two methods of distribution based on the fields in which recipient organizations work and their methods of selecting those organizations. These methods are referred to as "closed" and "open". The "closed way" tends to be monopolized, mandated from the top-down, bureaucratic, low-cost, and donates small amounts. While simple and fast, qualities which help to reduce administrative costs and increase the usage rates of wealth, these "closed way" qualities may also corrode the independence of the foundations and blur the boundary between governments and foundations. The "open way" tends to be transparent, competitive and optional. This method of distribution allows donations truly to enter the civil society sector and become highly productive in society. As civil organizations continue to develop, foundations in China are shifting their methods of distribution from "closed" to "open", a change accompanied by the growth of operating partners and the introduction of competitive mechanisms. The "open way" trend will develop foundations' capacity as supporting organizations in the third sector and help them become engines of civil society in China.

【Keywords】 foundations donation distribution civil society civil organizations

（责任编辑　谢洪波）

非政府组织问责研究

李 勇[*]

【摘要】 非政府组织的问责成为近年来各方普遍关注的研究热点。本文研究了非政府组织问责的概念、逻辑形式、问责内容等问题,提出了有关非政府组织问责的基本观点,并在此基础上提出以权利与责任两种路径的耦合来建构社会。

【关键词】 非政府组织问责　目标责任　问责机制　权利与责任的耦合

一　问责的概念分析

(一) 责任的概念

从语源学来看,根据《辞海》、《辞源》的解释,在古代汉语中,"责"一般有下面几种含义:①责任,职责,差事。如《书·金藤》:"若尔三王,是有丕子之责于天。"《史记·项羽本纪》:"亦恐二世诛之,故欲以法诛将军以塞责。"《韩非子》:"主道者,使人臣有必言之责,又有不言之责。"②责问,责备。如《书·泰誓》:"责人斯无难,惟受责俾如流,是惟艰哉!"③责罚,惩罚。如《新五代史·梁家人公》:"崇患太祖庸堕不作业,数加笞责。"④责令,要求。如《盐铁论·本议》:"今释

---

[*] 李勇,清华大学公共管理学院博士后。

其所有，责其所无。"《论语·卫灵公》："躬自厚而薄责于人。"⑤诘问。如《汉书·赵严韩张两王传》："收奴婢十余人，责以杀婢事。"在当代汉语中，责任有三种用法：一是分内应做的事情，这种责任的含义实质上是一种基于一定的地位、身份或职务所负有的角色义务；二是特定人对特定事项的发生、发展、变化及其结果负有积极的促成义务；三是因没有做到前两项义务而承担的不利后果或强制性义务。这是从角色、职权、因果关系来界定责任的含义。责任一般有下面几种表达形式：有……责任，对……负责，应该受……谴责。前两种责任形式是与责任主体的角色、功能和职权等相联系的，是各种社会规范要求责任主体主动做出的或者是责任主体自我赋予并主动做出的与其角色、功能和职权等相适应的行为，表明了对责任主体的行为预期或责任主体的自我行为预期，属于积极意义上的责任，这种意义上的责任与义务等同，包括政治上的、法律上的、道德上的，以及责任主体自我主动承担的目标责任。第三种责任形式是指责任主体的行为不符合有关外部主体对其行为预期时受到的谴责和承担的不利后果，属于责任主体的消极意义上的责任，这种意义上的责任与制裁等同，包括政治上的、法律上的、道德上的责任。一般分析责任的概念时，考虑的就是责任的主体、客体以及责任的原因等方面的问题，也就是哪一个主体负责、对谁负责、为什么负责以及怎样负责。

"责任"一词在英美法中有不同的概念，例如 obligation，duty，liability，responsibility 和 accountability 等。Obligation 是指法律、道义、承诺等的义务、职责、责任，或者是被迫或被要求做某事的责任、义务；duty 是指道德的或法律上的责任、义务，或是指某人必须执行的任务或行动；liability 是债，债务；responsibility 是指责任、义务；accountability 起初的含义是指财务、会计责任，或是指可说明性。可以看出其界定侧重于责任的来源。Accountability 目前在我国的有关文献中对应的中文用法非常不一致，大致有"公共责任"、"经济责任"、"问责"、"社会责任"等。但这些都只是表明了 accountability 的部分内容，例如"公共责任"忽视了 accountability 主体的多元性以及经济性、财务性、可计算性；"经济责任"将公共责任与财务责任相融合，但这种译法仅适用于经济有关的研究，对于公民社会①组织（包括非政府组织 Non-Governmental Organization，以下简称"NGO"）的研究，很多情况下就不能适用，例如新兴的网络非政府组织可能有一部分基本不会涉及财务责任问题。相较之下，"问责"一词强调主体的多元化利益和多元化的价值判断标准，更能在公民社会组织的研究领域中体现出 accountability 的含义。②

（二）问责的概念③

"问责能被广泛地看作是一个关系的问题——对他人负责并由他人问责，或者被看作是一个身份问题——对理想、使命和自己的责任意识负责"。④"在其最简单的意义上，问责是指一个程序，通过这个程序，个人或者组织对他们的行为以及由此产生的结果负责。但是当试图说明谁有权利使别人做出解释，且怎么样促进并履行问责时，这个概念就变得异常复杂了"。⑤ 格兰特和基奥海确定了问责的两个基本概念要素，即"授权"和"参与"，从而解决了上面提到的问题。⑥ 他们认为问责意味着某些参与者有三种权利：赋予其他参与者一套标准，在这样的标准下

---

① "civil society"的译名在中国有"公民社会"、"民间社会"和"市民社会"三种，三种用法有细微差别，本文在最一般的意义上把三者等同使用。
② 在笔者的博士论文《非政府组织的社会责任》一文中，把 accountability 翻译为"社会责任"，试图体现"责任的社会化"这一理念。但在实际研究中，有学者把"社会责任"看作是高于"法律责任"的一种高位阶的责任形式，为防止引起歧义，本文采取"问责"一词，这个词虽然能避免上面这个问题，但是却也不能更直接地表明"accountability"一词社会化的概念，而给人一种以系统桎梏其开放性的感觉。
③ 关于非政府组织问责的概念和逻辑形式在拙文《西方非政府组织社会责任研究述评》中已经详细论述，《时代法学》2009 年第 7 卷第 3 期，第 102～113 页。为了保持本文的完整性，本文对这一部分简要提到。
④ Ebrahim, A., "Accountability in Practice: Mechanisms for NGO", *World Development*, 2003, Vol. 31 No. 5, pp. 813–829; also see Najam, A., "NGO Accountability: A Conceptual Work", *Development Policy Review*, 2008, Vol. 14, pp. 555–573.
⑤ Kovach, H., "Addressing Accountability at the Global Level: The Challenges Facing International NGOs, in Lisa Jordan and Peter van Tuijl", *NGO Accountability: Politics, Principle and Innovations*, Sterling VA London, 2006, p. 196.
⑥ Ruth W. Grant and Robert O. Keohane, "Accountability and Abuse in World Politics", *American Political Science Review*, 2005, Vol. 99 No. 1, p. 30.

判断他们是否履行了责任；如果没有满足这些标准则加以制裁。① 但这却产生了另一个问题，就是他们假设的这些标准有时候并不存在。② 辛克莱尔把问责定义为：通过给出行为的原因，"人们被要求解释并对他们的行为负责"。③ "关于行为的解释，假设某些个人或组织——接受者或利益相关人——拥有某些权利使解释者负责。"④ 问责于是被当作"管理的至关重要的机制"，⑤ 从而使潜在的利益相关人能够获得足够的信息来挑战和反对这些行为。世界共同信托组织（One World Trust）在2000年的全球责任项目中，对问责做了如下定义："问责是指一种程序：通过问责程序，有关组织能够做出承诺，并平衡利益相关人根据组织的承诺所做的决策行为和有关陈述等需要"。⑥ 这些定义都是涉及两方或两方以上的参与者之间的关系。把问责理解为人与人之间的关系问题，关键是怎样确定利益相关人。一个非政府组织有多少个利益相关人，就有多少种问责关系。而利益相关人的确定在不同的政治环境下、不同的国家中，种类和顺序也是不同的。

问责还可以被看作是一种身份责任。"问责的身份形式把问责问题的重点放在了对组织和个人的内部责任之上。"⑦ "身份问责代表了这样一种方法：通过这种手段，运营组织的管理者（或行动者）对形成组织的使命和价值、是否（如果是，怎样）对公众或外部审查开放、根据他们

---

① Ruth W. Grant and Robert O. Keohane, "Accountability and Abuse in World Politics", *American Political Science Review*, 2005, Vol. 99 No. 1, pp. 29 – 30.
② Charnovitz, S., *Accountability of Non-governmental Organizations (NGOs) in Global Governance*, http://ssrn.com/abstract=716381, 2009 – 11 – 24.
③ Sinclair, A., "The Chameleon of Accountability: Forms and Discourses", *Accounting Organization and Society*, 1995, Vol. 20 Nos 2/3, pp. 219 – 237.
④ Unerman, "Theorising Accountability for NGO Advocacy", *Accounting, Auditing & Accountability Journal*, 2006, Vol. 19 No. 3, p. 353.
⑤ Mulgan, R., "Accountability: ever – expanding concept", *Public Administration*, 2002, Vol. 78 No. 3, p. 563.
⑥ Blagescu, M., "Lucy de Casas and Robert Lloyd", *Pathways to Accountability, The GAP Framework*, One World Trust, 2005, London, pp. 2 – 4.
⑦ Unerman, J., "Theorising Accountability for NGO Advocacy", *Accounting, Auditing & Accountability Journal*, 2006, Vol. 19 No. 3, p. 356.

的目标评估他们的绩效负责。"① 组织和个人也由此觉得以他们的价值、使命和文化的形式对他们自己负责。② "然而，他们并没有同样感到对那些潜在的受他们的行动影响的利益相关人负责任，并且即便他们确实感觉到了，也是由他们自己确定应该对哪些负责。"③

从上面的分析中，我们可以对"问责"作一个概念性的界定："问责"应被视为一种关系问题——对他人负责并由他人问责，或者应被视为一个身份问题——对理想或者使命和自己的责任意识负责。

（三）非政府组织问责的逻辑形式

问责体现的是两个以上参与者之间的关系。针对这种关系的逻辑形式内容，学者们有不同的认识。邦布赖特和巴特雷瓦拉认为"问责有三种责任形式，或者是施加给他们的，或者是他们自愿采用的。有两种形式归入到我们所知的代理理论。一种形式是代表形式，就是基于这种逻辑：我选举你来代表我，因此你要为在你被选举的职位上所采取的行动对我负责。另外一种是契约形式，基于这种逻辑：我（委托人）雇请你（代理人）从事某些活动，你对这些行动对我负责。"代表形式经常会导致这样一个问题：非政府组织代表了谁？政府官员是通过定期的、竞争性的选举产生的，因而能够最大程度的代表社会，并对其负责；而公民社会组织往往是自我任命、自我组织的联合形式，没有义务定期对公民做出解释说明。派鲁佐蒂认为，这种将分析代表性关系的概念框架适用于公民是错误的，因为公民社会不是代表性实例，而是一种宪政实例。④

---

① Ebrahim, A., "Accountability in Practice: Mechanisms for NGO", *World Development*, 2003, Vol. 31 No. 5, p. 815.

② Lewis, D. and Madon, S., "Information Systems and Non-governmental Development Organizations: Advocacy, Organizational Learning, and Accountability", *The Information Society*, 2004, Vol. 20, pp. 117–126.

③ Unerman, J., "Theorising accountability for NGO advocacy", *Accounting, Auditing & Accountability Journal*, 2006, Vol. 19 No. 3, p. 356.

④ Peruzzotti, E., "Civil Society, Representation and Accountability: Restating Current Debates on the Representation and Accountability of Civil Associations," in Lisa Jordan and Peter van Tuijl, *NGO Accountability: Politics, Principle and Innovations*, Sterling VA, London, 2006, pp. 49–50.

他认为，市民社会组织不是建立在代表性基础上的，而是建立在其民主合同的委托人一方基础上的。① 如果简单地把政治代表性概念扩展于公民组织就会忽略两种组织之间的关键区别，就会否定公民社会组织对代议制民主政体的价值。② 查诺维茨认为代表性问题是一个不伦不类的问题（a red herring），并不是会员越多就越具有责任或代表性，非政府组织有足够的会员代表仅是过去非政府组织问责的有用标识，但现在互联网的发展已经完全改变了这种情况。围绕某一强有力的观点形成的虚拟非政府组织，可能没有传统意义上的组织形式，但却能真实代表观点一致的成员。非政府组织问责的真正问题是非政府组织的声明或主张是有思想的、正确的和公平的。③ 施韦策也认为，必须打破这样的"神话"，即认为非政府组织必须是一种代表性组织。④ 考虑到非政府组织的多样性，某些非政府组织需要代表性。例如某些会员制的非政府组织，就必须代表其会员。但这里的代表性与国会或者政府的代表性不同，这是一个组织内部的代表性问题，由此产生的问责是一种组织内部责任。

问责的第三种责任形式是"最适用于追求社会目的组织，有时被称为'利害关系方路径'，它力争一种组织治理的包容性和协作性路径"。⑤ 一般而言，在内部责任或者身份责任的形式下，非政府组织对其成员

---

① Peruzzotti, E., "Civil Society, Representation and Accountability: Restating Current Debates on the Representation and Accountability of Civil Associations", in Lisa Jordan and Peter van Tuijl, *NGO Accountability: Politics, Principle and Innovations*, Sterling VA, London, 2006, pp. 44 – 49.

② Peruzzotti, E., "Civil Society, Representation and Accountability: Restating Current Debates on the Representation and Accountability of Civil Associations", in Lisa Jordan and Peter van Tuijl, *NGO Accountability: Politics, Principle and Innovations*, Sterling VA, London, 2006, pp. 49 – 53.

③ Charnovitz, S., *Accountability of Non - governmental Organizations (NGOs) in Global Governance*, http: //ssrn. com/abstract = 716381, 2009 – 11 – 24.

④ Schweitz, M. L., "NGO Participation in International Governance: The Question of Legitimacy in the Growing Role of Non - governmental Organizations", *Proceedings of the America Society of International Law*, 1995, Vol. 89, pp. 413 – 415.

⑤ Bongbright, D., and Batliwala, S., *Answering for Ourselves: Accountability for Citizen Organization*, A background paper prepared by David Bonbright and Srilatha Batliwala for the 2007 Civicus World Assembly, http: //www. civicusassembly. org/upload/File/Accountability%20Background%20Paper. pdf, 2009 – 11 – 24.

负责,但在外部责任或者关系责任中,非政府组织对谁负责呢?在关系责任中最关键的一个问题就是确定利益相关人。世界共同信托组织(One World Trust)的全球责任项目(GAP),认为利益相关人是能够受到组织的政策和行动影响的个人和组织,并把利益相关人分为内部利益相关人(internal stakeholders)和外部利益相关人(external stakeholders)。根据其影响、责任和代表性的考虑,对利益相关人的优先次序做了区分。① 在具体的政治背景下,利益相关人的范围与优先级是不一样的。例如在行动援助责任、学习和计划系统(Action Aid Accountability, Learning and Planning System, ALPS)中明确表示行动援助的首要利益相关人是他们试图援助的穷人,但在中国首要的利益相关人是政府。② 这里还有一个问题是:非政府组织是否要对所有利益相关人承担责任,还是只对关键利益相关人承担责任?非政府组织处于一个关系群中,而且在每一个关系群中非政府组织的问责是不同的。即使对同一个利益相关人,不同的非政府组织在不同的政治背景下承担的问责内容及其程度也是不一样的。

二 非政府组织问责的背景

(一) 理论与制度的变革

在20世纪60年代末70年代初,美国开始出现严重的通货膨胀并蔓延到其他国家,接踵而来的石油危机导致了资本主义经济的"滞涨"(高通胀、高失业、低经济增长)。从20世纪30年代以来,盛极一时的"凯恩斯主义"神话被打破。凯恩斯主义陷入困境,新自由主义占据了上风,并指责凯恩斯主义导致的国家干预过度、政府开支过大、人们的理性预期导致政府政策失灵。随着经济全球化的发展,新自由主义推向了全球。

---

① Monica Blagescu, Lucy de Casas and Robert Lloyd, *Pathways to Accountability*, The GAP Framework, One World Trust, London, 2005, 2–4.
② Kang Xiaoguang and Feng Li, "NGO Governance in China: Achievements and Dilemmas, in Lisa Jordan and Peter van Tuijl", *NGO Accountability: Politics, Principle and Innovations*, Sterling VA, London, 2006, 133.

其标志性事件是"华盛顿共识"。① 在新自由主义的影响下，国家从诸多社会主要领域退出。拉丁美洲是新自由主义理论的试验场，而"失去的十年"、"失去的六年"等词不同程度地证明了新自由主义理论作为经济改革的指导思想，导致了转型国家如拉美国家现代化进程受挫。新自由主义最引人注目、影响最大的就是金融自由化的主张。而2008年，美国的次贷危机引起的华尔街风暴演变成全球性金融危机，无疑宣布了新自由主义的失败。美国纽约大学教授塔布（William K. Tabb）指出："新自由主义就其许诺的目标而言，已经失败了。它没有带来快速的经济增长，没有消除贫困，也没有使经济稳定。事实上，在新自由主义盛行的这些年，经济增长放慢，贫困增加，经济和金融危机称为流行病"。② 同时，在批评约翰·罗尔斯为代表的新自由主义过程中形成了社群主义的理论体系。社群主义改变了新自由主义以个体作为分析一切社会、政治、法律问题的出发点和基本视角，以社群作为分析政治、社会、法律的基本变量。社群不仅仅是个人自我认同的核心，其关系，义务，风俗，规则和传统对个人不只是重要，而且是个人之所以成为个人的一种规定性。社群主义的产生为公民社会和公民社会组织的勃兴奠定了政治哲学基础。随着国家退出越来越多的社会支持领域，而这些领域中有很多是市场组织不想做或做不好的。"经济和国家……越是形成自主的系统逻辑，公民越是被挤到纯粹组织成员身份的边缘角色，公民唯私主义和从当事人利益立场出发行使公民角色这两者构成的综合症，就越可能出现。经济和行政的系统具有这样的倾向，即同他们的环境相隔离，只服从其自身的货币迫令和行政迫令。他们打破了对公民通过共同实践来自我决定这种法律共同体的模式。"③ "对市场和政府作为处理我们这个时代的相互关联的社会，经济和环境危机的机制的不满情绪逐步增长。政府承受了死气沉沉、缺乏主动性，建构了不负责任的官僚体，以及通常是拿走了国

---

① "华盛顿共识"是20世纪90年代为解决拉美经济危机提出的政策方法，涉及宏观经济稳定、开放程度和市场经济三个重要方面。
② 新华网：《关于新自由主义思潮与金融危机的对话》，http://news.xinhuanet.com/theory/2009-02/26/content_10898601.htm，2009年11月26日。
③ 〔德〕哈贝马斯著，童世骏译《在事实和规范之间：关于法律和民主法治国的商谈理论》，北京，生活·读书·新知三联书店，2003，第95页。

民收入的越来越多的部分的角色。另一方,市场被批评忽视了人的需求以及产生了不堪一击的、社会的不平等。结果就是人们开始拼命地在仅仅依赖市场和仅仅依赖政府之间寻找'第三条道路'来成功解决公共问题。"①

在西方国家,从 20 世纪 80 年代开始,非政府组织大量出现来弥补由此产生的责任真空。"这些机构的存在毫无疑问是一种新现象。非营利或慈善机构在全世界已经运行了很长时间:宗教推动的项目,社会运动,文化的或者专业的利益,相关的群体意见,利他主义,以及最近以来在政府执行公共职能时的援助需要方面。大量的这些组织看起来好像是近些年才急剧增加的。但实际上,一个真正的'全球结社革命'似乎已经启航。在全世界各个角落,有组织的私人志愿行动实际上已经在北美和西欧以及亚洲的发达国家、还有中欧和东欧以及在很多发展中国家急剧增长。公民社会部门的兴起,或许证明了是 20 世纪末 21 世纪初的一个重要发展,类似于 19 世纪末 20 世纪初民族国家的出现。"② 作为公民社会组织形式之一的非政府组织扮演着越来越重要的角色,并随着全球化的发展逐渐扩展到国际社会领域。

(二) 非政府组织的角色和功能③

以非政府组织与联合国的关系为例分析非政府组织的在社会中扮演的角色。非政府组织在联合国和全球施政中发挥影响的方式主要有以下几种:一是业务参与和伙伴关系。借助非政府组织和其他民间社会组织的业务和基层经验,加强联合国项目和方案实施的范围和效力;二是影

---

① 〔德〕哈贝马斯著,童世骏译《在事实和规范之间:关于法律和民主法治国的商谈理论》,北京,生活·读书·新知三联书店,2003,第 2 页。
② Salamon L. M., Sokolowski S. W., and Regina List, *Global Civil Society: An Overview*, The Johns Hopkins Comparative Non - profit Sector Project, Centre for Civil Society Studies, Institute for Policy Studies, The Johns Hopkins University, http://adm - cf. com/jhu/pdfs/Books/BOOK_ GCS_ 2003. pdf, pp. 1 - 2, 2009 - 11 - 26.
③ 关于非政府组织的角色和功能部分内容已经在拙文《国外非政府组织社会责任研究述评》述及,载《时代法学》,2009 年,第 7 卷第 3 期,第 102 ~ 113 页,本文对这一部分进行更为详细的论述。

响政策和政策对话；三是影响国际机构的施政进程。① 非政府组织在越来越多的社会治理领域发挥作用。在全球治理中，国际非政府组织已经成为一个日益强大的声音，涉及环境保护、工人权利和商业贸易等领域。在维和方面，有国际禁雷组织；在人道主义援助方面，有国际红十字会；在环境和发展方面，有世界大坝委员会，他们参与讨论了在乌干达修建大坝的合理性和可行性问题；在人权方面，有大赦国际组织；在救灾、扶贫、信息提供、政策倡导等领域，也有越来越多的非政府组织参与。艾里克分析了非政府组织在全球治理中的功能，认为非政府组织在全球治理中的功能基本分为三种：1. 政策制定，包括议程设置、规范和规则的制定、普遍参与和游说；2. 管理责任，包括认证、标准制定、培训和信息提供、其他准公私合作行为；3. 执行功能，包括仲裁和调解、监督。② 正如2003年《纽约时报》社论所认为的那样，"非政府组织现在已经是权力结构的一部分了。"③ 在2002年全球非政府组织的周转资金估计大约有10000亿美元。④ 据世界银行估计，大约15%的全球海外发展援助是通过非政府组织进行的。经合组织（OECD）报道，公民社会组织（CSO）20世纪90年代后期以来每年援助发展中国家110亿~120亿美元。⑤ 根据萨拉蒙对35个国家的非政府组织的研究，非政府组织已经成为一支重要的经济力量。公民社会部门在20世纪90年代末每年的花费是1.3万亿美元，这意味着公民社会部门占这些国家国内生产总值的5%。如果把公民社会部门从这些国家的国民经济中分离出来，它的支出已经使它成为世界第七大经济体，超过了意大利、巴西、俄罗斯、西班牙和

---

① 联合国网站：《民间社会组织在联合国和全球施政中发挥影响的方式》，http://www.un.org/chinese/partners/civil_society/modes.htm，2009年11月26日。
② Bluemel, E. B., "Overcoming NGO Accountability Concerns in International Governance", *Brooklyn Journal of International Law*, Winter 2005, Vol. 31, pp. 160 – 178.
③ Holding Civic Groups Accountable, *New York Times*, 21 July 2003, at A18.
④ Kovach, H., "Addressing Accountability at the Global Level: The Challenges Facing International NGOs", in Lisa Jordan and Peter van Tuijl, *NGO Accountability: Politics, Principle and Innovations*, Sterling, VA, London, 2006, p. 200.
⑤ 世界银行网站：http://web.worldbank.org/WBSITE/EXTERNAL/TOPICS/CSO/0,,contentMDK:20101499~menuPK:244752~pagePK:220503~piPK:220476~theSitePK:228717,00.html，2009年11月24日。

加拿大，位于法国和英国之后。并且公民社会部门在萨拉蒙研究的这35个国家中也是一个大雇主，其雇佣的劳动者相当于3950万全职工作人员。公民社会组织之所以受到这样的关注，除了他们在国民经济中所占有的份额之外，还因为他们追求的目标和多样化的功能，如提供服务以及言论表达功能。非政府组织的角色和功能随着时代的变迁而发生变化。在1980～1989年间，西方非政府组织的角色是弥补政府的不足，非政府组织更亲近公众，组织目标主要是提供公共服务。1989～1995年间，公民社会兴起，非政府组织是公民社会民主发展所必需的。1995～2002年间，非政府组织则被认为是公民社会组织的一种形式，必须适用良好治理的原则。2002年至今，权威的政府又占了主导地位，非政府组织的影响被认为与附加于他们的信任是不协调的，必须对他们重新进行审视。[①]

　　始于20世纪80年代的全球结社革命同样也影响了中国。中国进行的改革开放为中国非政府组织的发展提供了公共空间。改革开放之初，国际非政府组织（International Non‑Governmental Organization，以下简称"INGO"）马上进入中国。联合国最先推动中国政府与国外非政府组织接触。1984年联合国计划开发署驻华代表建议中国政府在接受国际援助的同时接受国际民间组织的援助，最终促成了对外经济贸易部中国国际经济技术交流中心和其后中国国际民间组织合作促进会的成立。[②] 外国政府、企业、国际非政府组织对中国国内非政府组织的援助大大促进了中国本土非政府组织的发展。"从中国方面来看，全球公民社会的迅速扩展及其在国际政治中与日俱增的作用，各种国际援助的吸引力，以及中国走向世界的自身需要促使政府对海内外NGOs采取了开放政策。近二十年来，从经济合作、法治建设、社区发展、扶贫抗灾、生态环保、艾滋病防治，到文化艺术、医疗卫生、各级各类教育、妇幼保健和生育健康，

---

① Lisa Jordan and Peter van Tuijl, "Rights and Responsibilities in the Political Landscape of NGO Accountability: Introduction and Overview", in Lisa Jordan and Peter van Tuijl, *NGO Accountability*: *Politics*, *Principle and Innovations*, Sterling VA, London, 2006, pp. 10–13.

② 马秋莎：《全球化、国际非政府组织与中国民间组织的发展》，《开放时代》，2006年第2期，第119～138页。

中国政府允许 INGO 参与的范围之广，程度之深甚至是这些国际组织始料未及的。对 INGO 来说，中国是全球公民社会的新边疆，也是试验和推广公民社会理念、组织、项目的广阔天地。大多数 INGO 为了能得到在中国发展的机会，也主动与中国政府合作。"① 中国非政府组织自改革开放以来获得了极大发展。

在西方，"过去的 25 年中，对非政府组织问责的认识是发展中的非政府组织在发展中的角色流行范式的副产品"②。"非政府组织问责问题不断出现，是因为：非政府组织在数量和规模上的迅速增长，吸引了更多的资金；在形成公共政策时，更具有号召力。"③ 正如前面讨论的那样，非政府组织的问责问题恰恰产生于他们实际的或所宣称的角色和功能。在国际层面，"不断突出的地位和逐渐增大的影响使国际非政府组织面临各种利益相关人的责任要求"④。而"大多数这样的组织只具有有限的、缺乏想象力的关于它们自己行为的问责机制"⑤，更何况，非政府组织迅速增长的规模及其承担的角色、发挥的功能并不都是正面的。有的非政府组织可能宣称代表了正义而其行为却与正义原则背道而驰；有的政府组织可能会宣称代表了全人类的利益或对自己的作用和权力进行了虚夸，但实际可能并非如此，并且权力或权利都与责任紧密相连。非政府组织

---

① 马秋莎：《全球化、国际非政府组织与中国民间组织的发展》，《开放时代》，2006年第2期，第119～138页。
② Lisa Jordan and Peter van Tuijl, "Rights and Responsibilities in the Political Landscape of NGO Accountability: Introduction and Overview", in Lisa Jordan and Peter van Tuijl, *NGO Accountability: Politics, Principle and Innovations*, Sterling VA, London, 2006, pp. 10 – 13.
③ Lisa Jordan and Peter van Tuijl, "Rights and Responsibilities in the Political Landscape of NGO Accountability: Introduction and Overview", in Lisa Jordan and Peter van Tuijl, *NGO Accountability: Politics, Principle and Innovations*, Sterling VA, London, 2006, pp. 10 – 13.
④ David, B. L. and Moore Mark H., "Accountability, Strategy, and International Non – governmental Organizations", *Non – profit and Voluntary Sector Quarterly*, 2001, Vol. 30, No. 3, pp. 569 – 587.
⑤ Scholte, J. A., "Civil Society and Democratically Accountable Global Government", *Government and Opposition*, 2004, Vol. 39, pp. 211 – 230.

面临的窘境是他们自夸的形象与他们实际从事的行动之间存有一定的距离。①"非政府组织总是自称具有合法性,代表全民社会和全球舆论,但可能事实并非如此。如果非政府组织不再提出这些荒谬主张,就会少很多有关其行动角色的争议。"② 而某些公司或者政府组织控制的非政府组织可能说是为了公共利益,但其存在的目的只是为了公司和政府的利益,这就是被称作"阿斯特罗特夫草皮"（Astro Turf NGO）③和"皮包"（Briefcase NGOs）④的非政府组织。根据2003年世界经济论坛的民意测验调查,在七种公共组织的信任度上非政府组织仍然高过政治家、商业组织、教师和牧师,但其信任度在下降。⑤ 2006年英国广播公司世界服务部（BBC World Service）在32个国家对37572人进行关于非政府组织影响的民意测验,结果显示在对众多公共机构的赞成级别中非政府组织获得了最多的支持：60%的受调查者认为非政府组织主要产生积极影响,只有20%的人认为非政府组织主要产生消极影响。⑥ 但是,"2007年公司的信任度首次超过了非政府组织。这种变化在发展中国家最具有戏剧性,非政府组织的信任度为50%,排在商业（60%）和媒体（53%）之后列第三。当被问及对非政府组织持怀疑态度的原因时,人们提出了三点:

---

① Ontrac, *NGOs: Ethics, Accountability and Regulation*, 2001, No. 17, January, http://www.intrac.org/ont17.htm, 2009 – 11 – 24.
② Charnovitz, S., *Accountability of Non – governmental Organizations (NGOs) in Global Governance*, http://ssrn.com/abstract = 716381, 2009 – 11 – 24.
③ Gray, R., Bebbington, J. and Collison D., NGOs, "Civil Society and Accountability: Making the People Accountable to Capital", *Accounting, Auditing & Accountability Journal*, 2006, Vol. 19 No. 3, pp. 405 – 427. "Astroturf"是指主要是由公司、行业协会、政治利益或公共关系公司设立、创建或支持的草根公民团体或联盟。
④ Bendell, J., *Debating NGO Accountability*, UN Non – governmental Liaison (NGLS), August 2006, p. 11.
⑤ WEF, Survey on Trust, World Economic Forum, in Bendell, J., *Debating NGO Accountability*, UN Non – governmental Liaison (NGLS), August 2006, p. 2.
⑥ Globescan/PIPA, BBC World Service Economic Opinion Survey, GlobeScan Incorporated and The Program on International Policy Attitudes joint survey, www.globescan.com/news_archives/bbcpoll06 – 2.html#media, 2009 – 11 – 24.

较弱的问责、不听取委托人的意见以及没有证明其影响。"①

因此，常有人说非政府组织是不负责任的。英国《经济学家》杂志在 2000 年 1 月 29 日刊登的《非政府组织的罪过》（Sins of NGOs）一文中指出，世界上很多非政府组织都是西方政府予以资助的，这并不是一种新形式的慈善而是一种新形式的私有化。很多非政府组织日渐成为政府工作的承包人。政府倾向于通过非政府组织进行援助是因为非政府组织花费更少、更有效率，并且比直接的官方援助涉及的范围更广。非政府组织经常直接起到外交官的职能，不是试图帮助战争受害者而是试图自己结束战争。较大的非政府组织宣称他们并不是执行政府对外政策的工具，但很多时候他们确实被看作是这样的行动者。非政府组织与国家最相像的地方在于他们的身份转换。在很多缺乏社会服务的发展中国家，不少政府会请求非政府组织帮助他们完成世界银行或其他国际机构要求的文书工作。很多政治家或是他们的配偶常有自己的非政府组织，例如乐施会（Oxfam）的前成员不仅有英国政府官员，还有乌干达的财政部官员。这使得非政府组织与政府有一种共生关系，非政府组织成了"国家型非政府组织（GRINGO）"。《经济学家》提出了这样的疑问：非政府组织是政府的傀儡么？同样，非政府组织与商业世界走得也很近。通过经济合作与发展组织调查，非政府组织 1997 年就从私人捐赠者那里得到了 55 亿美元的资金，实际数目可能更大。1995 年非政府团体（包括但不限于非政府组织）在荷兰提供了 12% 的工作岗位，在美国和英国的数字分别为 8% 和 6%。非政府组织为了得到资金援助也需要越来越多的媒体曝光率。这同样给非政府组织带来很多问题，因为有些时候他们不得不削足适履来修正自己的观点或者发出一箱箱的函件来适应竞争越来越激烈的资金来源市场。这导致非政府组织的目标发生变化、行政效率低下、行政支出费用扩大。非政府组织规模越大，就越像商业组织。过去，很多非政府组织不寻求营利，支付给员工较低的工资或根本就不支付工资，

---

① Edleman, Trust Barometer 2007, http://www.edelman.com/trust/2007/, quoting from Bonbright, D. and Batliwala, S., *Answering for ourselves: Accountability for Citizen Organization*, a background paper prepared by David Bonbright and Srilatha Batliwala for the 2007 Civicus World Assembly, http://www.civicusassembly.org/upload/File/Accountability%20Background%20Paper.pdf, 2009 - 11 - 24.

完全是雇佣具有理想主义的志愿者。但现在,很多非政府组织即便不是直接接受商业企业的援助,也会具有公司的标志。这就是"商业非政府组织(BINGO)"。在此文中,作者指出仅仅具有良好的愿望是不够的。很多非政府组织虽然获得了很大成就,但同样存在很多问题。相较于政府,非政府组织官僚化更少、腐败和浪费更少。但不被监督的组织同样会进入歧途,因为他们不对任何人负有责任。同样,很多活动缺少当地居民成员的参与而资金又来源活动地之外的非政府组织,仅是试图没有争议地在活动地实行其想法和理念。例如很多组织在活动当地提高妇女或儿童的利益,而这些只是西方社会所定义的利益,难免会在当地引发社会分裂。即使非政府组织的使命完成了以后,他们也会努力让自己在活动地一直存在下去。① 2003 年 4 月到 8 月间,美国《纽约时报》、《华盛顿邮报》和《华尔街日报》等重要报纸,发表了三十多篇关于非政府组织问责的文章,大多都是否定性的。② 《经济学家》和英国广播公司(BBC)等也刊发了很多这样的文章。2003 年,美国企业协会(American Enterprise Institute,简称"AEI")与法律和公共政策研究联邦协会(Federalist Society for Law and Public Studies)发起了"非政府组织观察"项目,以提高非政府组织和国际非政府组织的透明度和加强对其的问责。世界共同信托组织(One World Trust)发起了全球责任项目(GAP)。调查发现很多像世界自然基金会等非政府组织的问责都处于很低的层次。认为非政府组织的问责存在问题是正确的,但如果说非政府组织是不问责的则是错误的,因为"非政府组织确实需要对内部(理事、成员以及经营管理)"负责;③ 而非政府组织的责任路径则常是非正式的或者不是显而易见的。④

---

① "Sins of NGOs", *The Economist*, January 29, 2000, http://www.civilsociety-international.org/resource/sins.htm, 2009 – 11 – 24.
② Shiras, P., "The New Realities of Non – Profit Accountability", *Alliance*, 2003, Vol. 8, No. 4, pp. 23 – 25.
③ Charnovitz, S., "Accountability of Non – governmental Organizations (NGOs) in Global Governance", in Lisa Jordan and Peter van Tuijl, *NGO Accountability: Politics, Principle and Innovations*, Sterling, VA, London, 2006, p. 21.
④ Gray, R., and Bebbington, J., *NGOs*, "*Civil Society And Accountability: Making the People Accountable to Capital*", www.emeraldingsight.com/0951 – 3574.htm, 2009 – 11 – 24.

但非政府组织的问责确实像爱德华兹指出的那样，是"较弱且有问题的，因为并没有明确的结果'底线'和非政府组织必须向其报告行动的单一权威"。①

在中国的非政府组织领域，非政府组织问责问题的出现还受到了传统中国责任文化的影响。"天下兴亡，匹夫有责。"中国的传统文化是一种责任伦理文化，中国古代的社会结构就是用责任（义务）构成的一种责任关系网络。这样的社会结构中奉行的是集体主义本位，强调个人的社会性质，在确定整体利益的前提下来规定个人的责任。这样的责任更多的体现为个人对社会（国家）、个人对家庭方面，基础就是中国特有的家族法。个人是靠其在家庭、国家中的责任关系来定位的。在传统中国，个人生活和团体生活是微不足道的。即使在中国出现过类似西方的团体生活形式——社仓、义仓、学田等，但都不是团体性共产，且"其相与为共的，视其伦理关系之亲疏厚薄为准，愈亲厚，愈要共，以此递减"。②一个人、一个组织其合法性均产生于他对社会整体利益的促进。当公民社会及其组织对社会和国家产生越来越大的作用时，问责就成为思考和对待公民社会及其组织的首要考量因素。例如，虽然在我国存在众多没有经过登记的非政府组织，按照严格的形式法治要求，这些非政府组织都是非法的，即其不具有合法律性。但国家对其采取的是"三不管"政策，允许其存在，最重要的理由就是这些非政府组织对社会的整体利益或者是某一部分的利益有促进作用，这就是某些非政府组织即使没有登记也可以继续存在的原因之一。"责任概念所关注的对象是当代中国 NGO 的发展。针对 NGO 提出责任概念标志着中国 NGO 发展的一个新阶段，一个自我约束的阶段。"③ 也就是通过问责来促进我国非政府组织的发展。西方非政府组织问责的发展是义务→责任→问责，在公私交错的情况下（公法的私法化和私法的公法化）慢慢产生的，而中国问责发展的路径则

---

① Edwards, M., "*NGO Rights and Responsibilities*", Foreign Policy Centre, 2000, p. 19.
② 梁漱溟：《梁漱溟全集》第三卷，山东，山东人民出版社，2005，第 84 页。
③ 吴玉章：《关于 NGO 责任的断想》，《"NGO 的问责"国际学术研讨会论文集》（未出版）。2007 年 12 月 10～12 日，由中国社会科学院法学研究所主办的"民间组织的社会责任国际学术研讨会"在北京举行，学者从不同的视角对民间组织的社会责任进行了探讨。

是义务→问责（权利意识不发达）→问责（权利意识觉醒）。由于两者产生的路径不同，问责的出发点、意识、制度设计也不同。在西方，非政府组织的问责必然要与其权利、权力相一致；而在中国，问责的概念被引入到所有的组织、制度架构当中，不管其权利、权力如何。

正是由于非政府组织的角色、功能以及本身存在很多问题①，非政府组织的问责问题才逐渐引起了学者、政府和非政府组织自己本身等方面的关注。

非政府组织的回应②也推动了这个问题的讨论。毕竟非政府组织要合法生存并继续发挥其角色和功能就必须面对这个问题。认识到对受危机影响的团体缺乏问责，很多人道主义办事处在2001年发起了人道主义问责项目（HAP）；行动援助（Action Aid）根据权利导向路径采取了问责量度标准；世界宣明会（World Vision）对其所属的65个组织规定了十项"最低标准"；国际乐施会（Oxfam International）对它的11个成员制定了共同的行动纲领标准；世界自然基金会（WWF）和自然保护（NC）制定了会计标准；国际行动（Inter-Action）要求它的成员在治理、财务、交流和管理实践中遵守标准，并且在某些方面提高这些标准。

三　非政府组织问责的三要素

非政府组织问责包括三方面的要素：问责主体、问责内容和问责方式。

（一）问责主体

由于非政府组织处于不同的关系中，关系主体非常不同，也就出现了问责主体的多元化。根据《国际非政府组织问责宪章》，利益相关人包括组织致力于其权利受保护和提升的人、未来的一代、生态系统、组织的成员与支持者、组织的员工和志愿者、提供资金物品及服务的组织和

---

① 在中国可能还有用问责来促进非政府组织发展的考虑。
② Julian Lee, *NGO Accountability: Rights and Responsibilities*, http://www.casin.ch/web/pdf/ngoaccountability.pdf, 2009-11-24.

个人、与组织一起工作的政府与非政府的伙伴组织、组织建立和运行需要征得同意的规制机构、组织希望影响其政策项目和行为的人或组织、媒体、公众等。在这里的问题是非政府组织是否要对所有的利益相关人承担责任,还是只对关键的利益相关人即所有者负责,或者对那些拥有较大权力能对组织使命的完成与否产生影响的利益相关人负责,或者对所有潜在的可能对组织运作和行动产生影响的人①负责。笔者认为非政府组织的所有利益相关人都可以成为问责主体,但不同的非政府组织在不同的政治法律制度环境中,问责的主体和问责主体的优先性是不同的。世界共同信托组织(One World Trust)的全球责任项目(GAP),认为利益相关人是能够或受到组织的政策或/和行动影响的个人和组织,并把利益相关人分为内部利益相关人(internal stakeholders)和外部利益相关人(external stakeholders),并根据影响、责任和代表性的考虑对利益相关人的优先次序做了区分②。在具体的政治环境下,利益相关人的范围与优先级是不一样的。例如在行动援助责任、学习和计划系统(Action Aid Accountability, Learning and Planning System,简称"ALPS")中明确表示行动援助的首要利益相关人是他们试图援助的穷人,但在中国首要的利益相关人则是政府③。在这里我们需要认识到非政府组织处于关系群中,在这些关系群中非政府组织的问责主体是不同的,且即使对同一个问责主体,不同的非政府组织在不同的政治背景下承担的问责内容、方式及其程度是不一样的。

(二) 问责内容

传统的非政府组织问责概念是一个相对较窄的概念,仅仅意味着使非

---

① Unerman, J., "Theorizing Accountability for NGO Advocacy", *Accounting, Auditing &Accountability Journal*, 2006, Vol. 19 No. 3, p. 353.
② Blagescu, M., Lucy de Casas and Robert Lloyd, "The GAP Framework, One World Trust", *Pathways to Accountability*, London, 2005, pp. 2 - 4.
③ Kang Xiaoguang and Feng Li, "NGO Governance in China: Achievements and Dilemmas", *NGO Accountability: Politics, Principle and Innovations*, in Lisa Jordan and Peter van Tuijl, *NGO Accountability: Politics, Principle and Innovation*, Sterling, VA, London, 2006, p. 133.

政府组织的权力人或机构负责。① 对大多数非政府组织来讲，就是理事会和资助者或捐赠者；传统的问责措施大部分有限地用于会员，如管理费用与项目费用的比率；② 传统的信息披露更多的是在非政府组织内部或者是发表年度报告；而现在则从"传统的问责"发展到了"新的问责"。

乔丹等指出，非政府组织的问责可以大体分为三类：一是组织责任、目标责任、对不同利益相关人的类别责任。③ 亚博拉罕把问责分为关系责任与身份责任，④ 关系责任相当于乔丹等指出的对不同利益相关人的类别责任；身份责任则相当于组织责任、目标责任。斯贝洛对非政府的问责区分为内部责任与外部责任，并指出非政府组织对其成员的内部责任问题被夸大了，因为对于非政府组织的实际制约（比如成员资格）能保证他们不越过红线。⑤ 狄克逊把非政府组织的问责区分为纵向（正式的或等级的）责任和横向（非正式的）责任。⑥ 也有学者区分为非政府组织对资助者的向上（upward）责任，对受益者的向下（downward）责任以及对组织成员及使命的内部（inward）责任。⑦

非政府组织问责必须符合其功能，"非政府组织的社会功能直接决定

---

① Kovach, H., C. Neligan and S. Burall, *The Global Accountability Report*: *Power Without Accountability*? One World Trust, http://www.oneworldtrust.org/documents/GAP20031.pdf, 2009 - 11 - 24.

② Slim, H., "By What Authority? The Legitimacy and Accountability of Non - governmental Organizations", *Journal of Humanitarian Assistance*, 2002, p. 4.

③ Slim, H., "By What Authority? The Legitimacy and Accountability of Non - governmental Organizations", *Journal of Humanitarian Assistance*, 2002, p. 4.

④ Ebrahim, A., "Accountability in practice: mechanisms for NGO", *World Development*, 2003, Vol. 31 No. 5, pp. 813 - 829; Najam, A., "NGO accountability: a Conceptual Work", *Development Policy Review*, 1996, Vol. 14, pp. 555 - 573.

⑤ Spiro, P. J., "Accounting for NGOs", *Chicago Journal of International Law*, 2002, Vol. 3, p. 161.

⑥ Dixon, R., Ritchie, J., and Siwale, J., "Microfinance: Accountability from the Grassroots", *Accounting, Auditing & Accountability Journal*, 2006, Vol. 19 No. 3, pp. 1 - 2.

⑦ Bonbright, D., and Batliwala, S., "Answering for ourselves: Accountability for Citizen Organization, a background paper prepared by David Bonbright and Srilatha Batliwala for the 2007 Civicus World Assembly", http://www.civicusassembly.org/upload/File/Accountability%20Background%20Paper.pdf, 2009 - 11 - 24.

了其责任与义务"。① 而非政府组织的类型与功能是十分不同的,② 在考虑非政府组织的问责内容时必须时刻注意两点:第一,非政府组织是多种多样的;第二,问责内含的意思之一就是问责主体和问责内容的多元化。如非政府组织的规模大小能影响到组织的问责关系与问责机制。格雷和狄克逊等学者指出,在一个较小的非政府组织中,由于管理者与其主要的受益者之间每日直接接触,因而非正式的问责机制就可以了。但对于较大的非政府组织而言,由于管理者与其受益者/捐赠者之间的鸿沟,正式责任机制就是必须的。③ 所以,"……对问责问题的回应要依赖于以下几种因素,首先是非政府组织运作的政治环境,其次是组织的特殊使命和不同的利益相关人要求"④。正如斯雷姆指出的那样,"非政府组织的问责不能期望跨越多种非政府组织的活动而统一"⑤。

本文根据问责的主体和内容把问责分为三种:政治责任、法律责任、目标责任。

1. 政治责任

政治责任的宽泛定义是凡是行使公权力的主体都要承担一种责任,如"所谓政治责任,就是行使公权力者因违反政治义务而承担的政治上的否定性后果。这种政治上的否定性后果也就意味着社会中的个人或组织已丧失了从事行使政治权力的资格。"⑥ 非政府组织的公权力来自于以下四个方面:一是政府的授权或委托;二是政府的某些公权力转移给社

---

① Kang Xiaoguang and Feng Li, "NGO Governance in China: Achievements and Dilemmas", Lisa Jordan and Peter van Tuijl, *NGO Accountability*: "Politics, Principle and Innovations", Sterling, VA, London, 2006, p. 132.
② 非政府组织的定义本身就非常模糊,十分依赖具体的政治环境与制度。
③ Gray, R., Bebbington, J. and Collison, D., "NGOs, Civil Society and Accountability: Making the People Accountable to Capital", *Accounting, Auditing & Accountability Journal*, 2006, Vol. 19 No. 3, pp. 405 – 427; Dixon, R., Ritchie, J., and Siwale, J., "Microfinance: Accountability from the Grassroots", *Accounting, Auditing & Accountability Journal*, 2006, Vol. 19 No. 3, pp. 1 – 2.
④ Lisa Jordan and Peter van Tuijl, "Rights and Responsibilities in the Political Landscape of NGO Accountability: Introduction and Overview", *NGO Accountability: Politics, Principle and Innovations*, Sterling, VA, London, 2006, p. 5.
⑤ Slim, H., "By What Authority? The Legitimacy and Accountability of Non – governmental Organizations", *Journal of Humanitarian Assistance*, 2002, p. 4.
⑥ 王成栋:《政府责任论》,北京,中国政法大学出版社,1999,第80页。

会之后由非政府组织承接的公权力;三是基于组织成员的同意形成的在组织内部对于成员的准公权力;四是基于非政府组织对其利益相关人的影响形成的准公权力。

在不同的政治环境与制度中,非政府组织的政治责任有不同的表现形式,在西方主要是与政府和企业的责任相对比来界定其政治责任,也就是非政府组织权力来源的正当性、权力和责任的统一性以及权力的可监督性的角度来分析。但是在政治环境比较严格的情形下,问题可能就会出现不同的表现形式,政治责任在较严格的政治环境中是非政府组织首要的责任。这主要是从政治责任的主体角度来区分的。美国政治学家罗伯特·艾·达尔所指出的:"无论一个人是否喜欢,实际上都不能完全置身于某种政治体系之外……政治是人类生存的一个不可避免的事实。每个人都在某一时期以某种方式卷入某种政治体系"。① 组织同样如此,政治生活领域的责任与某个组织的角色是紧密联系的,尤其是在民主法治国家,责任政治是其政治的内涵之一。握有公权力的主体,无论是政府组织还是非政府组织当然要承担政治责任,但是在权威政治国家,非政府组织的政治责任并不主要是因为其握有公权力,而可能主要是政治体制使然。在笔者进行非政府组织问责调研的时候,某些政府官员认为没有登记的民间组织不取缔的原因是他们在做好事;只要他们不惹事,不对政府的基本政治方向产生威胁,就可以让他们继续存在。总的看来,是"不要把民间组织推向政府的对立面",而是"站在维护社会稳定的大局高度",积极"利用"民间组织把"政府管不了,(公民)单个做不了"的事情处理好,为实现"经济的崛起和跨越式发展"服务。民政部在对待非政府组织的态度上也是要使其成为"党和政府联系人民群众的桥梁和纽带"。民间组织必须与党和政府同心同德,坚持政治方向,服从服务大局,必须以人民的利益为重,努力实现好、维护好和发展好最广大人民的根本利益;充分找准位置,立足基层,心系群众,发挥好党和政府联系人民群众的桥梁和纽带作用。相应的机制就是加强民间组织的党建工作,建立健全民间组织中党的组织。

---

① 〔美〕罗伯特·A·达尔:《现代政治分析》,上海,上海译文出版社,1987,第5页。

界定政治责任时,要考虑公权力。非政府组织并不具有政府那样的代表性,如果其公权力的享有是由于法律和政府的授权,那么此时,他承担政治责任的方式就是由法律或政府收回这样的授权,并追究授权政府的政治责任问题;如果非政府组织享有的某些准公权力并不是基于法律或政府的授权,那么非政府组织承担政治责任的方式只能是注销这个非政府组织,在这里政治责任与法律责任就产生了交叉。

2. 法律责任

法律责任是指因违反了法定义务或契约义务,或不当行使法律权利、权力所产生的,由行为人承担的不利后果。法律责任是由特定法律事实所引起的,对损害予以补偿、强制履行或接受惩罚的特殊义务,亦由于违反第一性义务而引起的第二性义务。传统上法律责任的逻辑形式一般有两种。一种形式是代表责任,基于这样一种逻辑:我选举你来代表我,因此你要为在你被选举的职位上所采取的行动对我负责。这里的代表责任主要产生在非政府组织内部选举出来的相关职位的人员对非政府组织及其成员所承担的责任,核心是理事会对非政府组织及其成员所承担的责任。另外一种是契约责任,基于这样的逻辑:我(委托人)雇请你(代理人)从事某些活动,而你必须要对你的这些行为向我负责,包括委托责任和代理责任两种形式。契约责任有下面两种:一是非政府组织与其成员之间的契约,包括专职的工作人员与非政府组织的劳动契约以及其他不违反法律强制性规定的契约;二是非政府组织与其外部有关主体的契约,如非政府组织接受政府的委派或者捐赠人的指派从事某些活动。

非政府组织问责的第三种法律责任形式是关系责任。关系法律责任是基于非政府组织的关键性特征——非营利分配性、志愿性、自治性以及与其他利益相关人之间的关系而由法律所规定的责任。关系责任不是利益相关人责任形式,也不是或不仅仅是基于委托或者代理。因为对利益相关人的责任包括了政治责任、法律责任以及目标责任。这里涉及的主要问题是非政府组织的类型以及非政府组织的利益相关人问题。

在不同的政治结构背景下,不同类型的非政府组织对不同的利益相关人、非政府组织的法律责任逻辑及其表现形式是不同的。以非政府组织在我国法律环境下的法律责任为例，非政府组织最优先的法律责任对象是国家和有关管理机构。目前关于非政府组织的法规体系，主要包括1998年的《社会团体登记管理条例》、《民办非企业单位登记管理暂行条例》、1999年的《公益事业捐赠法》和2004年的《基金会管理条例》。在我国非政府组织要想取得合法的地位必须到民政部门登记，非政府组织对国家及有关管理部门首先要承担的法律责任就是合法律性责任，还有接受双重管理的法律责任，即接受登记机构和业务主管机构的双重监管。其次是非竞争性的法律责任，即在同一行政区域已有业务范围或者相似的社会团体，不予批准新申请。三是非政府组织如果想要取得国家的相关优惠政策所要承担的法律责任。四是非政府组织在组织结构形式、组织治理结构方面所要承担的法律责任。例如不能设立地域性分支机构，设立、撤销其分支机构、代表机构必须经业务主管机构批准，并必须向登记机构办理相关的手续。五是税收责任。如果非政府组织想取得免税地位，必须是符合《企业所得税法》第26条规定条件的非营利组织。其中"非营利组织"是指同时符合下列条件的组织：①依法履行非营利组织登记手续；②从事公益性或者非营利性活动；③取得的收入除用于与该组织有关的、合理的支出外，全部用于登记核定或者章程规定的公益性或者非营利性事业；④财产及其孳息不用于分配；⑤按照登记核定或者章程规定，该组织注销后的剩余财产用于公益性或者非营利性目的，或者由登记管理机关转赠给与该组织性质、宗旨相同的组织，并向社会公告；⑥投入人对投入该组织的财产不保留或者享有任何财产权利；⑦工作人员工资福利开支控制在规定的比例内，不变相分配该组织的财产；⑧国务院财政、税务主管部门规定的其他条件。非政府组织对其成员的法律责任主要是劳工方面的责任以及根据成员加入组织时与组织订立契约所产生的契约法律责任。非政府组织对媒体或者公众的法律责任更能体现出基于自身在社会结构中所具有的地位和功能而承担的关系法律责任，例如对媒体和公众公开相关材料的责任。

3. 目标责任

目标责任既不是代表责任、契约责任（委托责任、代理责任），也不是关系责任，而是基于组织的目标和使命而形成的责任，这种目标责任的对象主要是组织的成员以及组织章程中所规定的责任对象。目标责任不同于道德责任。我们必须要破除这样一种"神话":非政府组织都是公益性的,都是有利于整个社会进步的。这里涉及的一个问题是,如果一个非政府组织不能对社会整体利益产生促进作用,甚至是反作用的话,这个非政府组织是否能够存在下去。这就是非政府组织功能的合公益性与结社自由之间的冲突问题。如果不能存在下去,那么非政府组织的目标责任可以看作是道德责任;如果倾向于保护公民的结社自由,那么非政府组织的目标责任就不能被看作是道德责任。以吸烟者权利协会"英国的森林"为例,这个组织成立于1979年,自称代表了选择吸烟的成年人以及不吸烟但是宽容他人吸烟的成年人。这一组织的目的很明显不符合大多数人的公共利益,但是吸烟者认为他们有权利做出自己的选择。同样的组织还包括加拿大的"我的选择"(My-Choice),这个组织同样宣称其目的是追求允许加拿大的吸烟者和不吸烟者都能在政府管理、个人权利和财产权利方面表达他们自己的观点。如果这一组织在我国,很明显是不能获得注册并取得合法地位的,也就无所谓组织的目标责任了。但这类非政府组织在英国、加拿大合法存在,其目标责任就是维护其成员吸烟的权利,这种目标责任很难称之为道德责任。再如行业协会,就其性质和组织使命来看,更多情况下是一种压力集团和利益集团。例如2006年方便面中国分会的涨价案。目标责任并不完全是超越法律责任之上的一种高层次的责任形式,它具有极强的主观性。根据什么样的参数和标准来衡量非政府组织的道德责任程度是一个比较棘手的问题,尤其是当非政府组织的目标责任与其对公众的责任产生了冲突之后。

政治责任、法律责任、目标责任在有些领域是存在交叉的,甚至有些时候会存在冲突。非政府组织的公权力或者准公权力如果来自于法律或者政府的授权,那么非政府组织的政治责任就可能转化为相关的法律责任,如行政责任、刑事责任、违宪责任等。非政府组织的目标责任也可以转化为法律责任,如非政府组织与其捐赠者之间达成一个协议,协议明确规定了非政府组织应达到的目标及程度,并规定了如果达不到此目标,非政府组织应当承担的责任。那么这个目标责任就转化为一种契约责任。三种责任之间也可能会产生冲突。如在我国,一个没有取得合法地位的非政府组织明显就应承担解散组织的法律责任,但是如果其具有社会合法性并且拥护政府,那么就不会产生政治责任,从而解散组织的法律责任也就没什么意义了。再如法律责任与目标责任之间的冲突。这种情况主要产生在跨国非政府组织在不同的国家、不同的法律制度下所产生的冲突,以及强调结社权利而与全体社会的公共利益相冲突的非政府组织中产生的法律责任与非政府组织的目标责任之间的冲突。

(三) 问责方式[①]

非政府组织怎么样负责?或者说非政府组织采取什么样的运作、行动方式才会被认为是承担问责的呢?适用于非政府组织问责的量度标准被大量制定出来。目前主要存在以下几种:

1. 认证

认证系统是根据一系列的标准来评估非政府组织,然后决定是否授权给他们。关键问题在于由谁来做这项工作,菲律宾非政府组织认证委员会提供了一个很好的范式。菲律宾政府委托授权一个非政府组织——菲律宾非政府组织认证委员会(以下简称"PCNC")进行非政府组织的认证工作。PCNC 是 1997 年企业与社会进步组织在菲律宾国内税务局成立注册的非股份制非营利组织。它颁布了有关非政府组织的鉴定和其他非股份制非营利组织受赠人身份的《税法改革方案》的实施细则——《BIR13-38 细则规定》。PCNC 的核心任务是对申请者进行评定,并向国内税务局(BIR)汇报信任认可名单,随后,国内税务局自动向那些已取得注册认证资格的组织办理受赠人身份证明。国内税务局没有拒绝过经 PCNC 认证的申请组织的注册。PCNC 审查某个非政府组织受赠人身份申请的过程一般有三个阶段:第一阶段是书面申请。申请人首先要与 PCNC 取得书面联系表达申请意向,然后 PCNC 会向申请者提供一个用于申请的意向书。申请者在缴纳了申请费以后,会收到一份需要完成的调查表,同时还要向 PCNC 提供一些证明性文件。在完成调查表和提供申请材料

[①] 关于非政府组织的问责机制在拙文《国外非政府组织社会责任研究述评》中已经简略提到,载《时代法学》,2009,第 7 卷,第三期,第 102~113 页。本文中,笔者对问责机制进行了详细描述并进行分析。

后，PCNC 将判断该非政府组织能否成为现实认证候选人。如果能，PCNC 将向申请者再收取一定的费用来完成后续的申请过程。第二个阶段是评估考察。第一阶段完成以后，PCNC 将派遣一个评估团到申请认证的非政府组织那里进行为期两天的考察。考察团主要由两到三个已经得到受赠人身份认证并已成为 PCNC 成员的非政府组织的代表组成。PCNC 在其网站上对进行评估鉴定的准则做了规定：①使命和目标。非股份制非营利团体和非政府组织的使命和目标应证明其获得受赠人身份的需求是正当的，该使命和目标应该为其计划运作服务。②资源。主要是指该组织资源的充足性和组织结构与体系的有效性。③项目实施与评估。该组织必须证明其能够有效利用组织资源去完成组织设立的目标。评估将考虑在过去两年中该组织所实施的项目和工程以及该组织在政策、制度、优先级和实施该组织项目和服务中的表现。④未来计划。该组织必须提供证据证明有能力去实施和控制其组织项目和工程以保证组织的可持续性。尽管对非政府组织的问责没有一般意义或特殊意义上的标准定义，但在特殊意义上，问责包括以诚实和负责的范式去推进其对合作伙伴、客户或者受益群体及组织的服务有效性。PCNC 至少能在一定程度上有效增强或确保实现非政府组织问责。同时通过以下方式来提升非政府组织工作的价值：提供反思的机会、共享见解、提供建议、促进非政府组织之间的相互评估。但是问题在于 PCNC 的能力有限，获得其授权的非政府组织的数量很少。随着非政府组织的增加，PCNC 能否保证认证过程的有效性和质量还存有疑问，还有 PCNC 的财政问题和如何使它保持非政治性和公正无偏见。①

2. 行为准则和标准

随着 20 世纪 80 年代末，在武装冲突地区工作的人道主义代表处的增加、里昂地球问题首脑会议的准备，行为准则得到了广泛发展，主要目

---

① Hartnell, C., *Self-Regulation on Trial. Alliance*, 2003, Vol. 8, No. 4, pp. 39–40; also see Golub, S., "NGO Accountability and the Philippine Council for NGO Certification: Evolving Roles and Issues, in Lisa Jordan and Peter van Tuijl", *NGO Accountability: Politics, Principle and Innovations*, Sterling, VA, London, 2006, pp. 94–107.

的是为了保证援助不会加剧冲突。① 因为非政府组织往往也会成为冲突的介入方或者是加剧了冲突，例如国际红十字委员会受到的攻击。这些行为规则通常都是自律监管式的，当然这并不意味着其行为规则不接受外在的审查。例如澳大利亚海外援助委员会（ACFOA）、加拿大国际合作委员会（CCIC）、印度公信力联盟的行为规则②，以及国际倡导非政府组织（IANGO）的《国际非政府组织问责宪章》③都规定了非政府组织的自律规则。例如《国际非政府组织问责宪章》规定了国际非政府组织的自律的主要原则，包括：①尊重普遍性原则。国际非政府组织是建立在《世界人权宣言》所规定的言论、集会、结社的自由权利基础之上的，在寻求提升人权保护、生态系统保护、可持续发展和其他公共福利的适当行动中，尊重全人类所具有的平等权利和尊严。②独立，致力于政治和财政方面的独立。国际非政府组织的治理、项目和政策是无党派的，独立于任何政府、政党和营利部门。③负责任的倡导。确认倡导立足于组织的工作，确认倡导所推动的是范围明确的公众利益，在采取公共政策立场时过程透明。④有效率的项目。寻求与当地社区、非政府组织和其他组织的真正伙伴关系，一同致力于满足当地需求的可持续发展。⑤非歧视原则。珍惜、尊重和寻求鼓励多元化。在一切活动中都追求公正无偏和非歧视。为了这一目的，每个组织都应制定促进多元化、性别平等和平衡、公正和非歧视的各项政策，并将这些政策运用于组织内外的所有活动中。⑥透明。在组织的机构、使命、政策和活动中坚持公开、透明和诚实的原则，积极与利益相关人就工作进程沟通，并向公众开放信息。⑦报告。遵守所在国和开展活动国家在治理、财务报告方面的规定。至少每年报告一次组织活动和业绩，陈述每个组织的使命和价值观、在项目和倡导中完成的目标和结果、环境影响、治理结构、程序和主要负责

---

① Julian Lee, *NGO Accountability: Rights and Responsibilities*, http://www.casin.ch/web/pdf/ngoaccountability.pdf, 2009 – 11 – 25; also see Leader, H., " Codes of Conduct: Who Needs Them?", *RRN Newsletter*, 1999, pp. 1 – 4.

② Julian Lee, *NGO Accountability: Rights and Responsibilities*, http://www.casin.ch/web/pdf/ngoaccountability.pdf, 2009 – 11 – 25; also see Leader, H., Codes of Conduct: Who Needs Them?, *RRN Newsletter*, 1999, pp. 1 – 4.

③ See http://www.ingoaccountabilitycharter.org/about – the – charter.php, 2009 – 11 – 25.

人、主要的资金来源、财务状况,遵守本宪章的情况及详细的联系方式。⑧审计。每年的财务报告将遵守相关的法律规定和惯例,并经过有资格的独立会计师审计。⑨信息的准确性。在提供和解释数据、研究报告以及运用和参考第三方的研究时,坚持普遍接受的技术性精确标准和诚信精神。⑩良好治理。拥有明确的使命、组织结构和决策程序,按照确定的价值观和协商一致的程序行事,保证项目完成的结果与组织的使命相一致。用公开和精确的方式报告这些结果。每个组织都应遵循相应的法律并且透明,每个组织至少拥有一个管理机构、拥有书面的程序性规定、定期召开组织大会并听取相关利益者的建议。同时《宪章》还规定了募捐伦理,对捐赠者的权利、捐款的使用、实物捐赠的细节、代理人、职业化惯例、财务控制、评估、公共批评、伙伴关系、人力资源、贿赂和腐败、尊重完整权、弊端揭发等方面做了规定。①

3. 监控和评估

监控和评估主要由捐赠者运作。它包括一系列完整的量度标准和目标,使监测者能够借以评估组织是否达到了计划或项目的目标、基准捐款数目,还有对目标与实际量度标准的定期的内部评估和阶段性的外部评估、关于组织怎样履行定期的或最终的报告。监控和评估机制被广泛应用并以此来保证有效实现非政府组织的问责。② 如果组织运用监测与评估机制对其运作过程进行总结和绩效评估,那么这就是一种非常有效的问责机制。③

国外非政府组织评估方法主要有:①以提高组织运营能力为目的的自我评价;②独立第三方年度监督与评价;③侧重于组织某一方面的评价,例如服务质量评价、财务比率评价、财务风险评价、效果评价;④综合评价方法,例如平衡计分卡、标杆法等方法。我国学者对民间组织评估

---

① INGO Accountability Charter, http://www.ingoaccountabilitycharter.org/read-the-charter.php, 2009-11-26,参考了周少青的译文,载于《"NGO 的问责"国际学术研讨会论文集》(未出版)。

② Julian Lee, *NGO Accountability: Rights and Responsibilities*, http://www.casin.ch/web/pdf/ngoaccountability.pdf, 2009-11-25.

③ Christensen, J., "Asking Do-Gooders to Prove They Do good", *New York Times*, 2004, January 3.

方法主要是借鉴西方的研究理论，停留在理论层面，局限于构建评估框架，至于如何量化指标、怎么具体实施、模型的有效性评测等都缺乏深入的探讨和实践。① 由于非政府组织的组织使命、组织目标、发展路径、组织产权、服务期望、决策过程、激励手段以及评价手段方面的特殊性，决定了非政府组织评估的特殊性。有学者从产权经济学、制度经济学、委托代理三个方面说明了非政府组织评估的经济学基础，从行为管理理论、行为科学理论说明了非政府组织评估的经济学基础。还有学者认为我国目前非政府组织的评估观念相对陈旧，评价手段相对落后，评价体系缺乏定性指标，考核过于注重结果，偏重个案，评估结果无反馈机制。问题的关键在于非政府组织问责的监控和评估参数是什么。非政府组织的行为结果有两种，一种是客观的、可计算的，另一种则是主观的、难以计算的。这本书介绍了国外七种监测与评估方法。第一种是多维服务质量评价模型。服务质量是顾客购买前期望、感知过程质量和感知的结果质量三者的乘积。服务质量是一种主观质量，不同的顾客可能对同一种服务产品质量有不同的感知，即使是同一顾客在不同的时段对质量的要求也可能发生变化；服务质量同时是一种互动质量，是服务提供者和顾客在互动的过程中形成的。多维服务质量模型可以让非政府组织从评价结果中发现服务不足的地方并据此对分配资源做出相应的改善。第二种是差距评估工具（Gap Evaluation Tool，以下简称"GET"）的内部经营评价模型。GET是非政府组织内部经营、自我评价的一种方法，该方法通过对非政府组织管理的有效性、战略规划、协作关系、制度框架、治理和筹资等六个方面的自我评价进行分析，找出非政府组织实际运作与预期之间的差距，并将组织资源集中投向差距较大的方面，从而有效提高非政府组织的运作能力、改善非政府组织与捐赠者之间的关系。第三种方法是财务脆弱性评价。张（Chang）和塔克曼（Tuckman）在1991年最先提出财务脆弱性问题，认为财务脆弱性和损耗是绩效低下的两个原因，并确定了四个会计比率作为财务脆弱性指标：不充足的净资产、收入集中、管理成本和下降的运行边际收入。格林（Greenlee）、塔赛尔

---

① 国家民间组织管理局编《中国民间组织评估》，北京，中国社会科学出版社，2007，第14～15页。

（Trussel）在2000年提出了一种类似于营利部门的财务脆弱性预测方法，用四类指标来衡量非政府组织的财务脆弱性：资产净值率、收入集中度比率、管理成本率和边际运行率，另外还增加了组织规模和产业变量。第四种方法是数据发展分析（Data Develop Analysis，以下简称"DDA"）的效率评价。DEA效率评价无需设定一个评价标准，而是通过对若干组织单元比较分析后进行的相对有效性评价。一个组织是否有效率取决于其组织单元的业绩表现。问题在于权重的分配是依据专家的决定，还是依据影响稳定的因素，其科学性有待检验。第五种方法是促进非政府组织学习的工具：效果评价。效果评价是非政府组织学习的工具，它对非政府组织特定项目的投入取得、对投入的加工处理、最大外部效应的产出等能力进行评价，组织可根据最终评价结果相应调整战略规划、计划及实施。普尔（Dennis L. Poole）和戴维斯（Jill K. Davis）在2001年提出五个影响效果评价质量的变量：组织文化、管理层支持、参与度、技术和资金支持。美国政府1993年颁布的《政府执行和效果法案》（Government Performance and Results Act），就要求所有接受政府资助的组织必须设定明确的效果目标并定期公告目标完成情况。第六种方法是财务比率分析法，是评价组织营利性、流动性、财务稳定性较完善的方法。非政府组织的财务比率分析以组织使命为重心展开，以财务报表的数据为基础进行比率分析，易于全面理解组织财务状况和经营状况，有利于决策制定者对识别不足的，重要的方面做出调整和改善，使组织不太可能发生赤字。比率指标有四种：一是反映非政府组织是否有足够资源支持其使命的完成的比率指标，包括净资产收益率、生存能力比率、基本储备率和净收益比率。二是反映非政府组织有哪些可能获得的资源以支持组织使命完成的比率指标，包括经营收入率、捐献收入率、负债比率、债务偿付率和杠杆比率。三是反映非政府组织可获得的资源如何支持组织使命完成的比率指标，包括成员核心服务比率、成员辅助服务比率。四是反映非政府组织资源使用是否充分、有效的比率指标，包括质量即单位领导下属成员数量、成员满意度即全体成员和领导的趋势比率、保持率即成员趋势比率和领导趋势比率、生产率即成员变动率和单位成员成本率。第七种方法是平衡计分卡，就是立足于企业的战略规划，通过分析和衡量创造企业未来良好业绩的驱动因素,从财务、客户、内部流程和创新学习等四个方面综合评价企业的经营业绩。由于资源有限,特定的非政府组织面临着与其他非政府组织在资金筹集方面的竞争。如何在竞争中取胜,取决于其经营业绩。这使得平衡计分卡用于非政府组织成为可能。另外,资金运作效率是衡量非政府组织业绩的主要指标,资金的高效率运作需要非政府组织具有完善的内部经营程序。同样,非政府组织也要满足受助人和捐助人的需求。将平衡计分卡用于非政府组织,可以分为三个阶段来实施:一是计划阶段,包括设计目标、选择恰当的组织单元、取得管理层支持、建立平衡计分卡团队、进行项目规划、深度沟通等。第二个阶段是设计阶段,包括收集与发放背景资料,界定组织使命、价值、目标和战略,构建非政府组织战略系统,就组织战略达成共识,确定四个方面的目标及评价指标,建立因果关系链。第三个阶段是实施与反馈阶段,包括将平衡计分卡的实施、检查与非政府组织管理体系有机融合。

4. 参与

班德尔(Bendell)认为,参与方式与程度的提高是对非政府组织"向下责任"的一部分回应。① 在20世纪90年代,像世界银行这种主要的资助者和出借人会召集比较重要的团体参与各种建议讨论,于是这种方式得以迅速发展。② 非政府组织在几个方面执行这种问责路径:从信息的分发共享、项目的公众参与、给予相关利益人建议或否决权到利益相关人完成他们自己的项目或行动。③ 但这种路径并不是没有问题,正如戴维斯指出的那样,收集从参与开始的、不同背景的具体数据是非常困难

---

① Bendell, J., *Debating NGO Accountability*, UN Non-governmental Liaison (NGLS), August 2006, p. 11.
② Cooke, B., and Kothari, U., *Participation: The New Tyranny?*, Zed Books, London, 2001, quoting from Bendell, J., "Debating NGO Accountability", *UN Non-governmental Liaison (NGLS)*, 2006, pp. 11-13.
③ Ebrahim, A., "Accountability in Practice: Mechanisms for NGO", *World Development*, 2003, Vol. 31 No. 5, pp. 813-829.

的，从而导致了有问题的"向上责任"。[①] 还有人批评参与路径把重点放在了地方层面，但很多方法是超越地方层面的。[②] 也就是说，非政府组织行动的影响可能并不仅仅限于其所宣称的或组织自己认为的领域。

5. 评级

评级是指依据一定的标准或准则来评估组织并对他们的绩效评定级别。[③] 例如关注于草根组织的国外援助评级系统和慈善领航员的四星评级系统。[④] 慈善领航员的四星评级系统，主要从两个方面对慈善组织进行评级：财务健康，组织效率能力。它运用一系列的财务比例或绩效类别来评估这两个领域，设定了把慈善组织在这两个领域的绩效综合起来的总体评价。评级表现了被评级者随着时间推移如何有效地使他们的项目和服务得到提升及其效率程度，从而给予被评级者有用的建议，促进被评级者更有效率的管理自身。一般而言，这套评级系统是相对简单的，评估以每个组织提供的税收返还或是美国国税局所提供的财政信息为依据，在七个重要方面分析组织的财政绩效。通过分析绩效类别，并与其他相似的慈善组织进行比较，给出慈善组织从 0~10 的得分。这个方法同样适用于慈善组织的组织效率和能力的评级。在组织效率方面，分析一个慈善组织的效率可以揭示这个组织是怎么进行日常工作的。有效率的慈善组织费用支出很少但是募捐很多，他们募集款项的努力与组织提供的项目和服务相一致。这样的组织把行政支出限制在合理的范围之内，而把主要的资金用在他们提供的项目和服务方面。慈善领航员分析了组织效率的四种绩效类别：项目支出、行政管理支出、筹款支出和筹款效率，并对每个受评组织在这四种绩效类别上予以评分。之后是组织效率得分修正，包括赤字修正，即慈善组织如果不能营利，那么他们的花费就不

---

① Davies, R., "Monitoring and Evaluation NGO Achievements, in R. B. Potter and V. Desaid (eds.)", *Arnold Companion to Development Studies*, Hodder Arnold Publishers, London, 2002, http://www.mande.co.uk/docs/arnold.htm, 2009 – 11 – 27.

② Bendell, J., *Debating NGO Accountability*, UN Non – governmental Liaison (NGLS), 2006, p. 11.

③ Bendell, J., *Debating NGO Accountability*, UN Non – governmental Liaison (NGLS), 2006, p. 11.

④ 慈善领航员网站：http://www.charitynavigator.org/, 2009 年 11 月 25 日。

能超越其资产。当一个组织在过去一直是赤字运行的话，那么组织的效率得分将被调低。另外，如果一个慈善组织用在他们提供的项目或者服务上的资金少于组织预算的 1/3，那么这个组织的组织效率得分将被自动归零。还有间接成本分担修正，美国国税局要求慈善组织把他们的资金用于三个方面：项目支出、管理支出或一般支出以及筹款支出。在组织能力方面，慈善领航员分析了一个组织在决定其如何更好地维持组织的项目和服务以及能否持续做到的能力，包括组织失去支持或者经济萧条的情况。通过这样的分析来说明受评组织如何较好地进行长期系统的变革。通常一贯持续增长的、财政稳定的慈善组织，更能长久持续。慈善领航员从三个方面分析了慈善组织的能力：初级收益增长、项目花费增长和营运资本比例。组织能力与组织效率一样重要，为了表明增长和持续性，慈善组织必须承担更大的财政责任。这样慈善组织才能使他们从捐赠者手中获得的每一分钱都能持续地进行变革，并产生短期或长期的效果。通过评估，慈善组织在上述绩效类别上会有从 0 到 10 的得分。

6. 报告机制

报告机制是依据特定的标准对特定的组织公众公开绩效。[1] 报告机制已经成为传统的问责路径并在新的路径下依然具有有效性，政府经常要求非政府组织发表报告。[2] 在非政府组织问责研究领域，一般讲到非政府组织问责机制都会讲到报告机制。同样，很多国家的法律也明确规定了非政府组织的报告责任，规定报告的对象、内容和程序等。例如 2002 年《奥地利社团法》第 20 条规定：社团的执行机关有义务在成员大会上向成员报告社团的活动和财务支出。1/10 或者 1/10 以上成员于说明理由后要求执行机关报告的，执行机关也应当于四周内向有关成员报告。第 21 条规定社团的执行机关应当设置与社团要求相适应的会计制度，并接受财务审计机关的审查。第 22 条规定了较大社团的合格的报表编制规则。

---

[1] Davies, R., "Monitoring and Evaluation NGO Achievements, in R. B. Potter and V. Desaid (eds.)", *Arnold Companion to Development Studies*, Hodder Arnold Publishers, 2002, London.

[2] Ebrahim, A., "Accountability in Practice: Mechanisms for NGO", *World Development*, 2003, Vol. 31 No. 5, pp. 813 – 829; also see Julian Lee, "*NGO Accountability: Rights and Responsibilities*", http://www.casin.ch/web/pdf/ngoaccountability.pdf, 2009 – 11 – 25.

《印度外国捐助法》（Foreign Contribution Regulation Act，以下简称"FCRA"）中规定：每个接受外国捐助的组织，都必须自财政年度结束起四个月内，向秘书长、FCRA部门、外国捐款法部门、国内事务部、印度政府提交双份下列报告：由首席官员正式签发并由特许会计师证明的附表；3月31日的资产负债表；截止到3月31日内地额接收与支付表；货物形式的捐助报表及捐助利用清单；截止到3月31日全年的收入与支出报表；该组织进行活动的陈述报告；如果该组织向其他组织移交了外国捐助，则应提供此接收组织的名称和FCRA文号。

7. 选举

班德尔（Bendell）提出由非政府组织成员选举理事会成员。① 主要涉及非政府组织内部治理结构的问题，理事会制度可以清晰地体现出捐赠者与管理者之间的治理关系。由于非政府组织财产所有权人的缺位，非政府组织理事会所扮演的角色和承担的责任就要重于企业董事会。有学者将非政府组织理事会角色和责任划分为高级人力资源管理、决策、财务管理、筹资、维护与任务环境关系等五类。② 基于非政府组织理事会角色和责任的重要性，非政府组织理事会的建构无疑是一个非常重要的问题。非政府组织理事会的构成既不能像政府组织那样走官僚化道路，也不能像企业那样走资本至上的道路。非政府组织的关键特征同时也是其优势就是它能凭借自己的目标、价值追求来吸引参与者的自愿服务。所以选举制度无疑会使成员具有主体的主动性，并在此过程中选择、认同、甚至是重构非政府组织的价值理念和目标追求。例如中国青少年发展基金会的理事会的选举机制，根据其章程，理事会中理事的产生名额、组成及人选方案应当经业务主管单位同意由上届理事会提出，罢免、增补理事应当经业务管单位同意，由理事会表决通过。中国青少年发展基金会第五届理事会的21名理事中，业务主管单位2人，政府官员2人，教育人士3人，新闻出版界2人，商业界5人，

---

① Davies, R., "Monitoring and Evaluation NGO Achievements", in R. B. Potter and V. Desaid (eds.), Arnold Companion to Development Studies, Hodder Arnold Publishers, London, 2002, http：//www.mande.co.uk/docs/arnold.htm, 2009 - 11 - 27.

② 刘宏鹏：《非营利组织理事会角色与责任研究——基于中美分析比较的视角》，《南开管理评论》，2006，第9卷，第1期，第103～111页。

非营利组织 6 人，科研单位 1 人。其中，中国青少年发展基金会专职人员 2 人，省级青少年发展基金会 1 人。① 可以看出，理事的产生并不是完全由选举产生的，这与我国非政府组织的双重管理体制及有序管理的控制理念是相符合的。这样产生出来的非政府组织的理事会带有明显的政府式官僚化痕迹。

在用各种问责机制来规范非政府组织以实现其问责的过程中，我们必须注意责任机制与组织效率的问题。在要求非政府组织承担更大的问责并设计诸多复杂的问责机制时，必须要考虑非政府的组织效率问题。一个复杂的问责机制可能会保证非政府组织达到机制设定的参数要求，但可能也会使非政府组织因忙于应付问责机制的要求而降低了在项目实施和服务中的效率。如何在非政府组织承担问责和保证组织效率之间，寻求一个平衡点，是值得研究的问题之一。

四 权利和责任的耦合：公民社会建构的权利路径与责任路径

（一）中国传统的责任社会伦理

在中国传统文化中，家族文化催生了家国观念。在家国观念支配下，社会被看成是一个大家庭，人人都是这个家庭的成员，每个人都要服从家长——国家最高统治者的领导。这种家族文化奉行的是集体主义本位，它更多地强调人的社会性质，在确认社会总体利益的前提下，从维护社会整体安宁的角度出发，规定一般个体的权利和义务；而不是从确认个体的权利和义务出发，来维护社会秩序。儒家的人首先是作为家庭的一分子而存在的，其身份首先是一种伦理的身份，是作为父子、兄弟、君民的身份而出现的。其次，儒家的人是自律的，通过个人的修养来弘扬

---

① 姚晓迅：《创建非盈利组织新型治理结构——中国青基会的治理结构改革》，载于中国社会科学院法学研究所主办的"中国社会组织三十年（1978～2008）：经验与挑战国际学术研讨会"的论文集（未出版），亦可参见 http://dsi.britishcouncil.org.cn/images/9.pdf, 2009 年 11 月 27 日。

主体的精神。① 儒家的文化必然要求的是道德本位和国、家本位。② 孔子将"仁"规定为人的本质,希望"天下归仁"。仁决定礼,礼反映仁,仁是更根本、更内在的范畴。礼是一种内在化的法律,是来源于百姓日用的习惯法并经过了圣贤的整理和阐释,同时还是实在法的一部分,运用于所有的社会成员。最终通过礼的潜移默化,使每个人都能具备一个完整的道德人格,成为好人、君子。③ 这样的礼法文化必然强调道德规范的作用,而轻视法的作用,从而更多的是强调内心的道德观念和责任,用道德和责任观念自觉地制约自己的行为。求仁的过程,就是将礼内化的过程,但是这个过程不是自发的,而是需要人的主体能动性,因为"吾未见好德如好色者也"。儒家的文化是内向的、内省的、利他而和谐的。中国传统儒家社会中"人们之间的关系,是个道德问题,而不是法律问题",④ 从而也就不需要借重程序性的制度和权利设计来构建社会的基本的秩序,而是借重责任来构建社会的基本秩序。⑤

(二) 西方权利社会伦理

西方的文化传统是对抗的、分裂的。这取决于他们的政治、经济、宗教,还有地理等方面的因素。古罗马时期发达的简单商品经济,以及

---

① 孔子设定了人的标准,成为"成人"。并将这一过程称为求仁的过程:《论语·宪问》:"子路问成人。子曰:'若臧武仲之知,公绰之不欲,卞庄子之勇,冉求之艺,文之以礼乐,亦可以成人矣。'曰:'今之成人者何必然?见利思义,见危授命,久要不忘平生之言,亦可以为成人矣。'"见李中华主编《中国人学思想史》,北京,北京出版社,2005,第38页。
② 国内有学者认为儒学是具有社会本位主义的,笔者是不同意这样的观点。笔者认为是国、家主义,因为从严格的语义学来讲,要是有社会本位的话首先要有国家和市民社会的区分。而我国古代是没有这种区分的。参见涂可国《论儒学的社会本位与个人本位悖论及其影响》,《哲学研究》2005年第1期,第31~38页。
③ 夏勇:《人权概念起源——权利的历史哲学》,北京,中国政法大学出版社,2001,第188~189页。
④ Peter K. Y. Woo, "A Metaphysical Approach to Human Rights from a Chinese Point of View", in A. S. Rosebaum (ed), *The Philosophy of Human Rights*, 1980, pp. 118 - 120. 转引自夏勇《人权概念起源——权利的历史哲学》,北京,中国政法大学出版社,2001,第194页。
⑤ 夏勇:《人权概念起源——权利的历史哲学》,北京,中国政法大学出版社,2001,第188~191页。

其造就的奴隶共和制度和法律制度，还有种族混杂，使得自然血缘纽带逐渐松弛，以至于"把个人无情地抛给社会，抛给异族，抛给市场"，从而个人作为利益主体分立、对抗。并且，"在西方封建经济瓦解的过程中，客籍民、城镇市民和资产阶级的权利要求和权利积累直接促进了近代人权的产生"。还有就是公民身份、教徒身份也曾先后侵蚀家子身份。形成了西方所特有的"与他人分立对抗的、绝对的个体（Individual Person）概念"。到17世纪，欧洲进入了所谓的"理性时代"之后，古代希腊人的"理性灵魂（Logos）"转向了运用在自然科学之中的理性。① "……一切都受到了最无情的批判；一切都必须在理性的法庭面前为自己的存在作辩护或者放弃存在的权利。思维着的知性成了衡量一切的唯一尺度。"②

此外，在西方，"文化上的人与自然、人与上帝以及经验与超验、社会正义与自然正义的二元对立的紧张关系。"在中国，人与自然是和谐同一的，所谓"天人合一"。西方的文化传统中也存在自己的"天"——自然法。自然法和人定法的二分法始终存在于西方的法律文化之中。中国儒家的人学中天人是合一的，但是西方的自然法和人定法却是分离的。在自然法学派看来，"所谓自然……就是支配性原则（Ruling Principle），遍及整个宇宙"，是"神"，整个宇宙是由一种实质理性构成的，自然法也就是理性法（Law of Reason）。自然法是法律和正义的基础。③ 但是人定法却并不一定体现理性和正义，二者之间就存在了矛盾。西塞罗认为"最愚蠢的想法"就是相信一个国家的法律或者习惯中的内容全都是正义的。④ 人在这样的二元对立关系中借由超验的权威获得了抽象的存在和抽象的权利。天人之间的关系必然是紧张的，"履行义务，不是靠发自内心

---

① 关于这一段的详细描述，参见拙文《儒家民本思想与西方"被统治者同意"理念之比较》，载《吉林师范大学学报（人文社会科学版）》，2009，第2期，第70~73页。

② 马克思，恩格斯：《马克思恩格斯选集》第3卷，北京，人民出版社，1995，第355页。

③ E.博登海默著，邓正来译《法理学：法律哲学与法律方法》，北京，中国政法大学出版社，1999，第16~17页。

④ E.博登海默著，邓正来译《法理学：法律哲学与法律方法》，北京，中国政法大学出版社，1999，第19页。

的仁爱，而是迫于由超验权威所支持的并为法律所确认的对方的要求。这在华夏先民们看来，的确匪夷所思。"① 从基督教诞生到16世纪宗教改革，西方处在教会占统治地位的历史时期，认为人是有原罪的，只有靠上帝的恩典才能获救。基督教的人学围绕人神关系、构造了一个"宗教人"的观念，形成了圣史和俗史的对立，并产生了相应的圣城和俗城相区别的社会观。"宗教人"的生活就分为神圣和世俗两部分。但这两部分事务不是非此即彼的关系，而是二元对立的关系。神圣生活虽然高于世俗生活，但并不干预世俗生活。奥古斯丁认为"爱自己并进而藐视上帝者组成地上之城，爱上帝并进而藐视自己者组成天上之城"。② "正是在这种对立关系中，个人得以借助超验的权威获得了某种绝对的、孤立的抽象规定，这种绝对的、先验的个人要捍卫自己的抽象存在，就必须享有同样绝对的、先验的、抽象的全能和禀赋，这就是所谓自然权利，即人权。……个人越是独立，越是反抗社会，越是与他人对立，他的权利就越绝对、越有保障、越讲人权。"③

立足于人的主体性，凸显了人的自我意识，铸造了"理性人"、"自我"理性的性质、人与人关系的本质。并且"自我"是自由的，依靠理性，人就能够找到达到人的自由和幸福的途径。但20世纪晚期以来，西方资本主义社会经济发生显著变化，在极端个人主义为基础的政治法律制度下，资本主义世界发生了前所未有的全面而深刻的社会危机，贫富悬殊、劳资对立、经济危机、环境污染严重，为解决危机引发的各种社会问题，资本主义国家纷纷采取国家在一定程度上干预社会的政策，限制极端的自由主义、个人主义，这就导致了责任意识与责任制度在西方国家的勃兴。

（三）权利和责任的耦合：公民社会建构的新选择

良好的社会建设路径有两种，一种是法治路径，一种是责任路径。

---

① 夏勇：《人权概念起源——权利的历史哲学》，北京，中国政法大学出版社，2001，第192页。
② 赵敦华主编《西方人学观念史》，北京，北京出版社，2005，第118~119页。
③ 夏勇：《人权概念起源——权利的历史哲学》，北京，中国政法大学出版社，2001，第190~192页。

两种路径必须相互补充、共同促进社会的建设,偏一不可。法治建设就是要进行民主政治建设。取决于下述条件:自由和权利,即宪政条件。"如果你承认全体一致近乎不可能,并且多数人的决定是次好的,那么你也必须承认,作为普遍准则,当结果是你处于少数人中时,你将遵守多数人的决定。在这个意义上可以说多数人制定决议的体系时建立在同意的基础之上。在某些重大问题上,由于所有公民都有机会成为多数人的一分子,他们中多数或全部都乐意接受这项多数人的原则。"① "如果当人民能充分了解情况并进行讨论时,公民彼此之间又没有任何勾结;那么从大量的小分歧中总可以产生公意,而且讨论的结果总会是好的","……公意永远是公正的,而且永远以公共利益为依归;但是并不能由此推论说,人民的考虑也永远有着同样的正确性。人民总是愿意自己幸福,但人民并不总是能看清楚幸福。人民是决不会被腐蚀的,但人民却往往会受欺骗,而且唯有在这个时候,人民才好像会愿意要不好的东西。"② 大多数人的意见怎样才能与政治权利形成良性互动呢?如果没有建制化的程序路径,那么只能是民众的非理性参与。导致就像奥尔特加所说的:"就'大众'一词的涵义而言,大众既不应该亦无能力把握他们自己的个人生活,更不用说统治整个社会了",当"大众开始占据最高的社会权力"的时候,将会出现"大众的反叛"这样的"巨大的危机",③ 出现一个莫斯科维奇所说的"群氓的时代"。

在我国,公民权利的扩大与公民社会的逐步形成使得"社会—国家"、"个人—国家"和"个人—社会"之间的关系发生了重大的变革。在这个过程中,显著的标志是政府不再是社会的唯一控制者,公民和社会的自主性在逐步复归,公民享有了生成公民社会的基本权利:集会、

---

① 〔英〕安东尼·阿伯拉斯特著,孙荣飞等译《民主》,吉林,吉林人民出版社,2005,第 99~100 页。
② 〔法〕卢梭:《社会契约论》,北京,商务印书馆,2003,第 35~36 页。
③ 〔西班牙〕奥尔特加·加塞特著,刘训练等译《大众的反叛》,吉林,吉林人民出版社,2004,第 3 页。

结社和言论自由①，公民和公民社会对于国家的影响逐步增大。"组成市民社会的是那些或多或少自发地出现的社团、组织和运动，他们对私人生活领域中形成共鸣的那些问题加以感受、选择、浓缩，并经过放大后引入公共领域。旨在讨论并解决公众普遍关切之问题的那些商谈，需要在有组织公共领域的框架中加以建制化，而实现这种建制化的那些联合体，就构成了市民社会的核心。"②交往行动的社会化力量越是在私人活动领域活跃，交往自由的火花越是明亮，公共领域的垄断者就越是不能轻而易举地把那些彼此交往、逐步加强社会联系的行动者们集结起来。③而这种交往行动必然要通过非政府组织这一中介。并且，"各种社团的网络要能够坚持其自主性、保持其自发性的话，就必须以生活方式、亚文化和世界观上的成熟的多元主义作为基础。"④公民权利的扩大和市民社会的逐步成长使得其声音对于政府越来越重要了。权利只有通过政治自主才能得到实证的形式，而政治自主的方式之一就是负责任的非政府组织形式。

美国著名社会学家詹姆斯·科尔曼在《社会理论的基础》中，对社会资本理论作了较系统的阐述。⑤他指出，社会资本包括社会团体、社会网络和网络摄取三个方面。信任"是在一个社团中，成员对彼此常态、诚实、合作行为的期待，基础是社团成员共同拥有的规范以及个体隶属于那个社团的角色"。而"所谓社会资本，则是建立在社会或其特定的群

---

① 有学者指出在我国集会、结社自由是存在问题的，参见刘培峰：《结社自由及其限制》，周少青：《论中国的结社问题及其解决——一种法制化的路径》。问题是存在的，如对集会的事前审查、对结社自由的双重管理，但是不可否认的是我们的集会、结社和言论自由总体上是逐渐扩大的，尤其是进入网络时代以后，网络的匿名性、信息传播的迅速性、政府控制的有限性都大大抵消了现实法律、政治安排对集会、结社和言论自由的严格限制。
② Young, L. M., *Justice and the Politics of Difference*, Princeton, 1990, p. 25. 转引自〔德〕哈贝马斯著，童世骏译《在事实与规范之间——关于法律和民主法治国的商谈理论》，北京，生活·读书·新知三联书店，2003，第454页。
③ 〔德〕哈贝马斯著，童世骏译《在事实与规范之间——关于法律和民主法治国的商谈理论》，北京，生活·读书·新知三联书店，2003，第456页。
④ 〔德〕哈贝马斯著，童世骏译《在事实与规范之间——关于法律和民主法治国的商谈理论》，北京，生活·读书·新知三联书店，2003，第456页。
⑤ 李亚平等著《第三领域的兴起》，上海，复旦大学出版社，1998，第31页。

体之中、成员之间的信任普及程度,这样的信任也许根植于最小型、最基础的社会团体里,也就是我们熟知的家庭,也许可以存在于规模最大的国家,或是其他居于两者之间的大大小小的群体中","虽然契约和自我利益对群体成员的联属非常重要,可是效能最高的组织却是那些享有共同伦理价值观的社团,这类社团并不需要严谨的契约和法律条文来规范成员之间的关系,原因是先天的道德共识已经赋予了社团成员互相信任的基础"。① 负责任的非政府组织部门基于其自身所固有的价值理念以及追求,必然将增强公民之间相互信任,并促进公民对公共事务的参与以及相互间的合作,从而增强社会资本并进一步促成公民社会与国家的良性互动。

责任概念的重要意义已经超出了强制的范围,它在引导人们进行自由决策时所发挥的作用成为其最为重要的意义。一个自由的社会很可能比其他任何形式的社会都要求做到下述两点:一是人的行动应当为责任感所引导,而这种责任在范围上远远大于法律所强设的义务范围;二是一般性舆论应当赞赏并弘扬责任观念,亦即个人应当被视为对其努力的成败负有责任的概念。② 在当今社会人与人之间的关系日益复杂的情况下,责任逐渐社会化,社会向"每个人都是负责的"方向上转变,并且负责的对象已经不仅仅是自己,还包括整个社会。概言之,我们要建立的社会是这样的一个社会:在这个社会中的任何人、任何组织,包括国家、市场组织以及非政府组织,都必须是自由且负责的。

参考文献

周濂:《现代政治的正当性基础》,上海,生活·读书·新知三联书店,2008。

〔英〕阿米·古特曼等著,吴玉章等译《结社:理论与实践》,北京,生

---

① 〔美〕弗朗西斯·福山著,李婉容译《信任——社会道德与繁荣的创造》,内蒙古,远方出版社,1998,第34~35页,转引自李茂平等《民间组织:社会资本的"生产车间"》,《吉首大学学报(社会科学版)》,2008,第4期,第96页。
② 〔英〕哈耶克著,邓正来译《自由秩序原理》,北京,生活·读书·新知三联书店,1997,第89页。

活·读书·新知三联书店，2006。

〔英〕理查德·贝拉米著，王萍等译《重新思考自由主义》，江苏，江苏人民出版社，2005。

〔美〕罗纳德·德沃金著，信春鹰、吴玉章等译《认真对待权利》，北京，中国大百科全书出版社，1998。

〔英〕安东尼·阿伯拉斯特著，孙荣飞等译《民主》，吉林，吉林人民出版社，2005。

〔法〕卢梭：《社会契约论》，北京，商务印书馆，2003。

Alex Nicholls, *Social Entrepreneurship*: *New Model of Sustainable Social Change*, Oxford University Press, 2006.

A Study of NGO Accountability

Li Yong

【Abstract】 In recent years NGO accountability has become a hotly-discussed issue. This article analyzes NGO accountability: its definition, logics, and mechanisms. It also offers a basic view of NGO accountability and an account in which coupled rights and responsibilities are the way to build society.

【Keywords】 NGO accountability goal responsibility accountability mechanisms coupled rights and responsibilities

（责任编辑　靳　婷）

全球气候变化应对与 NGO 参与：
国际经验借鉴

蓝煜昕　荣　芳　于绘锦*

【摘要】 本文在文献研究及专家座谈的基础上，从规模与类别、关注的议题和立场、活动方式、影响力几个方面对国际范围内气候变化领域 NGO 的参与状况及经验进行了分析，并对我国 NGO 在该领域的参与现状进行了评述，旨在发掘推动中国公民社会有效参与应对气候变化的潜在途径以及为我国 NGO 参与国际公共事务治理提供借鉴。研究结果表明气候变化领域的 NGO 可按其背景作环境 NGO、发展 NGO 和工商业 NGO 三类有意义的区分，各类 NGO 取得影响力和成就的主要经验有：①将地方行动与全球视野相结合；②依赖于专业性；③策略上注重对立与合作的平衡；④将行动与特定的国内政治及文化环境相结合。我国政府应认识到 NGO 在气候变化领域的积极作用，为他们提供更为宽松的参与环境和多样化的参与途径，而中国 NGO 也应在国家利益与全球利益之间寻找合适的定位，着重加强专业性，提升参与能力。

【关键词】 气候变化　非政府组织　国际经验　公众参与

---

* 蓝煜昕，清华大学公共管理学院博士研究生；荣芳，博士，清华大学公共管理学院产业发展与环境治理中心访问研究员；于绘锦，清华大学公共管理学院 NGO 研究所研究助理。

一 引言

当前,气候变暖的事实不仅被全球绝大多数的科学家所认同,更成为政界、商界、媒体甚至是普通大众关注的焦点。作为公民社会代表的、数量众多的非政府组织(NGO)则一直是气候变化领域的积极参与力量,其在倡导和培育公众意识、开展气候变化相关研究以及推动气候制度决策等各个方面发挥了重要影响。例如,英国著名的《气候变化法案》就是地球之友(FOE)和世界自然保护基金(WWF)等十几家 NGO 共同起草并推动的。与此同时,NGO 的地位和作用也早已在国际气候体制中得到了其他参与主体的广泛认同。以国际气候谈判为例,NGO 被允许以观察员身份参加《联合国气候变化框架公约》(UNFCCC)下的大部分正式、非正式谈判,并可通过在会期发放文件以及与谈判人员面对面交流来影响谈判进程。① 由此,在我国积极应对气候变化的过程中,除了注重政府的行动和企业的行为之外,还迫切需要关注公民社会的力量,加深对 NGO 的行为方式及其在气候变化领域参与潜力的认识,以探索国内公民社会有效参与应对气候变化的途径。

近年来,我国一些本土 NGO 和国际 NGO 驻华机构也纷纷开始开展应对气候变化的相关工作。2007 年 3 月,包括自然之友、乐施会、绿色和平、行动援助、地球村、世界自然基金会、绿家园志愿者和公众与环境研究中心在内的 8 家 NGO 启动了《中国公民社会应对气候变化:共识与策略》项目,举起了我国 NGO 关注和应对气候变化的大旗。该项目旨在推动我国公民社会积极回应气候变化议题,积极有效地参与气候变化的应对,并促成公众形成共识和应对策略。② 不过,与国际 NGO 在气候变化领域发挥的重要作用相比,国内 NGO 在气候变化领域的参与非常有限,影响力不足,难以融入应对气候变化的国家和国际行动中去。同时,

---

① NGO 的参与由 1998 年 UNFCCC 第 4 次缔约方大会 18/CP.4 号决议规定,UNFCCC 秘书处编辑有相应的指导手册,见 http://unfccc.int/files/parties_and_observers/ngo/application/pdf/coc_guide.pdf.
② 自然之友等:《变暖的中国:公民社会的思与行》,2007。

国内相关文献也十分缺乏，不能为我国 NGO 更好地参与应对气候变化提供支持。

因此，本文在文献研究及专家座谈的基础上，梳理并总结了国际范围内 NGO 参与全球气候变化应对的现状及经验，并对我国 NGO 参与全球气候变化应对的现状进行了评析，提出了相应的政策建议。本研究一方面旨在从政府的角度挖掘中国公民社会有效参与气候变化应对的潜在途径，另一方面希冀能为中国 NGO 参与气候变化等国内、国际公共事务治理提供借鉴。

二 认识气候变化领域中的 NGO——规模与类别

随着全球社会对气候变化问题的日益关注，参与、活跃于这一领域的 NGO 的数量和类别也越来越多，通过活跃在国际舞台上的 NGO 数量便可窥其一斑。自 1995 年 UNFCCC 第一次缔约方大会（COP1）以来，获得观察员资格的 NGO 数量从 178 个上升到现在的近 1000 个，历次大会中来自 NGO 的参会人数一般都超过来自各国政府代表的人数（见图1）。①

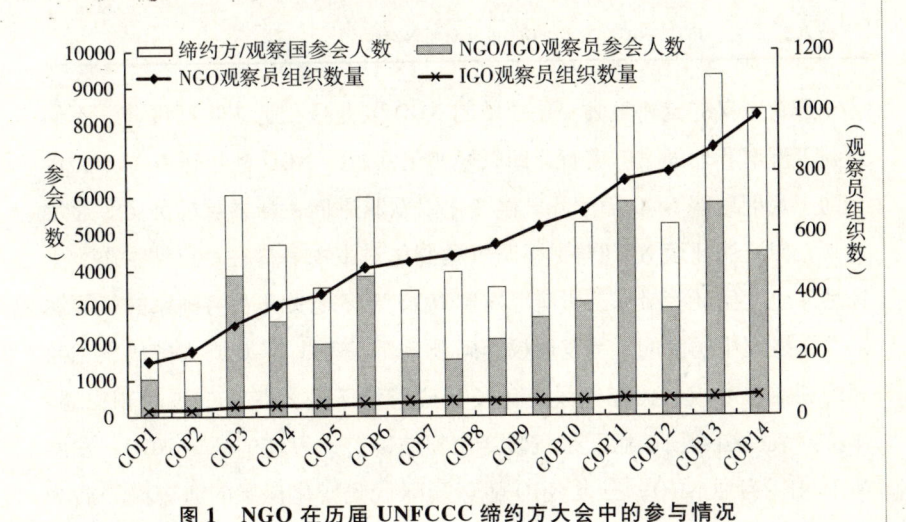

图 1　NGO 在历届 UNFCCC 缔约方大会中的参与情况

① 数据来源参考 UNFCCC 秘书处网站：http://unfccc.int/parties_and_observers/ngo/items/3667.php.

本文根据活动范围、组织模式、行动方式以及背景诉求等不同分类方式,将目前数目众多的活跃于气候变化领域的 NGO 加以区分以更好认识,见表1。其中,网络联盟形式的 NGO 是组织的组织,旨在促进 NGO 之间在国家、区域及国际层次气候问题上的信息交换和战略协调,典型代表如气候行动网络(Climate Action Network,CAN),其成员包括450多个 NGO,在国际谈判中能起到意见综合的作用。运动倡导型 NGO 侧重宣传、游说及抗议等活动方式,如绿色和平(Greenpeace)和地球之友(Friends of Earth);而研究型 NGO 侧重研究、知识建构、发布报告及提供政策建议等方式,如世界观察研究所(World Watch Institute)和皮尤全球气候变化中心(The Pew Center for Global Climate Change)等。

表1 气候变化领域 NGO 的分类

分类方式	类 型
活动范围	国际 NGO、区域性 NGO、国内 NGO 和社区草根 NGO
组织模式	独立开展活动的 NGO、网络联盟形式的 NGO(亦称"伞形 NGO")
行动方式	运动倡导型 NGO、研究型 NGO
背景诉求	环境 NGO、发展 NGO 和工商业 NGO

最有意义的是将气候变化领域的 NGO 以背景和诉求进行区分,不但有利于澄清我们通常的误解,即气候变化领域的 NGO 都是环境 NGO,也有助于我们理解 NGO 随国际气候变化议题演进而不断发展的历史。通常说来,传统的环境 NGO 着重强调气候变化对生物多样性、自然生态、生物地球化学循环等带来的影响,发展 NGO 更多地关注贫穷国家的气候脆弱性、发展中国家的平等发展权等问题,而工商业 NGO 则大多代表工商界的利益与观点,关注气候变化及其应对给工商业带来的挑战和机遇。本文附表详细列出了活跃于气候变化领域中有代表性的环境 NGO、发展 NGO 和工商业 NGO。三类 NGO 随着国际气候变化议题的演进而先后介入、争论、融合与互动。早期在气候变化议题中起主导的 NGO 是环境 NGO,主流的环境 NGO 改变了在其他议题中常用的批评姿态,以妥协与

合作的方式与政府、科学家组成了一个知识社群①，而这一知识社群达成了令人尊敬的政治成就——《联合国气候变化框架公约》和《京都议定书》的签署。② 然而，知识社群的成员处于变动之中，环境 NGO 的地位在《京都议定书》之后逐渐遭到发展 NGO 和工商业 NGO 的挑战：发展NGO 更多地将气候变化问题看作是社会与政治问题而不仅仅是环境问题，其某些观点的影响力越来越大；工商业 NGO 之前极力强调气候变化的不确定性，抵制对化石能源使用的限制，《京都议定书》之后却转而积极融入应对气候变化应对的行动中，关注气候变化为新能源产业以及适应技术等带来的机遇，这一转变获得了新知识社群的认同与接纳。目前，三类 NGO 虽然仍有立场上的差异，却逐渐显示出相互理解、寻找共识、通力合作的趋势。如 2007 年成立的、具有很大影响力的美国气候行动合作组织（United States Climate Action Partnership, USCAP）正是由企业和非政府组织共同发起，其成员既包括通用电气、杜邦公司、壳牌石油公司等重量级企业，也有美国环保协会（Environmental Defense）等知名的环境 NGO。

三　NGO 参与应对气候变化关注的议题与立场

NGO 关注的议题虽随着气候谈判和制度形成的进程而有所改变，但主要是两个维度下的问题，一是应对气候变化行动的目标——减缓和适应；二是达成目标的原则——发展与公平，具体而言则包括减排目标、责任分担、灵活机制、碳汇、适应行动框架、技术转移和资金安排等焦点。

在减排行动的目标上，绝大多数 NGO 比缔约方有更高和更严格的减

---

① "知识社群"（epistemic community）是由全球治理领域知名学者 Peter Haas 引入的一个概念，指包括科学家、政治家、政府及其他公共部门官员在内的，就议题的科学背景、政治及政策的回应要求享有共同认知的行动者联合体。可参考 Peter Haas, "Introduction: Epistemic Communities and International Policy Coordination", *International Organization*, 1992, 14 (1): 1 - 36.

② Gough C., Shackley S., "The Respectable Politics of Climate Change: The Epistemic Communities and NGOs", *International Affairs*, 2001, 77 (2): 329 - 345.

排要求并向国际谈判持续施压。例如，针对哥本哈根气候大会，CAN 在其立场宣告中提出①：

（1）坚守全球变暖低于 2℃的危险警戒线，全球温室气体减排量必须在 2050 年前达到 1990 年水平的 80%；

（2）发达国家必须在 2020 年达到 1990 年基础上 40%的总体减排量；

（3）发展中国家可测量、可报告和可核实的国家减排行动及其自愿的减排行动应在排放基准轨迹线下产生切实的效果。

关于责任分担，一些研究型 NGO 积极地提出相应的排放权分配方案，试图在考虑公平和南方国家发展的条件下平衡各国的利益关系并推进谈判进程，如全球公共资源研究所基于人均排放的"紧缩与趋同"（Contraction and Convergence）方案②、生态公平（Eco Equity）和斯德哥尔摩环境研究所基于减排能力和历史责任的"温室气体排放权"（Greenhouse Development Rights）框架③等。责任分担的背后是更为广泛的公平与正义问题，一些倡导、运动型 NGO 提出了气候公义（Climate Justice）的主张。例如，一个包括地球之友、绿色和平、第三世界网络等知名 NGO 在内的国际气候公义网络（International Climate Justice Network）于 2002 年 6 月向在印尼巴厘岛召开的世界可持续发展峰会最后一次筹备会议提交了一份"气候公义巴厘原则"（Bali Principles of Climate Justice）的声明，试图从人权和环境公义的角度将气候变化和社区问题联系在一起，强调气候变化影响的不公平性，指出全球变暖的根源在于北方国家不可持续的生产和消费方式，但其后果却主要由南方国家的人民来承担，要求工业化国家应该首先从根本上转变不可持续的生产和生活方式，承担生态债务。④ 同年 10 月，在印度德里召开的第 8 次缔约方会议

---

① Climate Action Network-International：*Position on an Annex I Aggregate Target*，http://climatenetwork.org/climate-change-basics/by-topic/mitigation/，April 7th, 2009.

② Global Commons Institute：*Contraction and Convergence: A Global Solution to a Global Problem*，http://www.gci.org.uk/contconv/cc.html.

③ Heinrich-Böll-Stiftung.，*The Greenhouse Development Rights Framework: The Rights to Development in a Climate Constrained World*（Revised second edition），Berlin：November 2008. http://www.seib.org/climate-and-energy/GDR.html.

④ International Climate Justice Network：*Bali Principles of Climate Justice*，http://www.indiaresource.org/issues/energycc/2003/baliprinciples.html，August 29th, 2002.

(COP8)上，印度气候变化论坛（India Climate Justice Forum）发表了具有类似诉求的德里气候变化宣言（Delhi Climate Justice Declaration）。①

对于运用灵活的市场机制（如碳排放交易）解决气候变化问题，不同地域或不同类别的 NGO 提出了不同的观点或立场。以美国为主的 NGO 如美国环保协会等大力支持市场机制，认为市场机制可以最大程度地降低全球温室气体的减排成本，并充分调动私营部门资金在清洁能源技术等方面的投入。② 但也有一部分 NGO 极力反对自由市场途径。2004 年，一些 NGO 在南非签署了"德班宣言"（Durban Declaration on Carbon Trading），反对碳市场，反对源自碳汇的市场贸易。他们认为，碳贸易将地球碳循环能力转化成财产而在全球市场中买卖，延续了人类对土地、食物、劳动力、森林和水的商品化过程，而这一过程所创造出的商品碳恰恰正流向破坏气候平衡的同一批商人手中。③ 在"德班宣言"基础之上，这些 NGO 形成了一个专门以反对气候变化的自由市场途径为目的的国际网络——"气候公义德班团体"（Durban Group for Climate Justice）。④ 此外，也有一些 NGO 对灵活市场机制持部分保留态度，如 CAN 在最近的声明中表示，发达国家在发展中国家的减排行动不能取代严格的国内减排，其不接受将核能、碳捕获与封存（CCS）纳入 CDM 项目，不赞成将减少发展中国家毁林造成的排放（REDD）纳入 CDM 项目，也不推荐任何土地利用变更和森林（LULUCF）相关的 CDM 项目活动。⑤

---

① India Climate Justice Forum：*Delhi Climate Justice Declaration*，http：//www.corpwatch.org/article.php? id = 4648，October 28th，2002.
② 在美国的 NGO 尤其倾向于支持市场机制，这被认为与美国崇尚市场、反对国家干预的政治文化有关。
③ Durban Meeting Signatories：*The Durban Declaration on Carbon Trading*，http：//www.carbontradewatch.org/durban/durbandec.html，October 10th，2004.
④ Carbon Trade Watch：*Durban Group for Climate Justice*，http：//www.carbontradewatch.org/durban/.
⑤ Climate Action Network-International：*Intervention Prepared by Climate Action Network International for the AWG – KP Contact Group on Emissions Trading and the Project Based Mechanisms*，http：//www.climatenetwork.org/climate – change – basics/by – topic/flexible – mechanisms/.

四 NGO 在气候变化领域的活动方式

NGO 的活动方式通常包括如下几类①：①研究与教育、知识传播；②直接提供产品或服务；③参与、监督和协调政府或政府间国际组织的决策与行为；④信息披露；⑤倡议与游说；⑥抗议与斗争。但是，由于气候变化议题本身具有较强的专业性和政治性，而 NGO 本身存在一定的政治合法性缺陷（即不像政府一样具有选民基础），使得气候变化领域 NGO 在总体活动策略上与对待其他环境议题有所不同，更强调科学与研究、更注重与其他主体的建设性合作。此外，也有学者观察到近年来 NGO 活动策略的另一趋势，即从关注 UNFCCC 和《京都议定书》下的谈判进程扩大至关注企业、消费者和金融投资机构的责任②，这或许也在某种程度上反映出 NGO 直接影响国际谈判的活动方式存在限制。表 2 从国际及国内两个层面列举了气候变化领域 NGO 典型的活动方式。

表 2 气候变化领域 NGO 典型的活动方式

国际层面	国内层面
• 提出政策建议	• 将气候变化议题纳入竞选活动
• 知识建构与传播	• 参与公共政策的制定
• 游说与运动，引起公众和政治家关注	• 培育草根意识和开展社区行动
	• 公共问责及私人部门的公众监管
	• 激励企业实现社会责任

其中，气候变化领域 NGO 在国际层面的游说与运动主要是通过 UNFCCC 框架下的各类国际会议。部分 NGO 以观察员身份参与，部分以政府代表团成员身份参与（如加拿大、丹麦、葡萄牙、印度等国）。NGO 为缔约方谈判代表提供信息并进行游说，并主办规模庞大的"非政府组织论坛"和各种各样的边会。如在气候大会谈判期间，以 CAN 为核心的

---

① 参考王杰、张海滨、张志洲主编《全球治理中的国际非政府组织》，北京，北京大学出版社，2004，第 54~58 页。
② Newell P., Civil Society, Corporate Accountability and the Politics of Climate Change, *Global environmental politics*, 2008, 8 (3): 122 - 153.

环保 NGO 每天凌晨向谈判代表印发一份名为"ECO"的简报，用以传达他们对当天谈判主题的立场和观点，并表达潜在的妥协或对某一文件的支持或反对态度。同时，NGO 每天都会评选一个名为"Fossil of the Day"的"奖项"以讽刺和批评那些在谈判过程中表现最差的国家，这一评选结果会有专门的发布仪式并会刊登在第二天的"ECO"上，美国和沙特阿拉伯因为阻挠谈判进程曾经常荣登榜首。"ECO"和"Fossil of the Day"的发布在气候大会中逐渐成为一种惯例，被一些谈判代表认为是公众舆论的"晴雨表"①。

2007 年 3 月通过的英国《气候变化法案》（Climate Change Bill）是气候变化领域 NGO 在国内层面参与公共政策制定的典型案例。该法案由英国的地球之友和 WWF 等 10 家 NGO 共同设计、起草。2005 年，地球之友等发动"The Big Ask"运动来推动该法案的通过，并同时利用英国下院的"Early Day Motion"机制来动员议员支持该法案，直接促成了法案的最终通过。②

气候变化领域 NGO 在国内层面活动的另一种重要方式是通过公共"问责"及对私人部门的公众监管。例如，NGO 通过法律对国家政府部门在气候变化问题上的作为或不作为进行"问责"，尽管请愿或诉讼大多以失败告终，但对政府、企业及公众均有重要的教育价值③。如 1999 年 19 个 NGO 以《清洁空气法》（Clean Air Act）为根据诉请美国环保部，要求其对二氧化碳等温室气体排放进行监管④；2005 年，因纽特极地会议（Inuit Circumpolar Conference）向美洲人权理事会请愿，认为美国的不作为造成的全球变暖侵犯了因纽特人的人权。对于私人部门，一些组织通过"股东决议"等形式影响公司管理层的行为，在碳排放等问题上要

---

① Lisowski M.,"How NGOs Use Their Facilitative Negotiating Power and Bargaining Assets to Affect International Environmental Negotiations", *Diplomacy and Statecraft*, 2005, 16: 361–383.
② Hall N. L., Taplin R.,"Solar Festivals and Climate Bills: Comparing NGO Climate Change Campaigns in the UK and Australia", *Voluntas: International Journal of Voluntary and Non-profit Organizations*, 2007, 18 (4): 317–338.
③ Newell P.,"Civil Society, Corporate Accountability and the Politics of Climate Change", *Global environmental politics*, 2008, 8 (3): 122–153.
④ 美国《清洁空气法》颁布于1970年，当时未将二氧化碳等温室气体列为污染物质。

求管理层披露信息并进行管理实践。例如,美国的 CERES(Coalition for Environmentally Responsible Economies)、ICCR(Interfaith Centre for Corporate Responsibility)等投资者组织通过他们手中的资本权力要求公司担负起气候变化的责任,同时 CERES 还对各公司在应对气候变化方面的表现进行排名。

此外,一些气候变化领域的 NGO 非常注重与私人部门的合作,为公司行为提供富有建设性的正向激励和支持。如皮尤中心、世界自然基金会、世界资源研究所、世界可持续发展商业理事会等 NGO 与国际排放贸易协会、世界经济论坛共同发起了全球温室气体注册的动议(Global GHG Registry),以鼓励各大公司主动公布其在全球范围内的温室气体排放信息和相应的管理措施。

五 NGO 在气候变化领域的影响力评价

NGO 在气候变化领域到底发挥了多大的作用?由于缺乏广泛适用的评价标准以及不易把握影响力传递的事实基础,这一问题难有直接的答案,往往只能通过对比 NGO 在不同国际制度或国家中的影响力来理解。对 NGO 在不同国际制度形成中的影响力分析表明,对于不同的具体政策,NGO 发挥的作用效果不尽相同。Bas Arts 通过分析 1990~1992 年间达成的《联合国气候变化框架公约》和《生物多样性条约》两个国际条约指出,绿色和平、地球之友及第三世界网络等国际 NGO 对这两个国际条约的内容构成和最初执行有一定的影响力,但影响力有限。他认为 NGO 在国际环境政策中的影响力有可能被高估了。① Elisabeth Corell 和 Michele M. Betsill 从信息的有意识传播和信息传播导致行为变化两个方面评价 NGO 对国际谈判的影响,指出 NGO 对《防治沙漠化条约》谈判过程的影响很高,而对《京都议定书》的影响很有限。②

---

① Arts B., *The Political Influence of Global NGOs: Case Studies on the Climate and Biodiversity Conventions*, Utrecht: International Books, 1998.
② Corell E., Betsill M. M., "A Comparative Look at NGO Influence in International Environmental Negotiations: Desertification and Climate Change", *Global Environmental Politics*, 2001, 1 (4): 86–107.

议题本身的性质和历史、议题的建构方式、政治机会结构、NGO 本身的组成等因素都可能造成 NGO 影响力的差异。例如，上述《防治沙漠化条约》是政治驱动的，《京都议定书》则既有政治驱动又有科学驱动；前者被建构为一个可持续发展问题，而后者更多地被认为是经济问题；前者的政治过程非常支持和包容 NGO，后者则限制 NGO；参与前者的 NGO 以发展中国家 NGO 为主导，参与后者的 NGO 以发达国家的环境 NGO 为主导且同时面临来自工商业 NGO 的竞争。

此外在国家层次，NGO 活动所在国家的政治和文化背景也会影响其在气候变化领域发挥作用的大小。Nina L. Hall 和 Ros Taplin 在实地访谈的基础上对环境 NGO 在英国和澳大利亚的影响力及地位进行了对比分析，结果表明环境 NGO 在英国发挥了更为积极的作用，而在澳大利亚 NGO 的作用则比较边缘化。① 英国和澳大利亚在政府领导人以及能源工业部门的态度和行为、两个国家公民社会自身的力量及 NGO 的合法性等方面的差异导致了这两个国家的 NGO 在气候变化议题上发挥了截然不同的作用：

（1）在领导人的态度方面，英国有前首相布莱尔以及环境、食品和农业部部长等高层对应对气候变化行动的大力支持；澳大利亚则与美国类似，政府倾向于新自由主义，偏爱市场机制和自愿措施，政府领导人在对气候变化的认识上直到最近才有所改变。

（2）在能源经济及能源工业部门方面，英国能源进口依存度较高，因此比较鼓励新能源和可再生能源开发；澳大利亚煤炭资源丰富，能源出口比较重要，因此能源行业的利益集中倾向于抵抗二氧化碳限排，并通过积极参与游说，加强与政治家、官僚的社交关系等来影响国际气候谈判和国内气候政策。②

（3）在公民社会力量及 NGO 的合法性方面，英国 NGO 被赋予了参与政治的正式途径，尤其是 1998 年布莱尔政府签署发布的《政府与志愿及社区部门关系协定》（简称 COMPACT），正式承认和支持 NGO 所在的

---

① Hall N. L., Taplin R., "Solar Festivals and Climate Bills: Comparing NGO Climate Change Campaigns in the UK and Australia", *Voluntas: International Journal of Voluntary and Non-profit Organizations*, 2007, 18 (4): 317 - 338.
② 有意思的是，目前也存在这样一种趋势——NGOs 通过寻求发展新能源、可再生能源的工业代表的支持来对抗传统的工业力量。

第三部门作为独立部门有权在法律范围内开展各类运动、评价和质疑政府政策之后，NGO 常被邀请参与政府的讨论。同时，NGO 在英国公民中也有较高的信誉，公民参与环境 NGO 的比例较高；相反，在澳大利亚，自从 20 世纪 90 年代中期的选举之后，NGO 参与政治的途径开始衰微，政府只是有意识地培养和支持部分赞同政府政策的 NGO。

六 我国 NGO 参与应对气候变化的现状

我国 NGO 在 2007 年左右开始集体关注气候变化领域并开展相关的实质性活动。从组织类型上来看，我国 NGO 可分为境外在华 NGO 与本土 NGO 两大类。前者开展工作较早且影响相对较大，包括世界自然基金会、绿色和平、美国环保协会、能源基金会（The Energy Foundation）、保护国际（Conservation International）、气候组织（The Climate Group）、美国大自然保护协会（The Nature Conservancy）等知名国际 NGO，他们有的在我国设立分支机构或办事处，有的只是开展项目活动。本土 NGO 在气候变化领域比较活跃的有全球环境研究所（GEI）、自然之友、地球村、绿家园、公众与环境研究中心、中国民间气候变化行动网络（CCAN）和中国青年应对气候变化行动网络（CYCAN）等。其中 CCAN 是一个由中国民间组织组成的网络，成立于 2007 年 3 月，目前的主要成员包括十几家开展气候变化项目的国内、国际 NGO，网络的秘书处设在中国国际民间组织合作促进会（CANGO）。CYCAN 成立于 2007 年 8 月，是一个非常有活力的青年环保组织网络，充分注重整合高校环保社团的资源。截至 2007 年，我国在民政部门登记注册的生态环境类 NGO 约 5700 个，[①] 这其中有很多 NGO 在一定程度上开始关注气候变化问题，并在地方开展相关活动。

我国 NGO 已经分别针对政府、企业及公众开展了一些应对气候变化的行动。目前，我国 NGO 在政府层面对气候变化领域的政策影响非常有限，也缺乏正式渠道。但是相对本土 NGO，一些国际 NGO 由于其专业化程度较高，往往能与学者建立密切联系，能够参与一些层次较高的政策

---

① 参考中国社会组织网发布的官方统计数据，见 http://www.chinanpo.gov.cn/web/listTitle.do？dictionid = 2201。

讨论，因此对我国气候变化相关政策的制定可能会有一些潜在影响。在政府层面，气候变化领域的 NGO 主要以与政府合作为主，在合作中既能帮助政府实现目标又能为政府带来新的观念。例如，保护国际早在 2004 年就与中国国家林业局合作，在四川、云南启动"森林·碳汇·生物多样性试点项目"，将林业碳汇的 CDM 项目引入中国；世界自然基金会于 2008 年初启动"中国低碳城市发展项目"，与地方政府开展合作，确立了上海和保定两个首批试点城市。

对于企业，我国 NGO 也以合作为主，在温室气体排放方面较少对企业质疑和问责。合作的方式包括将清洁发展机制（CDM）等国际减排资金机制介绍给国内企业，帮助其实现节能减排，倡导和激励企业实现社会责任。如全球环境研究所推动了"中国水泥行业余热发电项目"，通过对行业内 100 多家企业的逐个排查，筛选了 25 家水泥企业，对其节能项目的减排量进行打包操作，并帮助其在国际市场上寻找买家，为企业带来实实在在的利益。①

在对公众方面，我国 NGO 开展了较多工作，培育气候变化意识，宣传低碳生活方式。例如中国国际民间组织合作促进会和美国环保协会自 2006 年起推动"绿色出行"项目，鼓励公众使用公共交通工具，鼓励步行和骑车出行。该项目在奥运期间产生的二氧化碳减排量于 2008 年 12 月在北京环境交易所挂牌交易，创下国内先例，具有特殊的象征意义。②

总体而言，国内气候变化领域的 NGO 越来越活跃，在策略上注重与政府和私人部门的合作，注重将气候变化国际机制与中国节能减排的大背景结合起来。但是，我国 NGO 参与气候变化与其他国家相比仍总体较弱，影响力不足，并且发展非常不均衡：境外在华 NGO 专业性强、层次高，甚至能与我国各级政府部门直接对话；而本土 NGO 则显得十分弱小，不但在国内缺乏影响力，而且在国际公民社会中也没有话语权。这些问题的存在既与我国的政治环境有关，也与 NGO 自身能力的不足与定

---

① 龚民：《共识·策略·行动——环保 NGO 应对气候变化实践》，《绿叶》2007 年第 10 期，第 62~63 页。
② 夏命群：《二氧化碳减排量首次挂牌交易》，http://news.163.com/08/1213/12/4T1TVA8A000120GU.html，2008 年 12 月 13 日。

位不清有关。在政治环境上，我国NGO在注册登记、开展活动等方面还受到一定的限制；在自身实力方面，本土NGO对气候变化问题大多缺乏专业性，对人才缺乏吸引力；在自身定位上，本土NGO仍然处在不断摸索的阶段，一方面对内缺乏区别于政府的独立见解和观点，而另一方面对外由于只站在自己国家利益角度考虑问题而忽视发展中国家甚至全球的整体利益，很难在国际上具有话语权。①

七 国际经验及其对我国的借鉴

总结前述内容，国际范围内NGO应对气候变化的参与有如下经验：

（1）NGO取得的成就得益于其全球视野。正如学者Bas Art所言，NGO的特点之一正在于"全球思维，地方行动"（thinking globally, acting locally），② 他们能穿透国家这一壁垒而将地方与全球直接连接起来，并与其他行为体一起构成了一个多层次的全球治理结构。气候变化领域NGO的全球视野体现在很多方面：一是NGO积极推动和参与气候变化国际谈判，深刻认识到只有影响国际层次上的决策才能最大限度地体现和维护组织所代表的利益；二是CAN、WWF等NGO在自身的立场上努力地代表全球利益而非狭隘的国家或私人部门利益，从而获得合法性和较高的影响力；三是在地方活动的NGO倾向于融入国家和国际层次的NGO网络中，一方面联合行动以增强影响力，另一方面跟踪国际谈判和科学领域的最新进展，把全球的新思想、新做法带到地方实践中去。

（2）NGO对决策的影响力来自于其专业性。气候变化议题无论是在国际还是国家层次都具有很强的利益背景和政治性，NGO及其网络的倡导和游说力量与其他行为体相比显然处于弱势地位，因此转向专业化、掌握专家权力是必要的战略选择。气候变化领域有相当大一部分是研究

---

① 部分观点来自2009年5月27日在清华大学公共管理学院召开的"全球气候变化的应对和NGO的参与圆桌讨论会"专家发言，见http://166.111.100.15/xshd_show.asp?id=693。

② Arts B., "The Global-local Nexus: NGOs and the Articulation of Scale", *Tijdschrift voor Economische en Sociale Geografie* (*Journal of Economic & Social Geography*), 2004, 95 (5): 498–510.

型 NGO，传统的倡导型 NGO 也倾向于加强与专家学者的联系。例如，皮尤中心、气候组织等这样一些成立时间较晚，但专注于气候变化这一领域的组织获得了较高的影响力。

（3）在活动方式上注重对立与合作的平衡。在气候变化问题的一开始，环境 NGO 便表现出与处理其他议题时不相同的策略，即不再依靠简单的问责和抗议，而是注重"修炼"专业知识，提供建设性意见。如今在经历了国际气候谈判的坎坷与曲折后，尽管 NGO 依然提出更高的减排目标并对国家和私人部门制造持续的舆论压力，但具体减排和适应行动策略更是倾向于合作以及向企业提供正向激励了。可见，NGO 在这一议题中在不断地根据局势来调整策略，以便在可能的范围内最大限度地达到目的。

（4）国内政治和文化环境的支持对 NGO 的参与十分关键。若国内政治和文化环境能为 NGO 提供合法性和顺畅的参与途径，则国民和企业应对气候变化的意识会更强烈，相关政策和应对活动会更积极，同时该国 NGO 在国际上也会更有影响力。有学者认为，NGO 的积极参与并不是侵蚀了国家主权，而是增强了国家管理世界的能力。①

结合以上国际经验及我国的现实情况，本文对我国气候变化领域 NGO 的参与有如下建议：

（1）我国政府应认识到 NGO 在气候变化领域的积极作用，为他们提供更为宽松的参与环境和多样化的参与途径，包括在公众参与、公众监督等方面提供制度性渠道，使 NGO 在政策过程中有表达意见的机会；在节能减排、公众教育等政策实施环节加强与 NGO 的合作；支持本国 NGO 参与到国际气候谈判中，传达中国民间的声音，树立我国大国的形象。值得注意的是，对于本土 NGO，政府不能因为其能力不足而忽视之，相反应该注重扶植和培育，帮助他们在干中学。若等待其成熟而用之，则中国 NGO 永远无法成长，永远无法在国际舞台立足。

（2）中国 NGO 应该加强专业性，提升参与能力。国内部分环境 NGO 曾因不专业而饱受质疑并损害了中国环境 NGO 的整体形象，对待气候变化这样的议题，国内 NGO 则更加需要注重专业性。增强专业性包括：提

---

① Raustiala K., States, "NGOs, and International Environmental Institutions", *International Study Quarterly*, 1997, 41: 719-740.

升专注度，不能对环境领域所有的问题都涉猎；注重专业知识的独立学习，而不仅仅停留在 NGO 之间交流的二手信息上；建立起与专家的联络和交流机制，弥补机构自身的专业缺陷；注重青年人才的培养与吸纳，尤其是支持和扶持 CYCAN 这样的青年网络，其可能为 NGO 群体带来知识和人才溢出效应。

（3）中国 NGO 应充分审视国际国内环境，找准合适的定位。例如，在国内的活动要符合国内政治背景，把重点放在与政府和企业的合作以及公众意识培育上，在处理与政府的关系时既需要保持自身独立性，又需要专业而富有建设性的见解。在国际上的活动则一方面要站在地方的角度对全球议题进行独立思考，能将地方的信息和现实需求反映到国际社会中，另一方面需要培养全球视野，兼顾发展中国家和全球的整体利益。

（4）中国 NGO 需积极寻找潜在的参与领域或机会。NGO 的重要特征之一就在于富有主动性和创造性，并能发现被政府和市场忽略的环节。例如，有相关方面的专家指出，CDM 和自愿减排等领域还缺乏 NGO 参与，NGO 可以在 CDM 项目活动中发挥可持续论证、公众质疑、标准创建、减排监督等作用，在自愿减排领域可通过推动企业和个人担负社会责任而参与到其中。①

附表：气候变化领域中部分有代表性的 NGO

类别	名称	成立时间	起源地	目标	关注焦点
环境 NGO	绿色和平 Greenpeace	1971	国际	针对环境破坏行为发起活动	环境问题
	地球之友 Friends of the Earth	1971	国际	针对紧急的环境及社会问题发起活动	环境问题
	世界自然基金会 World Wildlife Foundation	1961	国际	阻止及校正对自然生态的破坏	自然生态
	气候行动网络 Climate Action Network	1989	国际	影响国际、国内层次气候谈判、气候政治以及气候措施	气候变化

---

① 参考 2009 年 5 月 27 日在清华大学公共管理学院召开的"全球气候变化的应对和 NGO 的参与圆桌讨论会"专家发言，见 http：//166.111.100.15/xshd_ show. asp?id = 693。

续附表

类别	名称	成立时间	起源地	目标	关注焦点
环境NGO	世界观察研究所 Worldwatch Institute	1974	美国	让政策制定者及公众了解正在出现的全球性问题及其趋势，以及世界经济与其环境支持系统之间复杂的联系	环境的可持续性
	世界资源研究所 World Resources Institute	1982	美国	使人类社会以一种能保护自身及后代的地球生存环境的方式生活	全球环境
	美国环保协会 Environmental Defense Fund	1967	美国	致力于综合科学、经济、法律的手段保护所有人、包括后代的环境权	环境问题
	皮尤全球气候变化中心 The Pew Center on Global Climate Change	1998	美国	教育公众和决策者，使他们认识气候变化的风险、挑战以及解决方法	气候变化
发展NGO	第三世界网络 Third World Network	1984	马来西亚	反映第三世界人民的需求和权利，促进世界资源的公平分配，促进既能满足人类需求又可持续的发展形式	发展、环境、南北事务
	基督徒援助 Christian Aid	1945	英国及爱尔兰	消灭贫困，改变造成贫困的制度规则，提高人们解除困境的能力	贫困及其根源、不公正问题
	全球公共资源研究所 Global Commons Institute	1990	英国	保护那些人们在无止境地追求经济增长时可能被耗竭而破坏生态稳定的全球公共资源	气候变化问题的政治、经济方面
	国际环境法及发展基金 Foundation for International Environmental Law and Development	1989	英国	在国际、区域及国内层次发掘鼓励环境保护和可持续发展的相关立法潜力	环境保护与可持续发展问题的法律方面
	科学与环境中心 Centre for Science and Environment	1982	印度	促进民主和可持续发展	可持续的自然资源管理

续附表

类别	名称	成立时间	起源地	目标	关注焦点
工商业 NGO	商界环境领导力理事会 Business Environmental Leadership Council	1998	美国	为皮尤全球气候变化中心下的一个商界理事会，旨在使商业领袖参与到应对气候变化的行动中来	气候变化
	全球气候联盟 The Global Climate Coalition	1989	美国	协调商界参与气候变化的国际政策讨论	气候变化
	世界可持续发展商业理事会 World Business Council for Sustainable Development	1995	国际	发展商界与政府及其他关注环境与可持续发展的组织之间的紧密合作关系，鼓励商界实施高标准的环境管理	可持续发展
	美国气候行动合作组织 United States Climate Action Partnership	2007	美国	致力于在促进美国经济增长的同时，减缓、阻止和逆转美国的温室气体排放增长	气候变化

Global Climate Change and NGO Participation: Lessons from International Practices

Lan Yuxin, Rong Fang, Yu Huijin

【Abstract】Through literature study and informal discussion with experts, this paper discusses NGOs' participation internationally in coping with climate change from the perspectives of NGOs' scale and classification, focuses and positions, activities and political influence. By addressing the status quo of NGOs' participation in China, this paper tries to draw international lessons for the Chinese government to consult in exploring potential paths for effective public involvement, and for Chinese NGOs to be integrated into the governance of domestic and global public affairs. Results show that NGOs in the climate field can be classified as environmental NGOs, developmental NGOs and business & industrial NGOs and that their success mainly lies in: 1) thinking globally while acting locally; 2) relying on professional knowledge; 3) striking a balance between struggle and cooperation; 4) integrating actions into their special domestic political or cultural environments. The government should recognize the potential roles of NGOs in tackling climate change and provide institutional paths for their participation, while Chinese NGOs should try to take a proper position between global challenges and national interests, and focus on increasing professionalism and building capacity for participation.

[Keywords] climate change NGO international practice public participation

（责任编辑　刘海龙　曾少军）

关于促进 NPO 与政府建立合作关系的有效条件之探讨
——以案例分析为中心

李妍焱[*]

【摘要】 NPO 该如何与政府合作，不仅是左右单个 NPO 组织成长的关键因素，也是影响 NPO 领域整体发展的关键问题。特别是在我国，民间 NPO 领域的形成虽有雨后春笋之势但尚欠缺太多实力；政府虽意向从管理型向服务型政府转型，作为其中一环，也开始采纳向 NPO 购买服务的工作方式，但是如何使购买服务真正成为一种 NPO 与政府的合作方式，使其成为促进 NPO 成长的要素，还很不清晰。本文将以成功推进与政府合作，实现了政府真正购买其服务的 NPO "社区参与行动" 为案例，考察 NPO 与政府进行有效合作的诸项条件，特别是促使政府购买其服务的条件。这些条件将对如何构筑 NPO 领域与政府关系有重要启示。特别是 NPO 的专业性构筑、双方领导层的沟通、对双方都有深入了解的两栖性人才的存在这三项条件，将成为本文考察论述的重点。

【关键词】 合作　专业性　领导层沟通　两栖性人才

---

[*] 李妍焱，日本驹泽大学文学部社会学科副教授，通信地址：北京市朝阳区将台西路芳园里46号 风景线 B 座 808（邮编：100016），电子信箱：mail@ yanyan. li。

一 NPO 与政府的合作并非"水到渠成"

1. 对现阶段双方合作状态的一个简单描述

莱斯特·萨拉蒙在《全球公民社会——非营利部门国际指数》中通过对比 36 个国家的非营利部门的数据，第一次清晰地归纳出了衡量公民社会发展程度的三种维度，即"能力""可持续性"和"影响力"。"政府的支持"被定位为判断"可持续性"的重要指标之一。"政府的支持使公民社会部门的资金基础趋于稳定，从而促进该部门的可持续性成长。"[①]这 36 个国家不包括中国，所以我们不能清楚地确定中国公民社会的发展程度，但是书中介绍的一个倾向值得思索：那就是在发达国家，NPO 收入中来自政府方面的收益平均占 48%，而在发展中国家和转型国家，来自政府的收益平均只占 22%。[②] 这一比例恰恰和公民社会发展的成熟度成正比。这些数据证实了"政府支持是公民社会发展的有利条件"这一阐述。

非营利部门的发展是多元而富于本土性的，我们没有必要什么事都向发达国家看齐。但是政府支持对于非营利部门的重要性，在我国显然更为重要。获取政府支持，不仅是一个世界性的普遍课题，在我国更是一个本土性课题。李丹在梳理改革开放后非营利组织的发展状况时指出，处理好与政府的关系是事关 NPO 存废兴衰的"头等大事"，在自上而下成立的 NPO 和政府的关系由依附转化为慢慢独立的同时，自下而上成立的草根 NPO 与政府的关系也正在逐渐由"隔膜"走向"合作"。[③]

那么草根 NPO 与政府之间的关系进展状况如何呢？从贾西津的分析

---

① 莱斯特·M. 萨拉蒙，S. 沃加斯·索可洛斯基等著，陈一梅等译《全球公民社会——非营利部门国际指数》，2007，北京，北京大学出版社，摘自第 79~80 页。(Lester M. Salamon, S. wojciech Sokolowski and Associates, *Global Civil Society: Dimension of the Non-Profit Sector Volume* 2., Kumarian Press, Inc, 2004.)

② 莱斯特·M. 萨拉蒙，S. 沃加斯·索可洛斯基等著，陈一梅等译《全球公民社会——非营利部门国际指数》，2007，北京大学出版社，摘自第 37 页。

③ 李丹：《改革开放后中国非营利组织的发展历程及趋势》，《郑州航空工业管理学院学报》，2009，第 27 卷第 4 期，第 91~95 页。为统一概念，原文的"NGO"在本文中写为"NPO"（以下部分也作同样处理）。

中我们可以得到一个比较整体性的认识。① 贾西津提出了中国民间组织与政府关系发展的三个层面：公共服务的提供，公共政策的倡导，公民权利成长机制的发展。在此三个层面上合作的递增，将促进公民社会整体走向成熟。目前，NPO 与政府的合作可以说主要还停留在公共服务提供的层面上，政策倡导层面的合作只有个别领域为数不多的几个不成熟案例。

公共服务提供层面的合作，时期较早的可以举出上海浦东新区罗山市民会馆的例子。1996 年受上海浦东新区社会发展局的委托，上海 YMCA 和浦东社会发展基金会共同投资建成了罗山市民会馆。1997 年增加了市民求助中心功能，1998 年又开办了养老院，实现了政府提供场地、政府基金会提供部分资金、YMCA 进行运作管理的模式。笔者在 2003 年赴罗山市民会馆调研时了解到，由于市民会馆的模式受到了广泛认可，在当时他们已经与政府又签订了六处其他委托管理的协议。以 YMCA 为母体，还有新的草根 NPO 得以诞生。②

到了 2004 年以后，逐渐开始出现政府在试图解决具体的社会问题过程中向 NPO 购买服务的案例。典型的有上海江苏路街道办事处向"李琴工作室"购买民事调解服务的案例（2004 年），东城区司法局向"惠泽人"购买社区心理矫正服务的案例（2005 年），江西省扶贫办向六家 NPO 购买扶贫服务的案例（2006 年）。③ 20 世纪 90 年代末期在上海看到的案例是一种比较单纯的"公共服务设施委托管理"的形式，而 2005 年以后的合作例子，多是在具体领域中，在目标和课题都很明确的前提下，基于 NPO 所拥有的解决课题的优势而形成的"政府出资，NPO 实施项目"形式的合作。④ 本文将要考察的案例，"社区参与行动"与政府的合

---

① 贾西津：《民间组织与政府的关系》，王名主编《中国民间组织 30 年——公民社会》，社会科学文献出版社，2008，第 189～224 页。
② 这次调研的成果笔者已于 2004 年发表在日本地域社会学会主编的学术刊物《地域社会学会年报》第 16 集。
③ 同本页脚注 2，以及田玉荣主编，杨荣副主编《非政府组织与社区发展》，社会科学文献出版社，2008。
④ 例如 2006 年 4 月 16 日，新闻报道了中国政府首次提供资金给民间的非政府组织（本文用非营利组织"NPO"一词来显示这类组织）用于扶贫活动。国务院扶贫办对外联络司长吴忠在接受新华社记者专访时说，之所以选择非政府组织参与政府扶贫开发，是由于非政府组织机制灵活，工作方式细致等优势。

作，也属于这种专业领域明确，课题目标明确的合作形式。

2. "合作"的概念以及内容

关于该如何定义草根 NPO 与政府的合作关系、划分其模式和内容，国内已经有了不少论述。比如高猛和赵平安从建构主义视角定义了 NPO 与政府的合作关系，指出两者的关系不会凭空出现，需要双方共同建构生成。① 具体形式有三种：①政府支持 NPO 运作。政府为 NPO 提供一定的人力、财物、政策、合法性等支持，并对其进行相应的监督管理；NPO 则在相应的规范、监管下运作，动员整合各种社会资源，提供社会所需的各种公共物品。高、赵二人指出这种合作大多是在政府与自上而下的官办 NPO 之间进行。②政府委托 NPO 经营。政府将公营机构委托给 NPO 经营，规定其必须开展一定数量的社会福利项目，完成一定的公共服务；NPO 作为经营者，在完成相应服务的前提下自负损益。可以说上海罗山市民会馆的例子基本上属于这一类。③政府购买 NPO 生产。政府作为公共物品的购买者，NPO 以投标竞标的方式获得某种或某类公共产品的生产者资格，而受益对象则是该产品的"消费者"。高猛和赵平安指出这类合作关系在中国大陆尚不多见。2005 年后出现的一些政府购买 NPO 服务的案例，虽然竞争投标机制并不完整，但是基本上可以归为这一类。

本文将要考察的主要课题是，如何有效开启草根 NPO（不包括官办 NPO）与政府合作关系的条件，特别是实现政府购买草根 NPO 服务的条件。政府购买 NPO 的服务虽然只是 NPO 与政府合作的多种方式之一，但是"购买"式合作与其他合作形式相比，无疑更有象征性意义。它不仅意味着政府对 NPO 能力的正式的认可，也意味着政府对 NPO 参与公共治理的正式的认可。因而，NPO 与政府部门之间签订购买服务的合同，比起其他形式的合作更显示着草根 NPO 生存状态的正式性和公信力。汶川大地震以后，政府部门看到了 NPO 在解决社会问题上的价值，对 NPO 的态度也"有所松动"。② 但是双方的合作绝非水到渠成，已经开始启动的

---

① 高猛、赵平安：《政府与 NGO 合作关系的逻辑与生成——建构主义的视角》，《学术探索》2009 年第 2 期，第 49～53 页。

② 卞宁：《中国 NGO 生存状态调查》，《资政文摘》2009 年 5 月刊，第 31～33 页，引用摘自第 31 页。

政府购买 NPO 服务的尝试今后会不会形成成熟的机制，需要我们从为数不多的成功案例中提炼出有效实现它的诸项条件。"社区参与行动"就是这样的一个成功案例。

二 国内关于草根 NPO 与政府合作关系研究的探讨

在分析案例之前，我们需要先整理一下国内有关研究的进展情况，探讨现阶段的研究成果，并澄清本文在类似研究中的位置和意义。

1. 基于宏观视角的分析

何宏光和王培刚共同执笔的《国家与社会：当代中国研究的基本范式》，文如其题，梳理了考察中国"国家－社会关系"的各种研究，将其分类为国家社会共生派，国家社会冲突派，国家社会调和派三个派别。共生派是指政府笼罩在社会之上，对社会进行控制和庇护；冲突派议论的是社会对国家控制的反抗；调和派则提出国家和社会之间存在的"第三域"，或者一些半政府的、非政府组织的存在，以及法团主义的逻辑论理。[①] 我们可以认为 NPO 与政府的合作问题基本上是属于"国家社会调和派"的议论范畴。

上述中提到的贾西津关于中国民间组织与政府关系发展的考察，虽然列举了若干例子，也属于宏观分析。"公共服务的提供""公共政策的倡导""公民权利成长机制的发展"这三个合作层面的提出，使合作的分析得到了一个较为清晰的框架。武继兵和邓国胜提出了 NPO 与政府的"战略性合作模式"：①平行合作，即为同一个目标，共同工作的模式；②咨询模式，即 NPO 方面通过专家型分析，向政府提出合理建议的模式；③监督模式，即 NPO 对相关组织和执行政府进行监督，将其监督成果反馈给决策政府，增强公平性和透明性，提高效率和效果的模式；④交流模式，即分享经验与知识的模式。[②]

[①] 何宏光、王培刚：《国家与社会：当代中国研究的基本范式》，《中国研究》，北京，社会科学文献出版社，2007 年春秋季合卷总第 5～6 期，第 29～56 页。
[②] 武继兵、邓国胜：《政府与 NGO 在扶贫领域的战略性合作》，《理论学刊》2006 年第 11 期（总第 153 期），第 57～58 页，引用摘自第 57 页。

在地方治理和社区建设层面，还有卡罗琳·M. 库珀的"中国非政府组织的发展和地方治理"以及于燕燕的《社区自治与政府职能转变》等研究。库珀以西南地区的 12 家环保组织为例，分析出了环境组织是如何影响地方政府政策改变的方式，包括正式方式和非正式方式，指出"无论国家政权具有多么大的权威主义性，非政府组织都会出现，并且在那些最可能提供空间的问题上找到表达形式。无论采取何种形式，公民社会对于转型国家社会来说都尤为重要，并且能够帮助影响转型的结果"①，强调了 NPO 在地方治理中扮演角色的必然性。于燕燕则从社区自治的角度具体考察了政府职能转变的必要性、方向性和可能性，提出了社会事务交由非政府组织承接的建议。

2. 基于微观视角的案例分析

相对于宏观分析来讲，具体案例的个案分析对于提炼成功经验尤为重要。以下以表格形式整理以往研究中个案分析的成果。②（见表 1）

表 1 以往研究中的个案分析

题目和作者	个　案	分析结果
政府与 NGO 合作关系的两维度分析（丁娜，方卫华）	中国环境科学学会与国家环保总局的关系	政府机构改革可以给官办 NPO 带来独立及与政府合作机会：对于官办 NPO，政府从减轻负担、明确职能的角度推进其走"三自"（经费自筹、人员自聘、活动自主）的发展道路，这种转变以减少财政拨款为显著特点。这能够促使环保团体扩大自己的社会基础，凸显其民间性，加强其自治性。

---

① 卡罗琳·M. 库珀：《中国非政府组织的发展与地方治理》，张黎黎译，刘明珍选编《公民社会与治理转型——发展中国家的视角》，北京，中央编译出版社，2008。

② 个案分析的文献来源分别是：丁娜、方卫华：《政府与 NGO 合作关系的两维度分析——以中国环境科学学会与国家环保总局的关系为例》，《学会》2005 年第 1 期，第 30 ~ 34 页。韩俊魁：《政府购买公共服务中的民间组织参与——以江西省扶贫试点为例》，贾西津主编《中国公民参与——案例与模式》，北京，社会科学文献出版社，2008，第 47 ~ 76 页。邓敏玲：《浅谈转型期的中国政府与 NGO 关系》，《中山大学研究生学刊（社会科学版）》第 27 卷第 4 期，2006，第 51 ~ 58 页。赵秀梅：《基层治理中的国家 - 社会关系：对一个参与社区公共服务的 NGO 的考察》，《开放时代》vol. 196：4，2008，第 87 ~ 103 页。

续表 1

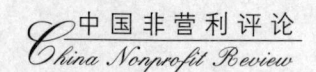

题目和作者	个案	分析结果
政府购买公共服务中的民间组织参与——以江西省扶贫试点为例（韩俊魁）	江西省扶贫试点	由精英推动的自上而下的对政府职能转变的摸索可以给草根NPO带来与政府合作机会；江西省扶贫试点是中国政府第一次在高层次上通过公开竞标形式向民间组织购买公共服务的尝试，由国务院扶贫办主办。NPO主张的多方参与式扶贫（特别是扶贫对象本身的参与）在实践中逐步得到了当地政府部门和村民的认可。
浅谈转型期的中国政府与NGO关系（邓敏玲）	劳工NGO"番禺区打工族文书处理服务部"	草根NPO可以通过使活动宗旨符合政府需要，扩大其社会影响力，动员其拥有的社会关系网，与有实力的官方社团（妇联，青年团，工会等）互动从而使政府看到起作用等方式，来寻求自身身份的改善和与政府的合作机会。
基层治理中的国家－社会关系：对一个参与社区公共服务的NGO的考察（赵秀梅）	为打工者服务的NGO	NPO可以通过资源交换与政府达成合作：NPO利用外来资源有效提供公共服务的同时，又能提高合作方政府部门的政绩；政府的权威使NPO提高合法性，并给NPO带来一定行政网络资源。双方目标一致时，两者虽不对等但可以做到互惠。

以上个案研究的成果可以归纳为：①政府机构自身的改革，以及由精英推动的自上而下的改革，可以给NPO带来与政府合作的机会；②NPO方面可以通过摸清政府需要，动员社会力量和发挥社会影响力，先从与官方社团或基层政府部门互动开始，与政府部门之间建立资源交换的互惠关系，来实现与政府的合作。

对于以往这些研究成果，本文不再加以重复论证。本文要指出的，是通过社区参与行动的案例所能提炼出的，以往研究中没有给予清晰或者是足够考察的"合作条件"。

三 实现了政府正式购买其服务的"社区参与行动"

1. 何谓"社区参与行动"

社区参与行动（北京灿雨石信息咨询中心）成立于2002年12月，是一个促进社区公众参与的非营利民间组织。2009年由于其工作得到北京市东城区民政局的信任,以民政局为主管单位完成了"民办非企业单位"的登记,正式获得了民间组织的法人地位。

组织宗旨是,"帮助中国城市社区建立和提高社区参与能力,推动持续性的社区参与式治理,促进和谐社区关系的建立"①。社区参与行动的工作领域主要有以下几项:第一是向城市社区提供社区参与的信息、咨询和培训;第二是从事社区创新工作的信息传递、收集和出版物出版;第三是中国城市社区参与式创新工作试点的行动研究;第四是在政府、企业、专家学者、NPO和社区公众间建立沟通,交流与合作的平台;第五是培育社区自组织的发展。从社区参与行动的活动内容我们可以看出,他们的每一项工作内容都与社区行政有着不可分割的关系。也就是说,这个组织的工作内容注定它始终要站在与行政机构建立合作关系的最前沿。

表2是社区参与行动的主任宋庆华对其组织活动概况作的一个基本总结。

表2 社区参与行动简介

时间	核心人员	主要项目	主要成就	主要资金来源
2003年	2人	向学者和官员咨询;参加培训并组织社区参与思想与方法培训	与政府合作开始开展培训;出版"社区参与行动简讯"组织培训6次(300人参加)	福特基金会;美国全球环境基金(GGF)
2004年	3人	与美国、印尼交流;举办"第一次中国城市社区参与式治理"研讨会;"社会可持续社区领导力"培训;与政府部门合作为全国民政干部做"社区参与思想与方法"培训	举办"第一次中国城市社区参与式治理"研讨会;组织培训8次(250人参加)	福特基金会;美国百花研究会;GGF
2005年	5人	与宁波市海曙区建立合作试点;社区参与思想与方法培训;参加民政部全国社区现状调查	首次建立试点成功,实现了政府购买;组织培训10多次(500人参加)	福特;宁波市海曙区政府购买;GGF;美国百花研究会

① 社区参与行动正式网页,http://www.communityaction.org.cn/index.aspx。

续表 2

时间	核心人员	主要项目	主要成就	主要资金来源
2006 年	6 人	大兴清源试点;"展望未来论坛";组织宁波市海曙区社区工作者去美国参加培训	在北京成功创建大兴试点;举办了中国第一次展望未来论坛;组织培训 28 次（1000 人参加）	福特基金会;GGF;美国百花研究会;美国律师协会
2007 年	9 人	大兴试点、鞍山试点;组织培训	组织培训 36 次（1600 人参加）	同上及大兴区政府购买
2008 年	13 人	大兴试点、鞍山试点、东城试点;组织开放空间讨论会;组织参与式治理街道研讨会	组织培训及大型公共讨论 42 次（3500 人参加）	福特;阿登纳;GGF;亚洲基金会;大兴区政府购买
2009 年	12 人	鞍山试点研讨会;大兴试点研讨会;社区利益冲突斡旋;东城区社区服务中心建设开放空间讨论	组织各种讨论会 20 次（1800 人参加）;培训 16 次（640 人参加）	同上及东城区政府购买

2. "社区参与行动"与政府合作的背景

从表 2 中可以看出，社区参与行动首次实现政府购买是在 2005 年，与宁波市海曙区的合作。这在全国规模来看也是实现政府购买 NPO 服务较早的先驱性案例。之所以称为先驱，当然与社区参与行动的活动方式和策略是分不开的，本文将会具体分析阐述。但是有一点前提需要阐明，即社区建设领域是政府与 NPO 比较容易合作的领域之一。

康晓光曾分析了政府对于草根 NPO 的"三不政策"，即"不承认，不干预，不取缔"。他同时指出，政府与 NPO 实施的是"底线控制"，"底线"就是政府的权威和社会的稳定。[①] 也就是说，对政府权威和社会稳定威胁小，并且有助于树立政府权威和社会稳定的领域，则使政府愿意让 NPO 拥有更多活动空间的领域。从这种意义上讲，城市街区，正是一个容易也势必存在多方合作的舞台。

何海兵在分析我国城市基层管理体制 50 年的变化时，描绘了城市基

---

① 康晓光，韩恒：《分类控制：当前中国大陆国家与社会关系研究》，《社会学研究》，2005 年第 6 期，第 73~89 页。

层管理由单位制到街居制,再到社区制的变迁历程。自从2000年国家大力推行社区建设以后,基层管理向社区制的转型开始加速。何海兵指出"社区制"不同于前两种的特点在于:①从管理理念上来说,以居民为主,以人为本,变管理为服务。过去的单位制、街居制有很强的控制思想,而社区制则强调对人的关怀,关注与居民生活息息相关的日常事务。②从管理形式上来说,从强调行政控制到强调居民参与。单位制和街居制下,市区政府、街道办事处和居委会之间的互动关系都按照行政命令模式运行。而社区制则强调居民参与,要求社区发展的各项规划、社区建设的实施以及社区事务的处理等都必须体现社区居民的广泛参与,与居民的要求相适应。③从管理目标来说,我国过去在对基层社会的管理中,管理主体只能是政府。而在社区制中,社区管理主体的多元化是必然要求,必须有社区自治组织以及专业化的社区服务与社会工作机构等参与。以善治为目标,达至公共利益的最大化。① 杨荣也指出,虽然社区建设中占据主导地位的仍然是政府,"但它倡导参与、合作与共享,鼓励社区非营利组织、普通民众和社区单位等一起参与社区公共事务处理的做法,改变了传统的社区权力结构和资源配置方式,体现了国家与社会关系的新变化,实质上反映了当代治理理论在社区的实践过程"。② 政府在社区开展促进其职能转变的各种尝试,比如于燕燕在考察街道体制变迁时提到,北京市政府从2001年起着重推进"政事分开"和"政社分开",在2002年召开的第四次城市管理工作会议上更是强调了各级政府的体制和机制创新,简政放权,集中精力做政府应该做好的事。③

从以上论述我们可以看出,社区建设领域无论在理论上还是方法上,都给NPO的参与提供了名正言顺的、值得开辟的空间。

3. "社区参与行动"实现购买服务的现状以及初步效果

在《都市街区中的国家与社会——乐街调查》中,何艳玲总结了国

---

① 何海兵:《我国城市基层社会管理体制的变迁——从单位制、街居制到社区制》,http://www.shequn01.com/shh/ShowInfo.asp?InfoID=103&Page=3,2008,2009年9月15日参阅。

② 杨荣:《治理理论的社区实践——兼论北京市基层管理体制的转型》,http://www.chinarural.org/newsinfo.asp?Newsid=15618,2004,2009年9月15日参阅。

③ 于燕燕:《社区自治与政府职能转变》,北京,中国社会出版社,2005,引用摘自第38页。

家与社会在街区建设中的合作倾向：合作一般是地方性的，也就是说发生在城市基层社会；合作是策略性和工具性的，也就是说合作只在一些具体实践中呈现，而且基本上是出于"基层政权为完成特定任务的理性动机"。"在转型期形成的街区关系格局和权力格局中，我们暂时还没看到西方意义上那种'以志愿求公益'的第三部门，也很难发现普特南（R. Putnam）所呼吁的社会资本"，何艳玲这样写道。[①]

社区参与行动2005年与宁波市海曙区的合作，2006年以后与北京市大兴区、东城区，辽宁省鞍山市的合作，可以说是用实践填补了"以志愿求公益"的第三部门参与社区建设的空白。笔者从2005年起一直关注社区参与行动的活动与发展，除了作持续性访谈，收集资料以外，2008年曾随同社区参与行动主任访问日本相关团体，2009年1月笔者邀请社区参与行动核心工作人员再次访问日本社区，2009年4月以后笔者多次参加社区参与行动的各种研讨、培训活动。通过这4年多时间的调研，笔者看到，他们与地方政府的合作，已经远远超出了何艳玲描述的"作为基层政权为完成某种特定任务"的合作形式。通过合作，他们在改变政府的思维方式和做事方式，培养政府方面有新思维的工作人员，推进各种社区自组织的诞生，并且通过他们的实践促进了北京市社区建设政策的发展。

社区参与行动主张的"参与式社区治理"，不同于中国社区行政多年来已经习惯了的"上传下达"的工作思路，而是主张多方面利益相关方共同参与，共同探讨社区内的需求是什么，需要提供的服务项目又是什么，由谁、怎样来实施管理这些服务项目。对于服务项目实施的效果，需要由多方面利益相关者和第三方来进行评价。他们认为，只凭向居民转达政府的政策，要求居民响应号召，组织几次形式性的热热闹闹的活动，抓几个优秀居民个人的典型，然后请上级行政机关评级发奖，是不可能真正实现"社区自治"的。

2006年北京市大兴区的清源街道找到社区参与行动时，是为了让他们给新建的社区服务中心出些主意。当初街道方面对社区服务中心的认

[①] 何艳玲：《都市街区中的国家与社会——乐街调查》，北京，社会科学文献出版社，2007，引用摘自第217~218页。

识并没有摆脱一般行政意义上的模式，也就是说是服务于"全体居民"的空间设施。但社区参与行动提出，社区服务中心理念在于真正提供"服务"而不是"空间"，对象群体不是抽象的"全体"而是社区中的"弱势群体"。因此服务中心的关键不在于空间分布，而在于实施什么样的项目，这些项目当然要从弄清弱势群体的需求出发，实施项目的"执行小组"是居民自己发起的"社区自组织"。通过与社区参与行动合作，清源街道内现在出现了各种各样的居民自组织，承担着经过需求调查和多次开放式讨论而制定的各种服务项目。不仅有"老人服务队"等自助型志愿组织，还有"新居民二手店"等社区创业型经济实体。现在这种方式被称为"清源模式"，形成了一套"参与式社区服务，项目化管理"的社区治理理论。大兴区区委领导人在评估清源模式的大会中发言道："清源街道树立了社区服务品牌项目和典型社区，摸索出一套来源于居民、服务于居民的参与式社区治理与社会服务的新模式。我相信对全区社区整个的服务工作有一定的指导意义"。①

社区参与行动对社区行政干部的影响也不可小看。2009年7月他们在南锣鼓巷街道用斡旋的手法调节了商家和居民的矛盾，气势汹汹准备来吵架的双方，在斡旋手法的交流会召开之后不仅满面笑容，还共同发起了几项新的项目。共同经历了这一切的街道主任十分激动，打电话给社区参与行动宋主任谈了一个半小时的感受。再比如和东城区卫生局合作举办的社区茶馆方式讨论会效果极佳，东城区的领导十分喜悦，提出要社区参与行动开发一项"主持人培育项目"，专门培养这种开会方式的主持人，他们还有意要购买这项服务。

2009年北京市政府推出了一项新的社区政策，叫做"社区规范化建设"。其中最为强调的就是，要实现从"管理"社区到"治理"社区，"治理"意味着，要实现"主体的多元化"、"过程的流动化"、"结构的扁平化"和"目标的内生化"。我们可以这样理解政府的这四条新语言："主体的多元化"是指要一改以往社区居委会大包大揽的做法，而建立包括政府、居民委员会、社区自组织、社区经济实体、相关企业、相关

---

① 摘自"北京大兴清源街道参与式社区治理与社区服务研讨会会议纪要"（2009年7月28日召开）。

NPO、居民代表等多方面主体的合作参与；"过程的流动化"是指不搞千篇一律的形式化活动，而是更注重个性可变的过程；"结构的扁平化"自然是指要以扁平结构来代替以往的从上至下的指令式结构；"目标的内生化"则是指要从社区居民内部的需求来制定社区发展的目标，而不是一概而论的政策性目标口号。这项政策可以说是一个制度性的突破。这项新政策中使用的这些语言，这些理念一直都是社区参与行动的主张。毫无疑问，北京市这个政策重大变化的背后，有社区参与行动的实践结晶作铺垫和推动。

四 从"社区参与行动"案例看草根 NPO 与政府建立合作的有效条件

从以上对于社区参与行动的介绍可以了解到，这是一桩成功实现了让政府心甘情愿购买其服务的案例。我们从它的成功经验中，能够提炼出促进草根 NPO 与政府部门建立合作关系的有效条件。主要可以分为以下三点："NPO 必须拥有可实践的，本土化的专业性"、"NPO 领导层与具体合作方政府的领导层必须有实质性沟通"、"能够理解 NPO 与政府两个体系思维和行为方式的两栖性人才不可缺少"。

1. "可实践的，本土化的专业性"是建立合作关系的绝对根基

第一，实践型专业性和学术型专业性的区别。

政府为什么要购买 NPO 的服务？或者由于交给 NPO 做可以降低成本，或者由于交给 NPO 做会比政府直接做效果好得多，或者两者兼有。如果仅仅因为成本低，那么在出现比 NPO 成本更低的组织时，NPO 就会失去优势。因此，NPO 在争取政府购买其服务时，应该以强调其工作效果为主，以成本为辅。

NPO 依靠什么来主张其工作效果呢？最关键在于它的专业性。这一点很容易理解，事实上国内很多草根 NPO 都重视专业性的建设，拥有很多专家学者做后盾。比如环境 NPO 有各类环保方面专家；劳工 NPO 有法律专家；艾滋病领域的 NPO 有医疗专家；扶贫领域 NPO 有经济学家为他们提供专业性咨询和服务。这一点固然重要，但是我们从社区参与行动的案例中看到，真正能代表NPO优势的专业性，不同于以往我们理解的学术意义上的专业性，我们可以把它命名为"实践型专业性"。社区参与行动的专业性在于他们的"实践型社区参与方法和技巧"，政府之所以购买社区参与行动的服务，正是因为他们能够提供现实的，可行的专业性技巧。

区别于"学术型专业性"，日本社会经济学者藤井敦史曾定义了"市民型专业性"，也就是本文中所说的"实践型专业性"①。这种专业性只有通过现场的，长期的经验积累才能够一点一滴地构建出来，而不是能够在学校，从书本上学到的；这种专业性包括很多难以系统化，标准化的东西，但是它充满着智慧和柔韧性，可以随机应变，多元伸展；这种专业性是由NPO主导的，而不是由学者来掌控的。社区参与行动这几年来摸索出的社区参与方式与技巧，正是这种"市民型""实践型"专业性。

第二，专业性必须本土化，易实践。

社区参与行动获得这种实践型专业性的过程是怎样的呢？从调查中可以看出一些步骤，在这里整理成图3。

第三阶段：争取正式或非正式试点机会，实验方法论的可行性，积累经验

第一阶段：学习吸引国外理论和经验

第二阶段：改写国外经验为国内培训教材，通过培训，追踪调研并反思改进

图3　社区参与行动的循环式专业性构筑

---

① 藤井敦史：《NPO市民型专业性的形成：以"阪神地区老年人/残疾人支援网络"为案例》，《社会学年报》（日本东北社会学会编），2004，第33期，第23~48页。

社区参与行动的起源，要追溯到宋庆华主任2001年作为北京地球村成员去英国考察时。"这次关于城市治理和社区重建的考察改变了我的一生"，宋主任说，"我想把我在英国看到的参与式社区治理引进中国社区，我的梦想，当时就是建立一个参与式治理的、民间的、权威性咨询机构。"可见社区参与行动的第一笔营养是来自国外的。2002年组织成立后，社区参与行动一直关注参与式治理领域的各种动向，2004年赴美实地学习两个月后，编写了社区参与行动自己的培训教材。学习国外的理论和方法论为社区参与行动提供了基础框架。

但是社区参与行动的专业性之所以能形成，更关键在于他们与国内实践相结合，改写了国外的理论和技术，并且主动寻找机会去尝试他们开发的方法是否可行，反复加以改进，实践了图3所示的第一到第三阶段的循环。"我们当时搞培训，参加的人都认为很好，很有热情。但是培训结束后我们去他们的社区看时，他们就不好意思地说哎呀宋老师，你们的事我们还没有来得及做"，宋主任说这件事对他们触动很大，"他们没有把我们培训的方法当作是为自己的工作提供的方法，而是完全当作另外一回事儿了，当作一个新的任务了。"社区参与行动认识到了多年来依靠上面给任务，完成任务的工作模式的社区工作者们要想真正使用参与式治理的方法，必须使这些参与式技巧中的每一个环节都能够和他们的实际工作挂上钩，而不是停留在理念和方法论的传达上。比如如何回应要搞好社区服务的任务，如何解决居民之间的日常性纠纷，如何照顾社区的老年人和小孩，如何对待涌入城市的新居民等实际问题，都是社区工作者们迫切想知道的事情。社区参与行动的培训内容，都是根据这些实际内容重新编写的。他们的培训教材中，参与式的概念和为了让学员理解参与式的各种小游戏基本是依据国外理论经验编排的，但是教"什么是参与式"的部分会有国内例子的详细介绍；他们还会把社区参与和我国特有的"和谐社会"的政策目标紧密联系起来解释；在介绍参与式工具时，他们会引用孙中山先生的格言；他们会请参加培训者提出自己社区的具体的问题，应用参与式工具，练习寻找解决问题的方案。"本土化"、"与社区工作者的日常工作紧密结合"，是社区参与行动提供的专业性技术的大原则。

另外，在开始实质性活动的当初，社区参与行动就努力刊行《社区参与行动简讯》，收集社区参与方面的国内外的理论，实践性话题，每年定期发行 4 期，至今已持续发行了 26 期。编辑发行简讯，使社区参与式治理的知识经验在组织内得到积累，也向外界显示了组织的专业实力，其效果是值得关注的。

第三，专业性必须有"可以看得见的"实效。

这种专业性在社区实践中有怎样的实效，只有让包括政府在内的社区利益相关方都清楚地看得见，才能够达到促使政府购买服务的目的。社区参与行动采取的是"我们先购买他们（政府）的服务"的策略。因为要想让政府方面认识参与式治理的价值，必须要有试点，做出来给大家看。要想进入具体的社区作试点，必须得到街道办事处的同意。街道办事处的社区管理工作中有很多现实性的困难，"政府买单，却得百姓埋怨"也并非少数。再加上各区，街道办事处有开创新途径以争业绩的愿望，因此政府对于"值得投资"的试点和 NPO 一样有着切实的需求。宋主任说，"刚开始的时候我们出钱、出人、出力、一切都由我们来出，请街道同意我们在他们下属的社区作培训，作试点。"在搞试点的初期阶段，不仅是社区参与行动人员的费用和搞培训的费用，还包括在试点中培养出来的承担社区服务项目的居民自组织，也是由社区参与行动来提供活动经费的。试点经过一段时间，居民反映好，有专家学者媒体来关注，上级领导也来视察，街道行政方面就会看到社区参与行动的价值，从而开启购买服务的大门。

2. 领导和领导的"实质性沟通"是实际操作的第一步

第一，为实现实质性沟通之策略：熟练地理解，使用"官话"。

我们使用同一种语言：汉语。但是在很多场合，我们会感觉到听不懂别人在说什么。NPO 与政府交谈时，如果只停留在"各抒己见"的阶段，往往不会摆脱"形式性沟通"的束缚。因为隔行如隔山，不仅是行业、所在系统不同，生存环境、受教育经历、我们各自使用的语言都会有很大差别。为了与政府有"实质性沟通"，社区参与行动中，宋主任是从学习官方语言开始努力的。"你必须知道官方使用的语言，你用你的语言对他讲他不一定理解，但是你用他的语言对他讲他就会明白。"宋主任曾经阅读大量官方文件和书籍，将有特点的官方语言抄录下来，把社区参与行动要表达的东西"翻译"成官话。表1是笔者按照宋主任的方法尝试制作的"官方语言和NPO语言对照表"，仅作为一个例子。

表1　官方语言和NPO语言对照表（例）

官方语言	NPO语言
新时期	转型期
社区建设	社区治理
共建	参与
大力推进	倡导
开创新局面	社会创新
统一思想	提高公民意识
认清形势	摸清需求
抓住机遇	寻找和创造机遇
乘势而上	造势
认真做好这项工作	不仅实施还要评估，绝对做到信息公开
健康发展	生存
改革探索	摸着石头过河
任务艰巨	挑战
适应社会主义现代化建设的需要	满足社会需求
贯彻……的精神	提倡……的理念

注：表格中左侧官方语言的部分，是从民政部部长李学举2007年11月21日的发言，"用十七大精神统一思想，充分发挥社会组织在现代化建设中的重要作用"的前两个自然段引用的①，右侧是翻译成NPO语言时的一般性用语。官话中四个字的"模拟成语"很多，NPO语言中外来的概念多。

第二，抓住"真正起作用"的领导。

沟通是一个需要时间、精力、耐心的过程。要想和政府方面沟通，NPO需要付出成本，因此找对"衙门"分外重要。对于社区参与行动来说，要想在具体社区作试点，必须要争取到的合作者就是"街道"层面。因为国家级和省/市级领导距离社区太远，即使他们对参与式社区治理感

---

① 摘自民政部民间组织管理局编《社会组织建设与管理》，北京，中国社会出版社，2008，第3页。

兴趣，也很难直接为社区参与行动提供可以进去试点的社区。可以直接作出决定的是区一级的直接担任社区工作的领导，或者是街道办事处的党委书记（有时为办事处主任）。因为他们可以直接决策做不做，在哪里做。区里的决定街道会照做，街道的决定社区会照做。抓住区一层或者街道一层的决策者，直接和决策者进行沟通，是社区参与行动成功进入社区的必经之路。本文前半部分提到过，社区参与行动主张的社区参与式治理，与社区居委会已经习惯了的上传下达式工作无论在目标理念上，思维方式上，还是在方法论上都截然不同。如果不能够直接和决策者沟通，尽量使决策者直接理解他们要做的事情，那么他们的主张很有可能会在一环扣一环的行政系统汇报中被冲淡，误传，从而夭折。

找到"正合适""正对口"的政府合作方决策者，可以说是为实现政府购买 NPO 服务之具体操作的第一个步骤。

第三，保持双方领导之间的信赖关系。

政府决定购买 NPO 的服务是需要一个观察，试验的过程的。目前成熟的草根 NPO 并不多，实行购买服务时，多数情况下还没有条件严格地实施公开投标。因此决定购买 NPO 服务之前，对 NPO 进行仔细而谨慎的评估，对于政府方面来说是很自然的举措。这就要求 NPO 在接受观察和试验的过程中能够建立和保持与政府部门的信任关系。

陈世伟指出，政府对于是否应该对 NPO 给予信任存在着矛盾性。"一方面，政府依赖于 NPO 获取资源，来帮助其解决社会问题，缓解合法性危机；另一方面，又担心一种新的体制外力量的出现会不利于社会管理。"NPO 方面也同样对于信任政府存在着矛盾性。"NPO 通过综合收益考虑，如果觉得信任政府能够得到最大的收益时会主动的接近政府，对政府给予信任。但如果政府却在有利于 NPO 发展的各方面进行严格的控制，不支持 NPO 的发展，那么，NPO 将会拒绝或者消极地与政府合作，二者就很难建立起良好的信任关系。""另外一种对政府的不信任主要是因为 NPO 对政府组织的不认同，对政府行动低效率的不认同"。①

---

① 陈世伟：《政府与 NPO 信任关系研究：以"合作式治理"模式为视角》，《江西社会科学》，2008，第 140~143 页。

也就是说，NPO 与政府之间相互信任本身就是一件难度很大的事。就该如何建立信任关系的问题，很多学者习惯说教式地指出"第一政府要这样，第二 NPO 要那样……"，但这些第一第二事实上很难在现实中兑现。社区参与行动的经验能够给我们更具体的启示。"我们考虑政府的政绩，考虑他的社会影响，考虑怎么做才对他们有利"。社区参与行动在要求政府合作部门理解他们之前，做到了先理解政府想要做什么，怎样才能把社区参与行动想做的事与政府想做的事结合起来。这种策略最初并非是有意识形成的，而是在他们观察和思考政府机构做事方式时学到的。政府部门是金字塔结构，内部很难跨级别，跨部门产生沟通，社区参与行动发挥 NPO 的独立性，召集跨部门跨级别的政府官员汇集一堂，并找来媒体，专家学者，来共同探讨和评价试点社区的活动模式。对于街道办事处和社区来讲，这无疑是一个难得的展示的机会。同时，社区参与行动十分重视受益者，也就是社区居民的参与和评价。由居民自组织具体运作的各个服务项目，受益者也是居民本身。如果做成功，居民会把它归功于街道和社区举办的这个项目，这样会使街道和社区工作人员体会到受到居民认可和称赞的满足感。既能受到上级认可和社会的关注，又能获得居民的称赞，如果能够做到这一点，政府方面何乐而不为呢？如果政府作为了，那么社区参与行动就会获得在试点社区构筑参与式社区治理模式的机会，也会获得影响街道以及社区工作人员思路、做事方法、以至于工作目标的机会。

"我们重视多赢"，宋主任强调。政府要赢，居民要赢，NPO 也要赢。只有摸索出这样的模式，信任关系才有可能建立起来。

3. "两栖性人才"能否起到作用是关键

第一，什么是"两栖性人才"？

"两栖性人才"是本文的一个创造性用词，强调其类似两栖动物的性质：在水里能活，在陆地上也能活。这类人才或者是学者，或者有在行政机构工作的经验，或者热心学习过行政学。他们本身为 NPO 领域做事，但是对政府的行为方式十分了解。他们不仅作为 NPO 的工作人员或者支持者有足够的能力，如果身处行政机构，他们也能够发挥能力。NPO 要想获得政府购买服务，不能一味向政府主张自己的想法和做法，而是同时需要尽量彻底地理解政府方面的想法和做法。有没有两栖性人才为 NPO 工作，会决定 NPO 方面理解政府的深度和策略的有效性。

社区参与行动的理事中，有一位长年在街道办事处工作的，老资格的基层行政官员，从组织成立初期就已经与社区参与行动打交道了。这位理事回忆当时的情景时写道："（我对他们）慎重但热情，友好但客气。心里的防线始终没有松懈。……'风险意识'还是要有的。（现在）每每想起来自己都不禁发笑。什么'风险'？'叶公好龙'大概就是这个样子吧。"几年过去了，他成为了社区参与行动的理事。对于这期间的过程，他是这样描述的：

"我和他们的交往不断加深，对他们的关注不断加深。不仅关注他们活动的展开，工作取得的新进展，而且开始总想能为他们做点什么。我为他们的持之以恒的不懈进取精神所感动；我为他们视社区建设为己任的奉献精神所感动。他们经历了太多挫折，不被人接受，被人提防（如我一般），个中酸甜苦辣滋味，只有他们自己体会得到。最初的两三人发展到十四五人；最初的，用自家一间卧室改造成的办公室发展到包租下百余平米写字楼。社区建设在发展，他们也在发展。足迹踏遍黄河两岸，留在长江南北。他们用'社区参与方法'教会新一代社区工作者创新工作思路开展服务工作。他们用'社区论坛'的方法，搭建利益相关方的平台，使政府有关部门、学者、社区居委会、社会组织和社区居民积极分子能够在一起讨论社区建设和建立友好的合作。使新一代社区工作者学习整合资源和化解社区问题、谋划社区发展的能力。他们对社区专职工作者进行技能培训，注重参与式和体验式的教学。同时，根据目前由于经济发展促进社会发展时期所带来的社区建设的要求，教会他们用'项目管理'的方法加强社区居委会的对社区服务和社区公益事业的管理。他们用真诚和卓有成效的业绩赢得了政府组织的信赖。"①

这位理事所在的街道虽然没有与社区参与行动之间形成购买服务，但是他本人与社区参与行动的工作人员之间有着日常性的交流和合作。宋主任说，她从这位理事那里学到了行政系统的很多语言和行为方式，

---

① 摘自这位理事 2009 年 6 月执笔的未发表文章《我认识的 NGO》。

使他们得到了和基层政府机构建立购买服务关系的宝贵的前提资源。这位理事，对于社区参与行动来讲就是两栖性人才。他不同于 NPO 在政府机构内找人脉关系，从而获得和人脉所在的机构谈合作关系的情况。这位理事的宝贵和重要不在于他能直接提供与他所在街道谈合作的机会，而是在于他将长年以来积累的，作为基层官员的知识，经验和智慧有意无意地，有形无形地提供给了社区参与行动。

第二，如何获得两栖性人才？

NPO 领域的很多人已经熟知建立"关系网"的重要性。赵秀梅在考察草根 NPO 如何能够获取政府资源支持时，特别强调了人脉关系的作用①。但是获得两栖性人才与"拉关系"有本质不同。因为对这种人才的定位和获取他们帮助的目的是全然不同的。他们不能够仅仅是撬开一次或两次锁使用的工具，而是能打开很多把锁的，接近于"万能钥匙"的存在。

社区参与行动赢得这位理事，是因为这位理事"感动于"他们对工作的诚意和做出的工作成果。这并不是社区参与行动策略性地与他"拉关系"能得到的。当然，除了对于工作的诚意和做出效果，NPO 有必要有意识地去争取两栖性人才为其服务。有财政实力时，可以考虑雇用有丰富公务员经验的员工，没有财政能力时，可以努力去赢得政府工作人员及退休人员，或者研究政府作为的行政管理专业的学者作组织的理事、顾问以及志愿者。当然不能只是挂名的，力争名副其实，才能使其成为贡献与 NPO 的两栖性人才。

五　结论

本文以成功获得政府购买服务的草根 NPO "社区参与组织"为案例，具体考察了能够促进 NPO 与政府部门开始合作的有效条件。具体强调了三点："NPO 的专业性""领导层的实质性沟通"和"两栖性人才的作用"。专业性区别于学术型专业性，指本土化的，可实践的"实践型专业

---

① 赵秀梅，李妍焱：《从社会关系网到社会关系资本》，李妍焱编译《中国草根 NGO 的兴起：探索通往公民社会之路》，日本恒星社厚生阁出版社，2008。

性",需要有意识地通过学习、实践和积累来获得;"领导层的实质性沟通"需要 NPO 了解官方语言与 NPO 语言的区别,抓住"对口"的决策领导,并通过"试用期"的考验;"两栖性人才"指既了解 NPO,又熟悉行政系统做事方法的人才,NPO 需要获得他们日常性的,持久性的帮助。以上三点虽然是从一个特定案例中提炼出来的,但是对各领域 NPO 来说都有普遍的借鉴意义。①

Michael Walzer 在编写 *Towards a Global Civil Society* 的前言中,将"公民社会"定义为"人类社会中非强制性的公共空间以及其中展开的各种网络关系"。② 它的特征在于"非强制","共有(公共)"及"网络关系"。黎珍在《正义与和谐》中指出,成熟的公民社会应该由三个基本因素组成:私人领域,公共领域和非政府组织(本文使用"NPO"一词)③。私人领域的根本标志是"个人自治",可以理解为 Michael 所说的"非强制",公共领域指"独立和自治的个人以各种形式进行自主交往的精神文化领域",正是 Michael 定义的"共有(公共)"的部分,而"非政府组织"就可以理解为是指各种自主自发的,公共空间中的网络关系。

如果按照 Michael 的定义和黎珍的概念来理解的话,可以说,公民社会的前两项因素都在扩大和日益强壮。无可否认,我们在生存、受教育、工作、居住、娱乐等各个领域中的个人自治空间基本都在扩大。随着各种媒体,特别是因特网的普及和利用,个人之间进行自主交往的精神文化领域的扩张也令人瞠目。但是,还有 NPO 领域的普及和发展是不可缺少的。比起个人自治和自主交流的普及,NPO 的普及水平显然不可同日而语。

普及 NPO,光靠宣传教育,提高意识当然不够。只有 NPO 能够渗透到公众的日常生活中,当我们在各种公共服务领域都能看到 NPO 的身影,

---

① 本文主要针对建立购买服务的合作关系之前的 NPO 方面的策略进行了提炼,对于开始购买服务以后,NPO 该使用怎样的策略做到在合作中不失本色,并且争取影响政府制度创新,请参阅笔者另一篇论文。Andreas Fulda, Li Yanyan, Song Qinghua, "How To Gain Trust and Promote System Innovation: Strategies of Chinese Civil Society Organizations Collaboration With The Government", 2009, (http://www.nottingham.ac.uk/china-policy-institute/).

② Walzer, Michael, *Towards a Global Civil Society*, Berghahn Books, 1995.

③ 黎珍:《正义与和谐》,北京,人民出版社,2008,引用参考第 177~189 页。

都能自由选择接受他们的服务，有机会自然而然地参加他们的活动时，人们对 NPO 的认识才会有质的提高，NPO 才能从"特殊组织"变成真正意义上的"社会组织"。

所以，NPO 需要更多承担公共服务的机会。NPO 在现阶段有必要去争取政府购买它的服务。希望本文的研究成果能够对这些 NPO 有所帮助。

Key Factors for Establishing Collaboration between NPOs and the Government: A Case Study

Li Yanyan

【Abstract】How NPOs collaborate with the government is not only a key factor influencing the organizational growth of a single NPO, but also a key issue influencing the development of the whole NPO sector. Especially in China, NPOs are still weak even though they are springing up like mushroom after the rain. The government has made clear its intention to change from a management-oriented government to service-oriented government. As one step in this direction it has begun to procure social services from NPOs. However, it is still unclear how the approach of procuring services can change into a real collaboration between the government and NPOs, and thereby finally becoming an important factor to promote the growth of NPOs. This paper analyzes the case of "Shining Stone Community Action" (SSCA). SSCA has successfully promoted its collaboration with the government and has realized the goal of the government purchasing its services. The paper examines various factors for establishing collaboration between NPOs and the government. A special focus will be on the procurement of NPO services by the government. As main topics of the paper the author will look at the three factors of professional skills of NPOs, communication between NPO leaders and government officials, and the existence of experts who understand both sides profoundly.

【Keywords】 collaboration   professional skills   communication between leaders   special experts

（责任编辑　陈洪涛）

农会是谁的?

——战后台湾早期农会法令规范及其演变
(1945~1974)

林宝安*

【摘要】何以战后台湾地区农会的法律规范一直依赖"改进台湾省各级农会暂行办法",经过二十余年的延宕后,才于1974年回归"农会法"的修正?过去有关此一演变的讨论,大多只简单强调农会本身业务需求以及社会经济变迁因素的作用,未能深入说明背后的关键。本文认为,在现实制度面部分,主要因为一方面农会信用部之二年期定存无法免息,影响其动员储蓄与资金配置功能,不仅造成资金离开农村,且影响乡镇农村社会经济发展。另一方面更因为信用部无法办理甲种存款的支票业务,将切断其与主要工商业资金活动的联结,严重影响农会信用部的业务。信用部问题遂成为修法的关键所在。不过,虽然存在着要求修正"农会法"的压力,"政府"却以"农会法"应适用全中国而不应仅以台湾状况修法加以否决,而以持续修补"改进办法"响应社会需求。最后促使"政府"放弃修补"改进办法"转而回归修正"农会法"正轨的关键,则在蒋经国接任"阁揆"并置换主要财经决策官僚,特别是打破"光复大陆"梦想的冲击下,才开启"农会法"因台湾现

---

* 林宝安,台湾义守大学公共政策与管理系副教授。本文曾发表于2009年4月24~25日由台湾政治大学大陆研究中心主办之"两岸农村治理与乡村发展"研讨会。作者感谢评论人毕天云教授的评论以及与会学者的意见,惟文责仍由作者自负。

实需要而"修法"的进程,也是"农会法""本土化"的开端。

【关键词】 农会　农会法　信用部

一　前言

农会是谁的?毫无疑问,当然是农民的!不过,从今天看来似乎是天经地义的事情,实际上并不那么清楚明了。距离现在60多年前,在康乃尔大学受过农村社会学研究训练的郭敏学先生,曾经对当时台湾地区各地农会的农民实施过问卷调查。其开宗明义的第一个大问题,就是请问在当时的农民眼中这个看似无稽的怪问题:究竟"农会是谁的?"结果不仅问题怪异,农民骤然听闻此一问题也"瞠目结舌",常使农民"推敲良久,其答案亦错综复杂,出人意表"(郭敏学,1984a:145)。表1便是这个令人惊讶的调查结果:在1952年的时候,几乎没有人认为农会是农民的或会员的,反而有约1/3认为是政府的,而高达55.2%则根本回答不知道!1955年以后,调查结果出现了剧烈的转变,认为是农民或会员的已经高达56.1%,虽然还有11.2%认为是政府的,20.7%还是不知道答案;1959年时,认为农会归属于农民或会员则继续提升到近八成,认为是政府的或是不知道答案的则都只剩下百分之五左右。整体而言,台湾地区农民对于"农会是谁的?"这个问题的认知终于大势已定;大致可以说,认为农会是政府的时代结束,农会为农民或会员所有的时代来临!

表1　农会是谁的?

		农民的或会员的	政府的	大家的	半官半民的	理事长或总干事的	不知	合计
1952年	答案数	1	19	1	4	1	32	58
	百分比	1.7	32.8	1.7	6.9	1.7	55.2	100
1955年	答案数	673	135	95	37	12	248	1200
	百分比	56.1	11.2	7.9	3.1	1.0	20.7	100
1959年	答案数	1113	70	109	20	10	78	1400
	百分比	79.5	5.0	7.8	1.4	0.7	5.6	100

数据来源:引自郭敏学(1984a:146),第一表。①

---

① 说明:三次调查都是郭敏学先生于"农复会"任职期间以考察台湾地区各地农会之便,以同一份问卷施测完成。第一次共访问8农会58名会员;第二次共60农会1200名会员;第三次以省农会14位督导员之督导区域各访问100名会员共计1400名会员。参见郭敏学(1984a:142-144)。

实质说来，这是台湾地区农会史上一次惊天动地的大转变！根据李力庸的研究，日据时期的农会是个"具有公法人但非公署的半官方半民间"机构，因此可以"强制所有务农者入会，（经由征收会费）令其财政自立"（李力庸，2004：45）。虽然如此，除了少数受到殖民政府笼络，被吸纳担任农会评议员、地方委员的地主士绅或产业人士（这些人也都同时身兼基层市街庄长、役员等行政职务），必须积极投入农会运作之外，绝大部分农民即使因强制入会身为会员，也并不参与农会的运作；甚至因为农会的特殊属性，而常错将农会视为"官厅组织"（李力庸，2004：62~77，45）！因此，当郭敏学在1952年调查时，恐怕反映的正是日据时期以来绝大部分农民的真实认知。也就是说，直到1952年，不论是农民自我的认知或是当时农会与农民之间的实质关系，相当可能都还是停留在日据时期将农会视为官厅组织的印象，因此并不跟农民自身发生太直接的关系。也正是在此一条件下，1955年以后农民认知的改变，才更加凸显其变化的剧烈程度。

事实上，不仅农民/会员对于"农会是谁的？"的认知在20世纪50年代经历前述剧烈的变化，台湾地区农会也是在同一时期内经历同样重大的转变，形成今日众所皆知的独特性；也就是形成一个功能角色极端复杂的综合体。这是个兼具多功能目标的组织（包括政治性、社会性、经济性、教育性或文化性等功能），它既是个地域化的人民团体，是农民所组成的职业团体，也是农业政策与农业行政体系末梢的辅助机关，扮演基层金融机构的角色；同时它是个合作团体，更是地方派系的大本营之一。当然也因为形成了如此复杂的综合，才使得农会组织的定位一直是争议不休的重大议题（Francks et al.，1999：182）。例如就农会的法律地位来说，农会是法人，而且是所谓"公益社团法人"，但是农会究竟是属于公法人或私法人？则显然存在争议（胡盛光，1985：68~69）。就农会由农民会员组成这一特性而言，农会可算是一个职业团体，肩负着争取农民会员权益的任务，不过却因为农会本身兼营诸多经济性事业，而有异于其他一般工会、商会等类似组织；同时，如果将之视为营利性组织，农会经营所得之盈余却不得自行运用，而必须将大部分依法提拨作为农业推广之用（郭敏学，1984：357）；如果视之为非营利组织，又与农会经营经济金融事业显有扞挌。而就农会支持推广事业、协助政府推行各种农业政策与控制乡村社会甚至扮演榨取农民农村资源以供应军公教粮食与支持工业化的角色（如负责执行肥料换股、农业培养工业等政策）而言，农会似乎应属于政府在地方基层的农政机关，具有公共团体的属性（陈聪胜，1979：31~32；丁文郁，2001），不过农会却是独立预算，以自身之收入支付一切管理和事业开支。而长期自认为是农业合作组织的农会，却又如下文所述，很早就废除了代表合作精神的股金制（郭敏学，1984：357~358）。农会组织体制本身的复杂性由此可见一斑。

然而无论如何，我们都必须面对一个基本事实：20世纪50年代以来台湾地区农会组织形成的这些复杂特质，并无法完全根据日据时期的农会获得解释。日据时期作为半官方机构的农会，并不具有日后的经济性功能，经营诸多事业；日据时期农会虽然进行农业推广工作，但是这方面经费主要是殖民政府所编列提供，而不是50年代以来由农会本身盈余提拨；至于50年代把农会当作合作团体，或是职业团体，则更是超出了日据时期农会的概念。那么，如果如此复杂的农会体制，无法完全依据日据时期的农会获得解释，我们是否可以从农会法规体制本身的演变、从1949年以前的农会法源头寻求答案？

事实上，翻开"农会法"，所有人都将被这部法律的特殊修法历程所吸引，或是迷惑。如表2所示，制订于中华民国十九年（公元1930年）底的这部"农会法"，至2009年已经有78年的历史。整体而言，在这78年的历史中，"农会法"（包含首次制定立法在内）总共经过16次的修订，平均大约每4年11个月就会进行一次修法工作；从一般法律的修订频率来看，"农会法"应该算是修法颇为频繁的法律，相当程度反映了农会组织及其外在环境的变迁。不过从细部来看，4年11个月的平均值并不能实质反映78年间的阶段性差异。如果法律的修订，可以作为衡量社会经济变迁的重要温度计，那么从"农会法"历次修法所间隔的时间长短，以及这种频繁程度形成的节奏，似乎就成为掌握农会（与农村、农民）变迁的重要策略。依据78年来修法历程所形成的不同节奏，我们大致可以区分三个不同阶段，分别是1930~1948年，1948~1974年，以及1974~2008年。

表2 农会法历次修法时间一览表

	完成修法时间	距前次修正时间	阶段划分	
1	1930年12月30日	立法	第一阶段（1930~1948），共约18年，平均约每6年修法一次	1949年之前
2	1937年5月21日	约6年半		
3	1943年6月14日	约6年		
4	1948年12月28日	约5年半		
5	1974年6月12日	约25年半	第二阶段（1948~1974），共约26年	台湾地区戒严、修法冻结时期
6	1981年1月28日	约7年半		台湾地区戒严时期
7	1985年1月14日	约4年		
8	1988年6月24日	约3年半		
9	1991年8月2日	约3年2个月		
10	1994年12月5日	约3年4个月	第三阶段（1974~2008），共约34年，平均约每3年1个月修法一次	台湾地区解严、民主化时期，密集修法时期
11	1999年6月30日	约4年半		
12	2000年7月19日	约1年		
13	2001年1月20日	约半年		
14	2004年6月23日	约3年半		
15	2007年6月20日	约3年		
16	2008年8月6日	约10个月		

数据来源：笔者自行整理。

从修法的频率来看，1930~1948年的第一阶段，在1930年完成立法之后的18年间，形成大约每隔五六年（分别在1937、1943、1948年）修正一次的频率。问题是紧接着下来的1948~1974年第二阶段，"农会法"却突然进入一段停顿期，宛如时间就此冻结，"农会法"被冻结将近26年之久，直到1974年才再次修订。这段隶属于国民党当局来台后时期的修法模式，显然与当时特殊政经军环境息息相关。1974~2008年是第三阶段，"农会法"的修法周期重新密集出现。虽然1974年后先经过7年半在1981年才获得修正，不过1981年后，"农会法"的修正频率达至空前高峰，每次修正所需时间，顶多4年、快则1年内就会再次修正；这也就是说，在不到24年的时间内，一共密集进行了10次的修法，大约平均每2年5个月就修法一次。相对于第二阶段的修法空白或是冻结现象，这个阶段明显进入另一个世界，宛如被禁锢已久的需求突然获得解放。

从这样的修法历程与频率来看，三个阶段的"农会法"似乎反映了三个不同社会体系,或是说它是三个不同立法体系下的产物。首先,"农会法"的第一阶段,也正是国民党来台之前的立法与修法时期,主要法规内容是当时整个中国农会发展现况的反映。进入第二阶段,正是国民党当局刚经历国共内战失利、撤退来台之后的历史时期。这是一段兵荒马乱、来台养精蓄锐、同时希望以台湾地区作为"反攻大陆"基地的时期;也是"政府"采取"以农业培养工业,以工业发展农业"政策的时期;甚至也是被学者称为所谓"压挤农业政策"的时期(廖正宏等,1986:59~73)。第三阶段,是"蒋介石的代表"被驱逐出联合国之后的历史,中间经历过台湾经济奇迹与社会多元化发展,也经历过解严、民主化、"国会"全面改选、首次与二次政党轮替等重大政治民主化转变,相当程度上也是国民党当局推行"本土化",以及后来台湾社会经历"台湾化"的时期。

虽然整体而言,不同阶段"农会法"的修订,显然受到不同时期社会政治经济变迁的影响,并因为具体化在每次农会相关法令规范之中,从而回过头来影响了其后农会的体制与特质,值得深入探究。但是接续上文,如果台湾地区农会在20世纪50年代开始形成不同于日据时期的一些重要体制特质,那么显然可能性之一是,这主要是因为承袭自1949年前"农会法"的影响。不过根据研究,虽然1949年之前的农会法从1930年制订直至国民党当局撤退来台前夕一共经历3次修正,当时农会法规范下的农会,相对而言更具有"职业团体"的组织特质(胡盛光,1985:116~126;郭敏学,1982:207),并无20世纪50年代台湾地区农会既经营经济事业,又从事信用部基层合作金融业务,但也并不代理政府推行政策与行政事务工作等诸多特质。如此看来,这是否意味着另一个可能性,也就是说台湾地区农会在20世纪50年代形成的体制特质,其实是日据时期农会与1949年之前农会法规范的混合体?甚至还可能受到20世纪50年代特殊历史时空条件的影响?

的确如此。根据林宝安(2009)的研究,构造战后台湾地区农会体制的重要因素,除了日据时期农会/产业组合等实体遗产、1949年之前农会法规范的遗绪之外,还包括第二次世界大战后美国为了围堵共产主义扩张,透过"农复会"在大陆及台湾地区推行包括土地改革与农会改造的主张，以及朝鲜战争爆发后为了彻底改造台湾地区农会而特别输入战后盟军总部在日本推行农村/农会改革的成功经验。而这些不同的体制要素，大致在国民党当局撤退来台后所推行的农会改进政策（1952～1954）之下混合完成，相当程度建构出日后台湾地区农会体制的主要特色。

由此一脉络来看，"农会法"在1948～1974年这段奇怪的、将近26年的修法空白，便显得特别突兀、令人疑惑。为何这些在20世纪50年代发生的重要改变，并没有被实时地具体化在"农会法"的修订上面？为何在延宕了二十多年之后，突然在1974年开始修订"农会法"？而且此后，宛如突然将修订"农会法"的禁忌完全解除一般，让这部法律进入相当密集的修订中？20世纪50年代以来修法上的延宕，到底是何种因素在起作用？1974年决定并完成修订"农会法"的背后，则又是哪些社会政治经济因素使然？时间上为何是在1974年，而不是更早或更晚？而如果50年代台湾地区农会的确因为混合了包括日据时期农会、1949年之前农会法、以及其他体制因素，才建构出日后的台湾地区农会，那么这究竟又是什么原因？而如此建构出来的台湾地区农会，又具有哪些重要特质？对农会与农民、政府的关系，又带来什么影响？

下文的章节安排，首先将从1948～1974年这段修法空白时期谈起，分析造成持续冻结修订"农会法"的背后因素，以及什么样的因素条件最终促成该法的修订。其次分析的重点，是对这段时期农会法规范内容的演变进行分析。

二 以办法暂时代替"农会法"

事实上，1948～1974年间并不是一段没有法律规范的时期，只是用以规范的不是具有法律位阶的"农会法"，而是因应特殊环境需要而颁布修订的办法，包括1949年颁订的"台湾省农会与合作社合并办法"，与1952年颁订并取代前一办法的"改进台湾省各级农会暂行办法"（以及依据这两个办法所颁布的相关要点规范）。问题在于，当局何以在这段时期不透过立（修）法途径，而采取此种暂时性的行政命令、办法作为依据？背后主要考虑的因素为何？采取暂时性措施对农会的规范与发展带来如何的影响？针对这些问题，我们必须先回到制定颁行这些办法，以及回到为何"农会法"被修正与不被修正的历史脉络中去了解。

虽然如前所述，今日诸多功能汇聚一身的台湾地区农会组织特性大致在20世纪50年代形成，不过这样的结果却是由从日据末期直至战后大约十多年间（1943~1954）的特殊历史际遇使然。而且考察台湾地区农会在这段历史的演变过程显示，日据时期农会与1949年前的农会法只是日后台湾地区农会建构所需的其中两项元素，此外，还存在着其他重要元素的作用。根据林宝安（2009）的研究，至少还应该包括日据时期的各种民间经济性组合事业团体，国民党当局撤退来台前后美国与农复会有关农会改革的主张，以及战后盟军在日本改革农村的经验等诸多元素。有趣的是，这些建构日后台湾地区农会体制的各种制度要素，在这段经历二战末期、国共内战、撤退来台的动荡历史背景下，被交织于前述两套办法之中。大致可以说，1949年颁订的"台湾省农会与合作社合并办法"（以下简称"合并办法"）及其相关要点规定，是以日据时期半官方农会与民间产业组合为基础，结合因为回归中国而适用中国当时的农会法规范，以及当时美国对"农复会"的主张等因素。至于1952年颁订的"改进台湾省各级农会暂行办法"（以下简称"改进办法"），名义上虽然取代"合并办法"并将之予以废除，事实上则是承袭"合并办法"的大部分规定；不过，"改进办法"除了承袭"合并办法"所立基的日据遗产与1949年之前的农会法规范外，此时还增加了美国为围堵共产势力扩张考虑而要求的农会改革，以及盟军在日本农村改革经验的影响。

不过，不论是"合并办法"或"改进办法"，都必须回答一个最基本的问题：这些临时颁布的办法究竟是要解决什么问题？初步看来，这两个办法都是要解决台湾地区结束殖民统治而回归中国之后，现存农会组织如何有效地改隶相关法律体制的适应问题。也就是说，日据时期所留下的农会组织、合作社组织，在结束殖民统治之后，一方面将如何改隶属中国法律体制的适应问题，一方面则是中国原有法律体制是否能有效规范台湾地区这些组织的问题。不过，这两套因应当时政治、军事、社会、与经济统制需要而推动的办法，却不免具有非常的、临时的以及权宜的性格；改进办法甚至就直接称为"暂行办法"。这正如"改进办法"第一条开宗明义所说:"为适应台湾实际情形,改进各级农会起见,特订定本办法。"因此问题是,当时何以不直接采取修订"农会法"的方式,而是颁布此一"暂行办法"来因应?

首先,这是因为台湾地区光复后奉派来台的陈仪政府,为了使接收与改组工作顺利进行,让台湾地区能顺利衔接"中华民国法律体制",乃于1945年11月3日由台湾省行政长官公署以"署法字第36号"公布"台湾省行政长官公署布告日据法令废除原则"规定:

> 民国一切法令,均适用于台湾,必要时得制颁暂行法规。日本占领时代之法令,除压榨、箝制台民、抵触三民主义及民国法令者应悉予废止外,**其余暂行有效,视事实之需要,逐渐修订之**(国史馆,1990)。(粗黑体为笔者所加)

这段话将"暂行"法规的意义及其历史背景表露无遗,对于甫结束殖民、回归中国主权的台湾地区而言,这样的暂时性衔接原则并无不妥;而且得"视事实之需要,逐渐修订之",也是相当务实的做法。不过,如果暂时性的法规并未能随时间演进与社会经济变迁而修订,反而不断被延用以致无法回归法律正途时,便可能出现暂时颁布的行政命令实质凌驾法律之上,甚至鸠占鹊巢,出现行政命令替代法律的问题。无奈的是,对日抗战胜利后,虽然台湾地区光复,但国共内战却又制造了让暂行法规延续的条件。

在撤退来台的过程中,国民党当局为了因应国共内战失利的动荡环境,特别将抗战期间的"总动员法制"运用于台湾地区。所谓"总动员法制"是指对日抗战期间,国民党当局为因应战时管制、战争动员之需求,而先后颁布的三项重要法令规范,包括1938年10月6日公布的《非常时期农矿工商管理条例》,1942年5月5日的《国家总动员法》,以及随后公布的《妨害国家总动员法惩罚暂行条例》(陈维曾,2000:17~19)。虽然这些法令规范是为"贯彻抗战目的"所制颁,不过在对日抗战胜利之后,却并未随之废止;反而在随后的国共内战中,因为国民党当局继续颁布《励行国家总动员令》、《动员戡乱完成宪政纲要》而被延续下来。而在1945年接收台湾、1949年国民党当局撤退台湾的动荡过程中，不仅因为时势所需而被适用到台湾地区，国民党当局更进一步公布"戡乱时期依国家总动员法颁发法规命令"（1951年12月7日），规定政府必要时得依"国家总动员法"制颁行政命令以集中人力、物力、限制人民权利，且不受"宪法"之约束。行政部门经此授权/扩权，更容易便宜行事，而不愿诉诸相对复杂的立法途径。因为在民主体制下，国家机器运作所需之法令规范，必须经由最高立法机关完成立法、修法始得以为之，这使得行政部门无法全盘掌握法令制订、修订的方向、时程与结果。在总动员法制的授权下，无须立法程序，不仅大幅减省所有与立法部门立法、修法三读的协调沟通，更重要的是行政部门可以因此完全（独断地）操控法令制订的内容与方向。实质说来，这是早期国民党当局被称为（党国）威权体制的一个重要因素；也是因此，一旦日后出现任何修法的企图，也就必须以行政部门的松动改变，或是必须有来自立法部门的实质压力方能成功。

其次，在台湾地区的"法律"体系中，相对于立法部门制定的法律而言，由行政部门所颁布的各种"办法"基本上都属于行政命令。行政命令虽然也具有法规的效力，却是"因时制宜，随时势之演变，于简易手续之下，酌为修改，以济法律之穷"（林纪东，1990：293）。换言之，行政命令之所以产生，正如林纪东所说，"由最根本方面言之，实由于社会事实之需要"使然。一方面，这是因为法律通常属于原则性、纲要性的规定，另一方面，法律一旦制定或修订完成，便具有相当的固定性，若是面对快速变迁的社会经济环境，便极易产生法律与现实之间的落差。因此，在法律未行修订之前，行政部门便经常颁布办法、命令以解时势之所需。职此之故，相对于法律本身而言，办法或命令便经常带有权宜性、适时性的特征，以及浓厚的解决问题性格（problem-solving）（林宝安，1998：69~71）。然而，除非所需规范之社会经济活动自社会中消失，否则依赖持续发布、修正的办法或行政命令的方式，终究并非正轨。摆在农会法规体系来看，因为长期未能修正"农会法"，不仅造成各种农会相关办法规范的叠床架屋，使得各种相关办法命令之间"既无系统又乏连贯，矛盾之处在所难免，致常发生窒碍难行现象"（胡盛光，1985：

142），而且社会经济活动的需求恐怕也难以得到真正的满足。更严重的是，可能因此产生越俎代庖的效应，使得因应现实社会经济发展需求而持续颁布、修订的办法命令，却实质取代早已过时的法律成为真正作用的规范依据。这就宛如一栋建筑物，为了因应不断发生的人类需求而不断临时性、权宜性地加盖，最终所有这些加盖物、甚至违章建筑却回过头来掩盖扭曲了真正的建筑本体。因此，重新打造全新的建筑，而不是头痛医头、脚痛医脚式的临时加盖，显然才能真正而有效地响应社会经济变迁的需求。因此，从权宜性的"暂行办法"回归到"农会法"本身的修订，显然才能建构可长可久的制度规范。

最后，在台湾地区"法律"体系中，办法或命令还通常具有试行、试办的性质，目的在依据其试办的结果制定或修订"法律"。在此一脉络下，办法命令所规范的活动或对象，通常是新兴、重要的社会经济活动，并且是既有"法律"体系并无适用之规范者。例如，20世纪80年代开始发展的新兴消费金融，就是先颁行办法而后再依据试行结果修订"银行法"（林宝安，2002：114~115）。因此，摆在台湾地区农会的规范来看，1949、1952年之所以特别颁行这些"适应台湾实际情形"的办法，关键在于当时虽有"农会法"，却不足以规范背景特殊的台湾地区农会。第一，如前所述，这是因为"农会法"自1930年制定以来，虽然经过1937、1943、1948年的三次修正，不过都是以整个中国各省农会发展经验作为依据，以全中国作为适用范围（胡盛光，1985：118~125），并未多加考虑当时还处于日本殖民统治下的台湾经验。第二，可能更为关键的是，战后台湾地区农会的特质相当程度超出1949年之前制定的农会法所能规范的范畴之外。前已述及，战后台湾地区农会的组织实体，是日据时期半官方农会与乡村民间团体（特别是合作事业）的合并体，这就使得仅设计用以规范"农会"作为职业团体的1949年之前的农会法，难以有效规范同时涵盖具有经济（供销、金融）、教育（推广）、政治、社会等诸多功能的台湾地区农会，暂时颁布这些办法作为农会的规范依据，也就成为不得不然的选择。第三，更关键的还必须注意前引"改进办法"第一条所示的另一层"暂行"内涵：这是特别为了"适应台湾情形"而订定的办法。作为曾经遭受日本殖民的一个特殊省份，也作为国共内战下国民党当局撤退寻求复兴的军事基地，台湾地区在此时的特殊性不言而喻。尤其是，"暂行"于台湾地区的实施经验，还可以作为日后修改"农会法"、甚至有朝一日在大陆地区重新施行"农会法"的重要参考。

不过随着两岸分治局面的确定，随着战后台湾地区农村社会经济快速变迁而形成的需求，都使得原本"暂行"的办法，面临了必须回归修改"农会法"的社会压力。基本上，坚持代表中国主权的国民党当局在撤退来台之后，虽然"暂时"委身台湾这个"复兴基地"，却怀抱着"反攻大陆"，重新统治全中国的美梦。在此一背景下，随国民党当局撤退来台的中华民国各种典章制度，自然而然依旧以全中国作为设计考虑所在。实质说来，这就埋下所谓"中华民国法律体制"的一个基本矛盾，也就是实际仅仅施行于台湾地区的"法律"体系，却设计为适用全中国的矛盾。在本文看来，正是因为这个基本矛盾，构成台湾地区日后诸多重要"法律"修订上的一个重要阻碍。而本文所讨论的"农会法"，之所以出现前述长达将近26年的修法空白，关键之一也就是这一基本矛盾。

事实上，针对1949年以后国民党当局在台湾地区的发展，王泰升（2002：149~192）提出"中华民国法体制的台湾化"，作为解释"中华民国法体制"与台湾地区社会关系演变的概念。他指出，制定于1945年之前（主要是1930~1935年间）的"中华民国法体制"，在1945年光复后也施行于台湾地区。不过，1949年以后却因为中国局势的变动，而成为实际继受、施行"中华民国法体制"的唯一地区，并逐渐因应台湾地区社会实况而调整内容。整个过程，可称之为"中华民国法体制的台湾化"。相当类似原由英国人带至北美殖民地的英国法，于美国独立后，就留在当地进行"美国化"，而成为今日之美国法（王泰升，2002：150~151）。

这样的看法，说明了台湾地区众多法律规范的调整过程，以及此一调整过程的特征与意义；然而，这样的看法是针对法律规范已经产生调整的事实结果来讨论，并未触及当初如何调整的过程。对本文而言更重要的问题是，假如"农会法"也经历了必须适应台湾地区社会条件的过程，那么这是如何可能的？具体地说，问题在于是怎么样的历史因素的作用，使得原本因为这两套办法而相当程度被暂时架空、被冻结的"农会法"，开始被放回台湾地区这块土地上，可以呼吸这里的空气、响应这个社会的需求而修订其内容？惟其如此，"农会法"才有可能亲近台湾地区土地并开始"本土化"的历程。

三 "农会法""本土化"的障碍与解决

由此一脉络来看，"农会法"的修订也就并非单纯的法律修订问题，而涉及更为根本的法律体制定位问题。一部准用全中国的"农会法"，跟一部局限于台湾地区的"农会法"，显然二者的差别不只是适用范围大小的技术问题；更别说，当时台湾地区农会所依据的规范还不是"农会法"本身，而只是前述这两部暂行办法！那么，从1949的"合并办法"、1952的"改进办法"，直到1974年才回归修订"农会法"的漫长过程中，究竟是什么样的因素，使得国民党当局一直坚持在"暂行办法"上补破网，而不愿意推动"农会法"的修订？而1974年的修法背后，又是因为哪些重要的社会经济与政治因素的作用，使得国民党当局的态度产生转变，愿意推动"农会法"的修订，让"农会法"可以直接与台湾社会接轨？

首先，"农会法"的修订不能超出台湾地区当时历史脉络下的社会现实；早在"农会法"修订之前，台湾地区已经开始出现因为法规适用问题而积极进行的法规整理与法典化、立法运动。这是当国民党当局度过迁台初期动荡局势的考验，而开始在台湾地区稳定下来之后，有关法规的适用问题便逐步浮出台面。根据1967年成立的"行政院法规整理委员会"的看法，这是因为：

"建国"以来，政府历年颁行之行政法规，为数繁伙，而由于政制递嬗，国家多故，每一时期订颁之法规与另一时期订颁之法规，各因时代背景不同，自难互为贯通，同时新法规公布之时，恒未能将旧法规及时配合修订或废止，以致积时既久，遂发生错综纷歧现象，其中重复抵触者有之，难尽切合实际需要者有之，颁行已久与现行体制不

相符合者亦有之（台湾地区"行政院法规整理委员会"，1970：1）。

不过虽然存在这些重复、过时、不符现行体制等问题，当局在早期对于法规重新整理的企图与需求，却多仅止于政策性的宣示，并未化作立即的行动。① 例如早在 1959 年，作为"以党领政"治理原则下最高决策单位的"国民党中央常务委员会"（中常会），便通过一套详尽的"整理法规要点"，送请当局"五院"从政同志执行。不过，此一要点却因故遭到搁置，直到 1965 年才在颁行"行政院所属各机关检讨法规要点"后，获致部分成果（台湾地区"行政院法规整理委员会"，1970：1~4）。

虽然遭受一段时间的搁置，不过 1965 年后的发展却急转直下，国民党"中央"开始积极施压"行政院"推动法规整理工作。1966 年 6 月，国民党中常会在第 219 次会议通过了《关于简化法令问题研拟意见》，要求"行政院"切实执行 1959 年的"法规整理要点"；除此之外，并且同时要求必须"推行法典化工作"。② 行政院于接获中常会"意见"后，很快地着手进行相关工作，并于 1967 年 6 月通过"行政院法规整理委员会组织规程"，据此成立台湾地区"行政院法规整理委员会"，负责统筹整理"行政院"所有机关组织相关法规之庞大工作（台湾地区"行政院法规整理委员会"，1970：4~5）。根据该委员会的报告，整理法规的重点在于将现有法规整理划分为四大类，分别是废止、暂缓整理、修正及合并修正以及保留（亦即继续适用）。而从该委员会成立至完成报告的三年

---

① 根据台湾地区"行政院法规整理委员会"的记载，早自 1952 年起，"行政院"便"曾迭次督饬所属机关应就主管法规进行整理"；而当时"总统"蒋介石也在 1957 年二度指示应该清查法规状况进行修订或废止工作，不过成果均不甚理想。欠缺专责机构以统筹办理执行，是该委员会认为的一个关键因素。参见台湾地区"行政院法规整理委员会"（1970：1）。

② "推行法典化工作"相当程度应该是受到美援会在 1962 年完成的《简化财经法律—法典化—研究报告》的影响。另外据陈维曾（2000：67~73）的研究，美国透过将改变美援方式并透过美援会的管道，施压当局应该进行法规整理与法典化的工作，以便美援运用可以在扫除一些法规制度障碍之下，获致更大的成就。因此，1966 此时的中常会要求"行政院"在整理法规之外同时推动法典化工作，显然与此息息相关。

期间，共"废止"51种"法律"与1440种"行政规章"，"暂缓整理"82种"法律"与31种"行政规章"，预定"修正及合并修正"则有115种"法律"与1183种"行政规章"，①其余所有法规则都列入"保留"类别，也就是可以继续适用（台湾地区"行政院法规整理委员会"，1970：7~12，30~35）。毫无疑问，这显然是国民党当局撤迁来台以后，一场空前的修法运动。

值得特别注意的是，台湾地区"行政院法规整理委员会"针对有关农会法规的整理意见。该报告认为，应该修正"改进台湾省各级农会暂行办法"；至于"农会法"则获得"保留"，也就是可以继续适用（台湾地区"行政院法规整理委员会"，1970：附3~7；附6~20）。显然这场在20世纪60年代中期以来，因为面对美援即将终止与美国的压力（萧全政，1990：59~60），因为面对从进口替代转变为出口扩张的政策（陈维曾，2000：67~122），而必须配合进行的财经"法律"修正；以及因为必须解决前述战后、1949年之后法规本身重复、矛盾、过时等诸种问题，而发起的这场法规整理运动，并不认为当时的农会法规有任何需要诉诸修法才能解决的问题。②诚如下文所述，这样的观点不仅是该委员会的看法，显然直至该委员会报告出炉的1970年之际，还是"行政院"针对农会法规所抱持的立场。那么，促使当局最终在1974年修订"农会法"的因素为何？

根据既有研究，当局之所以在1974年修订"农会法"，主要有三大因素。第一，在战后台湾经济复苏进而快速成长的背景下，虽然达成"以农业培养工业"的政策，却未能落实"以工业发展农业"的政策，

---

① 依据该委员会的整理与建议，而由"行政院"与"立法院"在这三年之间完成修正或合并修正的各类法规，则有93种"法律"与856种"行政规章"（台湾地区"行政院法规整理委员会"，1970：32~34）。
② 其实要求修改"农会法"的声音早在1955年便已出现，不过并无下文。"立法委员"骆启莲在1973年"立法院"审查"农会法"草案时，不无感慨地指出：

> 1955年本院"内政委员会"组织内政考察团，考察中南东部十二县市的内政业务后，就曾建议修正"农会法"，或将"改进办法"（按指，改进台湾省各级农会暂行办法）制订适用于台湾省的特别法，以免以命令变更"法律"，（以）符合宪政法治的精神。本次"农会法"修正案的提出，20年的悬案得以解决，深感欣慰［台湾地区"立法院"公报，63（3）：12］。

使得农业、农村相对于工业部门出现落后迟滞发展的现象,甚至出现廖正宏等人(1986:34~39)所谓农本主义的崩溃问题。① 受限于欠缺一部专属"农会法"的规范与设计,形成修正"农会法"的要因。第二,在农会发展与外在农业环境的变动下,却因为农会信用部法律地位不明,不仅导致农会信用部无法进行支票业务,而且所办理的二年期定期存款也无法享受所得税减免优惠,严重影响整体农会的发展(郭敏学,1984:301~2;陈希煌与黄振德,1997;赖英照,2000a:93)。第三,政府为了杜绝长期以来农会选举的恶风和派系困扰,希望改变农会总干事的遴选办法(郭敏学,1984:360~1)。不过从政策与法律体制的角度来说,第一与第三个问题并非一定需要修订"农会法",从颁布推动新农业政策(问题一)、修订既有"暂行办法"着手(问题三)也可以达成目的。相对而言,第二个问题则不仅需要修改"农会法"有关规定、赋予农会信用部法律地位,甚至还"必须同时于'票据法'、'所得税法'及'奖励投资条例'有关条文中,增加农会信用部",方能解决(胡盛光,1985:133)。

那么,究竟农会信用部无法进行支票业务,以及无法减免二年期定期存款利息所得这二项问题,对农会的经营具有如何严重的影响?以至于如下文所述,成为各级农会、省府、"中央"相关部会一再诉求修订"农会法"的重点,并且最后在1974年完成修法。在本文看来,这是个环环相扣的问题。首先,整体而言,这是因为众所皆知,信用部是战后、最迟自20世纪60年代起在整体农会业务中,最重要的业务支柱,更是农会最主要的盈余来源。相对于供销、推广等其他业务的开展不易,以及政府委托业务甚且出现亏损经营的窘境,信用部不仅在所有业务中一枝独秀,而且是维持整体农会经营不至于陷入亏损的关键(郭敏学,1982)。另一方面,农会信用部作为乡村地区唯一(早期)或最主要(后期)金融中介机构,或是如朱云汉(1992)所说,作为地区性的金融垄断机构,不仅是做大农会在地方影响力的重要社会基础,得以扩张与累

---

① 廖正宏等人所谓农本主义的崩溃,包括经济性的农村收入降低,社会性的农村人口外移,政治性的农会内派系把持现象,以及文化性的农民对农业与农村的疏离。见廖正宏等(1986:34~39)。

积农会领导者（总干事、理监事）的地方势力，更经常成为地方派系御用的金库命脉。农会信用部的经营良窳，因而关系重大。因此，摆回前面的问题脉络来说，假如无法进行支票业务以及无法减免二年期定期存款利息所得，显然将对农会信用部的经营带来实质而重大的影响。

其次，细部来看，"无法减免二年期定期存款利息所得"的问题，相当可能具有造成资金逃离农村、转进其他金融机构的效应。例如"经济部"等机构在1971年研讨修正"农会法"之际，便指出此一问题：

> "经济部"等机构指出：目前农会信用部以未具法律地位，因此所开支票也未取得法律地位，同时办理二年期特种定期存款时也不能比照金融单位免扣百分之十利息所得税，**导致农村资金渐流入都市，形成农村金融偏枯，影响农业生产**（台湾《经济日报》，1971 - 10 - 22）。（粗黑体为笔者所加）

一旦农村剩余资金离开农会信用部，不仅将因此造成农会对农民可贷资金规模的减少，更将影响整体农业金融的健全发展，不利于广大农村的建设与农业产业的推动。事实上，台湾地区由于农会信用部普遍深入每一乡镇基层社会，长期以来不仅得以有效吸收农村剩余资金，也是广大农村与农业部门发展上所主要仰赖的金融依靠，具有减缓开发中国家经常出现的金融压抑的不利影响。因此，如果因为前述不能免扣利息所得税的问题而刺激农村资金外逃，其所可能带来的负面冲击便不容小觑。

第三，有关农会信用部办理支票业务的问题，关键在于假如无法办理此项业务，将造成隔绝于台湾经济最有活力之工商企业活动之外，因而严重影响农会信用部的经营。根据研究，台湾地区由于特殊的历史因缘与制度因素，不仅使得战后正式金融体系受到政府的高度管制与压抑，并且银行金融体系在寡占市场结构与政策性融资的结构环境下，资金主要供给公营企业与民营大企业使用，一般民间（特别是中小）企业的资金需求并无法获得满足"也因此造就台湾地区存在一个比重不小的非正式金融部门"（许嘉栋，1996）。在这样严苛压抑的正式金融体系中，台湾地区的支票却因为诸多历史因素的作用，而从原本作为支付工具的"支票"，摇身一变成为"远期支票"这种兼具周转信用功能的信用工具。相当程度可以说，"远期支票"是在战后民间企业积极发展过程中，虽有资金融通的殷切需求，却面对严苛金融压抑的资金匮乏环境下，被创造出来的一种融通工具。自从远期支票形成以后，很快地成为战后台湾企业在资金周转、融通上的一把利器，并且非常快速而普遍地流通在台湾地区的工商企业界，可见一斑（林宝安，2007）。在此一条件下，无法发行支票的金融机构，也就等于宣告与台湾经济最有活力的工商企业活动绝缘，严重影响金融机构业务的发展。当然从另一方面看，无法自金融机构开设甲种存款账户、取得开发使用支票的工商业界，也就等于无法有效地开展业务。

事实上，随着台湾社会在20世纪50年代以来政治稳定以及经济的快速发展下，台湾地区工商企业界对支票业务的需求便日益高涨。然而，受限于分行服务网络的限制，当时惟一能够合法进行支票业务、且主要设置于都市地区的一般银行金融机构，并无法满足散布在台湾地区都市、城镇、乡村各地工商业界的所有需求。实质说来，这是何以信用合作社早在1954年就要求修改办法，争取可以合法开办支票业务的根本缘由。而1954年后，虽然随着信用合作社加入成为合法支票付款人、可以经营支票业务，可以逐步满足位居都市、城镇的工商业客户使用支票的需求，不过显然无法真正深入乡村地区，服务那些随着台湾经济发展，在由都市扩及乡村的趋势之下，而在广大乡村地区兴起的各种工商业者。在此一现实环境的需求下，深入台湾地区每一乡镇的农会信用部，因为地理位置的邻近性，就成为这些工商业者一个便利的依靠，开始从事甲种存款的支票业务。

不过，此时各乡镇农会信用部并未取得合法经营支票业务的地位。欠缺合法地位却又实际从事支票业务的事实，使得政府相关部门忧心忡忡可能对于票据市场秩序、票据信用以及资金流动造成影响。"司法行政部"（今台湾地区"法务部"前身）在1964年所作的研究报告《违反票据法问题之研究》一书，便指出当时农会信用部违法开发支票的情形及其问题：

依照现行票据法规定，农会非银钱业，依法不得为支票之付款人，但事实上所谓农会支票目前在市面流通者，为数甚多，因其非票据法上之支票，纵令滥行开发，亦不负票据法之责任，不能移送法院究办且因不能参加票据交换所之交换，票据交换所无从加以监督与管理，显非所宜。故主管机关应严格取缔农会之支票，否则应比照信用合作社，将农会列入银钱业，使滥发农会支票之人，负法律上之责任（台湾地区"司法行政部"，1964：132）。

从这段话来看，农会支票虽然尚未合法，却早在1964年前就已经在市面上广泛流通。但是因为系农会信用部非法经营的业务，便无法经由票据法、特别是其中的票据刑罚来保障持票人的安全，同时惩罚开票人的刑责。引文最后之所以建议严加取缔或是干脆予以合法化，理由就在于支票、特别是具有信用功能的远期支票，在信用工具本身先天具有财务杠杆作用的扩张性格，以及台湾地区工商业者习以远期支票相互融通、买卖因此具有一定程度的连锁效应下，一旦不获支付或是退票，小者影响多家企业的经营，严重者将危及某一地区、某一产业的活动。

正是在以上诸多现实问题有待修订农会法解决的背景下，农会本身以及各相关机构便一再要求、建议政府修改"农会法"。"行政院"面对来自各方压力，也在1965年号令相关机关依据"暂行办法"历年实施经验，研修"农会法"报院核办；台湾省政府在1966年便据此提出"农会法"草案，并经"内政部"邀集相关部会修订后，于1967年函报"行政院"审查（胡盛光，1985：131）。不过诚如本部分一开始所说，光有现实面、制度面修订"农会法"的因素是不够的，因为最终决定是否放弃继续在"暂行办法"上补破网，转而回归正轨修订"农会法"，还涉及更为关键的政策态度问题。在20世纪60、70年代那个威权统治的时代条件下，能否通过"行政院"院会并函请"立法院"审查，也就成为能否扬弃在"暂行办法"上持续补破网、进入"农会法"修订的关键所在。相当程度，这意味着掌握政府决策的财金官僚是最后临门一脚的关键所在，也是政策能否过关的守门员。

实质说来，这颇似台湾地区在1989年修订"银行法"、开放新银行的决策过程。根据研究，当初在20世纪80年代的台湾社会，虽然要求金融自由化、开放新银行设立的声浪早已响彻云霄，不过在以俞国华为首、属于保守势力的官邸派掌握台湾金融决策大权之下，却一直并未回应这些社会要求。最终在李登辉接替蒋经国去世后的"大统"，并将主要财金首长替换以"KT派"与所谓"台大帮"的自由派人士之后，才产生决策上的大转变，修订"银行法"开放新银行设立（李宗荣，1994，105～112；王振寰，1996：123～126）。此一过程显示，在社会经济部门的实质需求之外，掌握决策大权的政府官僚才是政策开放与否的关键所在。摆回1967年之后的政府决策环境来看，"农会法"修订的命运似乎跟此处的新"银行法"存在相当的雷同，只是问题的关键有所不同。

事实上，1967年由"内政部"函请"行政院"审查的"农会法"修订草案，最终便如同20世纪80年代"银行法"修订草案在俞国华时代一般，也在"行政院"遭遇被否决的命运；"行政院"否决修订"农会法"的提案后，为安抚各方修法的要求与压力，在1969年对"改进办法"再次进行修补。根据研究，当年"行政院"主要是依据被指派负责审查的徐柏园"政务委员"的意见，由其审查意见，可以更深刻地掌握"农会法"修与不修所面对的问题。他的审查意见指出：

1. 查目前台省二九二个乡镇农会均设有农会信用部，此为既成事实，虽其中若干单位业务尚欠健全，但多数对吸收农村储蓄及办理多目标农贷业务，颇具成效。故"农会法"如予修正，似不宜不顾及此一既成之事实。

2. 但"农会法"为全国性之基本法，有所修正则必须顾及将来"光复大陆"后之全盘情况，大陆各省向无农会组织之基础，如将农会信用部正式列入"农会法"，可能发生本末倒置，为争取办理金融业务而设立农会，流弊堪虑。

3. 农会为人民团体，似不宜在"农会法"中明确规定其办理金融业务，以维金融体制之完整，否则，其他人民团体如渔会、工会及商会等，可能群起效尤，对于将来金融体制之建立，必多妨碍。

4. 为兼顾当前事实需要及基本立法原则，对于"农会法"以暂不修正为宜,为期改进农会经营,并将其信用部纳入金融体系上之有效管理,似可由有关主管机关就行政措施范围内研拟办法办理(转引自胡盛光,1985:131~132)。(粗黑体为笔者所加)

这份审查意见充分反映出本文前面所指出的一个基本矛盾:随国民党当局撤退来台的"中华民国法体制",实际仅仅施行于台湾地区的"法律"体系,却设计为适用全中国的矛盾。对于坚持"中华民国"代表全中国、并且坚决信仰"中华民国"终将"反攻大陆"的政府决策官僚而言,如何在"反攻大陆"前努力维持"中华民国法体制"的完整性,并尽可能尝试从办法命令的修订中寻找响应台湾社会经济变迁需求的良方,就成为这批随老蒋来台之财经官员在决策上最重要的意识形态。因此在本文看来几乎可以说,"光复大陆"的框架或意识形态紧箍咒未从决策官僚身上去除之前,要舍补破网"暂行办法"而就正轨修订"农会法",恐怕将是缘木求鱼!

"光复大陆"的框架或意识形态紧箍咒对当时政府决策的影响,可以从李国鼎当初在规划"第四期四年计划"(1965~1968年)时看出,虽然也同时做出"十年计划",却在提交"行政院"会讨论时遭到其他"委员"讥讽的反应看出来。他说:

> 在第四期四年计划[1965~1968]的同时,我也做过十年计划;到"行政院会"讨论……[有人却]说:"李先生,你提十年计划,难道你不想回大陆吗?"这个计划跟回大陆是两个事情,回大陆后还是要建设台湾啊!十年计划是有展望的,是国家的远景(李国鼎,1991:34)。

因此,在"反攻大陆"的大纛之下,很多人认为,对于台湾地区的建设与规划都可以不必、甚至不应该过于"长远";同样的道理,对于当前各种法规是否能适用台湾地区,也都可以等"反攻大陆"之后再做全盘的修订整理。这样一来,政府的建设计划、政策规划就可以将就行事,法规也可以暂时性、权宜性地适用各种暂行办法、行政命令。"农会法"

的修订也就在此种政策心态下不断地被往后延迟。

但是,"行政院"在 1967 年"暂不修改'农会法'"的决策,以及 1969 年再次修正"改进办法",并增列"内政部"为农会之"中央主管机关"的种种作为,事实上并无法平息来自各方要求修改"农会法"的声浪。例如台湾省政府在 1970 年组成"台湾省各级农会调查研究小组",主张应该修改"农会法"与"票据法"(胡盛光,1985:132~133);①台湾省"议会"也于 1971 年组成"农会法令问题项目小组",并经研究后建议政府应整理农会法令、修订"农会法"、放宽会员资格规定、解决农会信用部法律地位等问题(《联合报》,1971-09-17),显示出来自农会、台湾省政府、省"议会"的要求并未停止。不过不同于 20 世纪 60 年代各种诉求所遭致的命运,进入 70 年代的这些诉求最终成功地迫使"行政院"院会在 1973 年通过"修订农会法",并函请"立法院"于 1974 年完成修法。为何政府此时不再继续补破网,而同意从修订"农会法"来解决问题?造成此一重大转变的背后因素为何?

在本文看来,有两项重要因素值得关注。第一,如同 1989 年之所以顺利完成"银行法"修订的关键之一,在于领导人与财金官僚的改朝换代,20 世纪 70 年代的"农会法"问题上也经历类似的转变。1972 年,由蒋经国接替严家淦就任"行政院长"一职,并对"内阁"作局部改组;而被指派负责审查"农会法"修订草案者,也由大陆来台的官邸派徐柏园"政务委员",换上了蒋经国刻意栽培、具有农经博士学位的本土精英李登辉"政务委员"(胡盛光 1985:138)。政府决策体系的改变,相当程度上决定了台湾地区本土社会需求在政策决策上被考虑的优先地位。除此之外,可能更为关键的问题是第二个因素,也就是如何破除前述"反攻大陆"的意识形态紧箍咒,让政府愿意面对、解决前述"中华民国法体制"仅在台湾地区施行的基本矛盾。在本文看来,1971 年联合国席位的"巨变",或许是粉碎国民党当局自从 1949 年撤退来台所怀抱"反攻、光复大陆"梦想的最后、也是最关键一击。事实上早在 1960 年前后,政府就已经开始调整因为"反攻、光复大陆"梦想逐渐远扬的问

---

① 显然如前所述,支票问题是其中一项关键因素。

题，其中重要的作为包括改变撤退来台后强力执行的"军事性财政"转而更加注重台湾经济、社会民生的建设（刘进庆，1992：166～194）；改变早期以"自给自足"为目标的进口替代政策，转变为出口导向的扩张政策（王作荣，1989）；改变台湾银行兼代"中央银行"的跛脚体系，将"中央银行"以及重要国营行库复行，建构具有主体性的完整金融体系，以配合出口扩张政策的推动（林宝安，2005：10～12）等。可以说，联合国大会2758号决议将国民党当局的"光复大陆"梦想彻底粉碎之后，显然是迫使国民党当局必须更积极面对调整其与台湾这块土地之间关系的重要转折；也迫使国民党当局在此一外在危机危及其统治正当性之下，必须寻求新正当性的基础。在王振寰看来，20世纪70年代这场因为国际外交严重挫败引发的正当性危机，却也成为国民党当局开启其台湾化与本土化的关键（王振寰，1989：90～94）。从此之后，政治体制上开始启用更多台籍精英，经济上推动影响深远的十大建设，法律体制上开始正视、解决"中华民国法在台湾"的矛盾而开始"台湾化"，甚至1972年修订"动员戡乱时期临时条款"而开始首次的增额"国代"、"立委"、"监委"的选举等，都成为20世纪70年代以后清楚可见的转变。

在此一时代背景下，"农会法"的修订终于顺利地通过"行政院会"的审查，并在函请"立法院"审查后，于1974年5月31日完成三读程序，结束了战后国民党当局迁台以后，长达22年以"暂行办法"代替"农会法"的特殊时期，让农会的发展可以回到正轨。因此，最后一节的重点则在于，从法律规范角度讨论此次修订"农会法"的意义与影响。

四 1974年"农会法"：农会是谁的？

如何说明台湾地区农会在1945～1974年间所建构出来的体制特色？或是应该说，在1945年前后那个动荡、改朝换代的时代所形构的农会组织体制特征，是如何因为综合了不同的体制遗绪，而创造出在世界上极为独特的台湾地区农会？尤其响应本文一开始的讨论：战后直至"农会法"修正这个过程，台湾地区的农会究竟谁是真正的主人？

(一) 威权侍从主义下的农会

首先,从基本任务来看,相对于 1949 年以前制定(未在台湾地区实施)的"农会法",此次"农会法"修法将农会肩负的任务由原来的 11 项大幅提升为 20 项之多。除了原有涉及土地、水利、肥料、农具、农产品加工等农业辅导任务外,大幅增加了法令倡导、农业生产指导、农村发展与福利、灾害防治救济、农业与农民保险、农产品制造供销等当局迁台后的新任务,构成学者所谓农会的政治性、教育性、社会性与经济性等四大功能(郭敏学,1984;蓝秀璋,2001)。由此,农会具有行政补全辅助机构性质,以及具有执行国家政策之农政末端机构的性质(丁文郁,1999)。但也因为如此,使得农会的主管机关只能用"叠床架屋"来形容,包括从"中央"、省(市)到县市的三级行政体系的内政、农业与财政机构,外加"中央银行"、合作金库等。平时令出多门、遇事推功诿过,正是多头马车的典型写照。不过,正因为农会兼容并蓄多方功能,使得当局迁台后的诸多重要农村政策,如早期的肥料换谷、征收余粮,后期的保证价格收购以及各种重要的经济建设计划等,便都是假农会之手进行的(林宝树,1986:66)。尤其值得注意的是,还另外增列有第 19 项经政府委托、第 20 项经主管机关特准办理这二项"开放性"规定,等于提供政府可以随行政业务与时机的特别需要,而随时弹性扩张农会任务的法源依据。从日后各项农村业务大多依然交由农会办理来看,例如后来老农年金的发放,显然政府仍一再强化这种统合主义的体制安排。因此,不论农会名义上是谁的,农会都是政府可以多方干预介入的对象。

其次,是有关新"农会法"在农会会员资格上的新规定及其所带来的影响。事实上,在早期 1949"合并办法"与 1952 的"改进办法"中,当时国民党当局一来受到美国与农复会意见的影响;二来为了防堵共产党在台湾地区农村的活动,而亟欲排挤日据时期以来的地主士绅继续掌控农会此一乡村最重要的组织性资源。根据林宝安(2009)的研究,从"合并办法"到"改进办法"的最重要改变之一,便是更加严格地规范成为农会会员所需具备的农民资格与条件,以致造成一场国民党当局由上而下引导的温和的"不流血的革命"(王承彬,1955:35;张宝树,

1956：26）。其结果是将地主士绅排除于农会权力核心外,并将此一乡村最重要的组织性资源,交付给长期处于台湾社会最底层的佃农、雇农、半自耕农与自耕农手中,并且建构了农会体系的威权侍从关系（林宝安,2009：162~183）。

不过 1954 年以后有关农会会员的规定,却反其道而行,日益放宽原有严格规定。此次 1974 年修订的新"农会法",便一举删除了原来 1954 年"改进办法"有关会员资格的二项重大而严格的规定：一为删除对公职人员入会的限制,二为删除对农事从业收入 1/2 以上的限制。结果是大开方便之门,让更多当初在"改进办法"时期亟欲加以排除的非农民轻易入会。郭敏学对此批判指出：

> 台湾地区农会历次法令的重大修正,多在谋求宽放会员资格,使与农会业务利害关系较少仅为利用农会图谋私利的非农民成为会员,进而跻身理监事会,控制农会决策。因此当前台湾地区农会的理监事,真正的农民已为数甚少。派系倾轧的逐年增加,此为其主要原因（郭敏学,1982：203）。

在本文看来,"改进办法"以后有关农会会员资格日益放宽的趋势,一部分反映了台湾地区社会经济结构现代化、都市化的结构趋势。随着台湾地区工商产业与整体经济的发展,不仅属于一级产业的产值规模或产值占全台湾地区 GDP 的比重快速降低,农业就业人口也同样急遽减少。而都市化趋势向乡村的延伸、乡村都市化以及人口外移的结果,意味着原有农民转入工商业发展的机会增加,也意味着原有许多农会的正会员正逐渐丧失身为正会员的资格。因为依据 1952 年颁行的"改进办法",农会正会员除了必须是农民（自耕农、雇农、佃农等）之外,更规定农业收入必须占 1/2 以上；正会员转入工商业发展,也就意味着农业收入所占比重将持续降低,甚至不再符合正会员的规定比例。会员资格的放宽,因而是社会经济结构变迁下的结果。

但是从农民、农会与当局的角度来看,新"农会法"之修改会员规定,相当程度可以看成是"改进办法"所建构的农会威权侍从体系在背后的作用使然。这些在改进办法后因为当局的介入而从既有地主士绅手中夺取农会掌控权的农会新贵,在位居农会此一乡村最重要组织性资源权力核心,控制着农村金融、供销、推广等重要工作下,拥有着比一般农民更多累积财富名利的机会,以及往农业以外其他事业发展的条件,也因此比一般农民更容易依据"改进办法"规定而丧失正会员的资格。尤其重要的是,这批农会新贵在"改进办法"所建构的威权侍从关系下,构成国民党当局在乡村地区的主要统治基础,修改"农会法"的会员规定,无疑可以看成是保障其自身既得利益的手段。讽刺的是,这些在1952~1954年间由国民党当局用来排挤、斗争地主士绅的条款,在扶植了当时弱势的底层佃农、雇农与自耕农而成为农会新贵以后,经过20年的发展演变,却又被这群日渐都市化、非农化的农村新贵透过权力运作修法取消。从这个角度来看,这批从1954年以来进占农会权力核心的农会新贵,包括农会代表、理监事、以及被理事会聘任而总揽大权的总干事,似乎从此成为真正掌控农会的权力核心所在。虽然在农会这个地盘上,国家机器曾经不断地得以介入操控,农会会员规定的修订,却无疑已经埋下日后农会与国家机器之间关系改变的伏笔。

第三,如前所述,本次"农会法"修正背后的关键因素之一在于农会信用部法律地位不明,新"农会法"因此完成了确立农会信用部法源(第五条第三项)的重要修订;此后,"财政部"并依据该条文的授权,在1975年订颁"农会信用部业务管理办法",以取代过去在"改进办法"中的暂时性规定。不过必须注意的是,其实在战后的"合并办法"时期,就曾经存在是否将信用部独立出来的争议问题(陈岩松,1983),直到1952年"改进办法"政策才确立农会合并(信用)合作社的政策。不过由于此后农会信用部的业务在政治逐步稳定、土地改革效果开始显现以及台湾地区农村经济逐步发展的条件下蒸蒸日上,在农会各事业中往往一枝独秀(郭敏学,1984:38~42),却也因此引发"财政部"基于"金融主管机关"的权限与专业看法,而一再提出将信用部自农会予以分离的构想。不过此事在"1961年,'副总统'陈诚先生依'农复会'的意见,否决此一主张"(赖英照,2000a:93),信用部隶属农会一事才算确定。此次"农会法"确立农会信用部的法源之后,接续而来的是如何有效管理监督的问题。

虽然一般政治经济学者认为，农会信用部在乡镇地区金融业务的独占地位，是国民党威权当局授予地方派系势力的"区域性垄断事业"（朱云汉，1992），实质说来却主要因为二方面法规因素使然。一方面，这是因为"改进办法"第 12 条规定："农会以行政区域、或自治区域为组织区域，并冠以该区域之名称，在同一区域内，以组织一个农会为限"，透过排除组织其他农会的可能性，而造成"一乡镇一农会"的实质独占地位。另一方面，则跟"行政院"在 1964 年颁布的"农会信用部与信用合作社业务区域划分原则"①（台五十三财字第五一四八号令）息息相关。依据此一原则，农会信用部与信用合作社的业务区域划分，是以行政区域作为最终判准。而当初之所以颁布此项行政命令，是因为农会信用部与信用合作社两者在当时不仅社员会员多有跨越，社务业务亦多重复，甚至财物权属，纠缠不清；明确划分，可免恶性竞争，互蒙不利。特别重要的，则属适应早期发展农业，维护农会政策，藉充实农会信用部以活泼农业金融，繁荣农村经济，达成"以农业发展工业，以工业培养农业"的政策目标（"信用合作社联合社"，1990：302~3）。

经过此一划分，农会信用部取得"区域性独占金融"的地位，并且随着 20 世纪 60 年代以后台湾地区经济起飞，而取得业务更大的成长；尤其相对于农业在整体经济中的式微，在农会其他经营事业收入有限的条件下，更使得信用部成为农会主要盈余的来源，20 世纪 80 年代以后恒占总盈余 100% 左右（其他事业盈余经常是负数）（陈希煌与黄振德，1997）。不过，也因为信用部由"农会"（总干事主导）经营、限制营业范围于乡镇（风险集中、规模经济小）、金融专业人才不足等体制特性，埋下日后随着金融自由化等金融结构变迁，以及 1990 年代随着泡沫经济

---

① "农会信用部与信用合作社业务区域划分原则"规定如下：
一、信用合作社在乡镇不得再设立，其已核准在乡镇设立者，维持现状；不得再设分社。
二、农会信用部在省辖市不得再设立，其已在市区设立者，维持现状。
三、已设有农会而尚未设立信用部之单位，其所在地如为省辖市，不得再设农会信用部；其所在地为乡镇者，视当地经济发展情形，适时由农会设立信用部，不得设立信用合作社。

破灭等的冲击下,经营日益困难的制度性问题(黄百全,2002;黄建森,2001;林维义,1999)。另一方面,"财政部"从一开始对信用部问题的定位,不同于"内政"与"农业主管机关"的看法,也在此处突显出来,这个差异其实是了解日后台湾地区农会信用部问题演变的一个重大关键所在。

(二)行政化与去合作化的农会

第一是修改总干事产生方式的规定,实际上等于是对农会权力结构的重大修正。此次修正后规定,"农会置总干事一人,由理事会就'中央'或省(市)主管机关遴选之合格人员中聘任之"。此一规定,一方面将理事会选聘总干事的自主性大幅削弱,尤其后来在"农会总干事遴选办法"中还规定有"绩优总干事"的保障制度(属绩优者,理事会应优先选聘之;考绩由上一级行政主管机关评定),更是几乎阉割理事会的职权(理事会若是不就绩优者选聘,则更引发内部严重纷争)(陈希煌与黄振德,1997:83~86)。而在无任期限制下,也是后来所谓"万年总干事"形成的制度源头。另一方面,此一规定等于建立政府直接控制农会的机制,形式上的"遴选",实质上无异于政府的"内定"、"官派"(廖朝贤,2001:30)。上级政府有此生杀大权在手,对总干事的领导与实际经营各方面,都产生可以干预、影响的空间。总干事必须是主管机关提供的合格人选,则又是迫使总干事向主管机关倾斜的要因。实质说来,这些是学者所谓战后台湾地区是国民党威权侍从体系在另一面上的具体展现。同时,由于规定"农会总干事以外之聘任职员,由总干事就农会统一考试合格人员中聘任并指挥、监督",更直接授予总干事绝对的人事权。打个比方说,这种体制等于是农会的"内阁制",总干事几乎总揽了农会一切权力与资源于一身。讽刺的是,此次修法所确定的总干事权限独大与资源总揽特性,诚如学者所称当初其实是"为了避免派系纷争"(陈希煌与黄振德,1997:83;廖朝贤,2001:30),却无疑造成后来单一派系势力控制个别农会的结果。

第二此次修法的一项重大修正在于股金制的废除。① 既有研究已经指出股金制废除对农会的影响，包括削弱农民会员与农会之间的关系；丧失由出资股金的会员监督信用部经营的机制；也造成农会财产权归属模糊，使得任何人一旦掌握农会就掌握信用部——此一地方上的重要金融资源（郭敏学，1984；廖正宏等，1986：35~36）；以及最后也使得农会失去有效增资的途径（陈希煌与黄振德，1997：79~83）。不过除此之外，在本文看来，股金制废除的影响，更在于从农会体制中产生将信用部予以"行政化"的效应。具体地说，因为农会股金制的废除，信用部成为农会组织辖属的"单纯"行政部门，接受农会总干事等行政指挥系统的管辖。其所造成的结果是，相对于银行经营必须对股东及董事会负责，信合社经营必须对社员大会及理监事会负责的设计，原有农会信用部经营的合作组织课责设计，却因为股金制的废除而被同时去除。这样的改变，等于进一步扩大总干事的权限，将信用部变成总干事的禁脔。如此一来，不仅直接影响农会信用部的经营，更且恶化派系争夺总干事职位的斗争。

如果更进一步从战后农会历史演变的轨迹来看，那么股金制的废除或是其所产生的信用部"行政化"问题，事实上只是本文所谓农会"去合作化"此一更长远趋势的结果。日据末期，殖民政府为了更有效控制与动员台湾地区基层农村资源投入战场，除了各种动员统治措施外，对农会日后发展影响最大的当属"台湾农业会令"的颁布执行。"台湾农业会令"强制合并了当时的半官方农会与所有农村社会的民间团体组织，特别是日据时期以来在基层农村社会蓬勃发展的产业组合事业，组成三级农业会（李力庸，2004：49~54；胡忠一，1997：73~74）。这是台湾地区合作组织发展史上所遭逢的第一次劫难。战后负责接收的台湾地区行政长官公署虽曾一度将农会与合作事业重新分拆还原，不过因为国共内战、国民党当局撤退来台、美国利益主张与"农复会"要求等因素，

---

① 事实上，此次修法的"行政院"草案版本中原来并无此项修订，而是在"立法院"审查已经进入二读之际，由张子扬等12位"立委"紧急提案，建议"删除"第四条有关股金制的规定，最后在逐条审查争议不断，并召开两次紧急全体"委员"协调会之后，才完成三读。见"立法院"公报63卷28期以下各期。

而在1949年再次将农会与合作社予以合并,并于1952~1954年执行对农会具有权力结构改造效果的"农会改进"政策,确立农会合并合作社的大原则,并组成三级农会(林宝安,2009)。结果是,日据时期以来具有四十多年历史的信用合作社,被具有半官方角色的农会组织所收编;乡村地区从此成为信用合作事业发展的禁地,合作界则称此一结果为中国合作发展史的浩劫(陈岩松,1983:389)。这是农村历史上第一次的去合作化。

虽然如此,不论是1949年的"合并办法",或是1952年的"改进办法",都还是在农会体制中维持原有信用合作社的股金制设计,使农会还延续着一定程度的合作组织原则。不过,"改进办法"实施之后,农会为了申请免征营利事业所得税的过程,却无意之间推动了或造成了农会的进一步"去合作化"结果。当时在农会改进之后,由于政军局势动荡、社会经济正处于复原阶段、以及农会改进所造成的农会组织的结构性变革等因素,以致出现台湾省各级农会经营不善的现象,亏损农会家数随时间有日益扩大恶化趋势。有鉴于此,当时各级农会与相关主管机关乃依据农会会员股金制的合作原则,极力争取农会得免征营利事业所得税的优惠。郭敏学指出,当时农会

> 嗣因顾及"财税法规"的免税规定,于1955年呈准"行政院",将该办法(按,指"改进办法")第四十四条第三、五款关于职员酬劳金和盈余分配金的规定,并为同条第四款生产指导事业的用途,以符合"所得税法"第四条第十三款"其取得或累积之所得全部用于本事业者",得予免纳所得税的规定。当时农会在事实上虽已停发盈余分配金……其对第四十四条盈余分配办法迄仍保留(郭敏学,1982:42~43)。

换言之,虽然"改进办法"依旧保留着有关"会员与赞助会员盈余分配"的规定,农会则自1955年起便已停发会员的盈余分配金,实质失去作为合作组织的意义。从这个脉络来看,1974年修订"农会法"之际将有关股金制与会员盈余分配的规定废除,相当程度只是把早已名存实

亡的关系给予最后寿终正寝的致命一击。这个去合作社化与行政化的趋势，在下面有关农业推广经费的问题上更明确地表现出来。

第三农业推广工作的去政府化。农业推广工作，包含着农业生产指导、技术推广传播、新品种与新技术的推动应用等，向来是政府应该办理的重要农业政策。不过，在前述股金制废除后，1974年新"农会法"却规定，农会在其年度总盈余的分配，除20%公积金，10%作为理监事及工作人员酬劳金，以及公益金10%之外，最重要的是"农会推广及文化福利事业费不得少于百分之六十"（第四十条）。这样的改变，等于将农会（特别是信用部）的盈余，直接转移成为支撑农会办理各项农业推广与行政事务的经费。相对于日据时期半官方农会的推广经费主要由殖民政府编列经费支应的情形（李力庸，2004），1974年"农会法"的修正结果，显然透过立法的形式用合法手段，将此一实质上应该由政府负担的业务与经费预算支出，直接转嫁给基层农会负担。这究竟是如何的历史因缘使然？且为何在修正的过程中，并未遭遇来自农会或农民的反对？

我们先从历史脉络考察。基本上，此一规定的源头，并非来自日据时期农会体制的遗制，而是出现在政府撤迁来台前最后一次（1948年）修订的农会法上。在1943年修订的农会法尚未出现的此一规定，首次出现于1948年修订的农会法第28条第1项第6款："各级农会主办事业所获纯益，应提拨一部分，充作各该农会经费，不得少于百分之五十"（民众日报社，1956：148）。此一规定在1949年陈诚来台后推动"合并办法"时，被扩大成为所有农会盈余的使用规范依据，巨细靡遗地规定在随同"合并办法"颁布要求各级农会遵循使用的"〇〇县市〇〇乡区（镇）（市）农会章程准则""第八章结算"第43条：

> 本会年终结算后，经营经济事业各部门有净盈余时，应即拨充本会总盈余，其总盈余除弥补亏损部分损失及付股息至多年利一分外，其余应平均分为一百分，按照下列规定办理：
>
> 1. 公积金百分之二十；
>
> 2. 公益金百分之十；

3. 职员酬劳金百分之十；

4. 生产指导事业费百分之五十；

5. 会员分配金百分之十。（台湾省政府农林厅，1949：16）

此一规定到了 1952 年"改进办法"时，更明确规定各盈余分配项目的用途后，订于该办法第 41 条：

农会年度结算后，经济事业、及保险事业有纯益时，应即拨充农会总盈余。其总盈余除弥补亏损，及支付股息外，其余应平均分为一百分，按照下列规定分配之：

1. 公积金百分之二十，不得分配，应存储于主管官署指定之金融机关。

2. 公益金百分之十。

3. 全体理、监事及工作人员酬劳金，百分之十以内。

4. 生产指导事业费、及文化福利事业费，共百分之五十以上。

5. 会员及赞助会员分配金百分之十依会员或赞助会员对于农会交易额，比例分配之（民众日报社，1956：154~155）。

1952 年以后有关盈余分配的规定，先有 1955 年起实质停发会员与赞助会员交易分配金（10%）的改变，最后则在 1974 年所修订的"农会法"中直接将早已名存实亡的交易分配金规定予以删除，并将此一交易分配金（10%）直接移作农业推广经费，让"农业推广及文化福利事业费"再扩大为 60%！①

从上述的历史演变脉络来看，虽然农业推广经费直接取自基层农会

---

① 1974 年修订之"农会法"第四十条规定全文如下：
  农会年度结算后，各项事业之盈余，除提拨各该事业本身之基金外，应拨充为农会总盈余。农会总盈余，除弥补亏损外，依下列规定分配之：
  一、公积金百分之二十，应专户存储，不得分配。
  二、公益金百分之十，须经主管机关之核准方得动支。
  三、农业推广及文化福利事业费不得少于百分之六十。
  四、理、监事及工作人员酬劳金百分之十以内。

盈余的规定直到 1974 年才取得形式合法地位，实际上至迟在 1952 年的"改进办法"就已经通令实施于全台各农会。郭敏学指出，当时之所以放入此一条文，主要系着眼于此时政府财政困难，无法负担农业推广经费而发。他说：

"当时各参加人员的看法，认为彼时政府财政困难，故决定暂由农会担负农会推广的推行责任，并以盈余半数以上支持推广经费。……希冀政府于财政改善经费充裕后，逐渐分担较多责任，同时相对减轻农会的责任，使此项责任最后完全归政府负担"（郭敏学，1982：176）。

从这段话来看，显然由农会提拨高比例盈余作为农业推广经费的作法，只是当时政军局势与财政困难下的权宜之计，并非长远的打算。然而，随着台湾经济发展、政府财政日渐宽裕之后，当初由政府"逐渐分担较多责任，同时相对减轻农会的责任，使此项责任最后完全归政府负担"的理想并未真正实现。不仅如此，盈余提拨的比例还进一步提高，并且最终直接订定于 1974 年修订的"农会法"上。

值得思考的问题是，为何当初在决定由农会盈余提拨作为农会推广经费时，没有遭遇任何的反对声浪？因素之一，可能是因为如此可以达成"取之于农民、用之于农民"，或是"农有、农治、农享"的理想，可以造福农民、造福地方。另一个可能性是，当时处于1949、1952 年以来的政军动荡局势，整个国民党的党国机器过于强势，以致农会本身并无太多置喙的空间。还更可能的是，因为如林宝安（2009）研究所指出，在 1952 年党国机器强力推动"农会改进"政策的过程中，因为当初这些农会新贵并非既有的地方菁英或地方既得利益者，而是由国家恩庇主所扶植的新兴基层权力群体，在侍从关系之下，基本上只能接受恩庇主的制度修正与安排。而且因为是新当选理监事的新贵，恐怕也还没有能力去反驳国家机器在推广经费上所做的修正变革！

更值得注意的是，农会盈余提拨作为农业推广经费的体制设计，究竟造成什么样的影响？在本文看来，此一规定最重要的影响，是进一步造成农会的行政机关化。前已述及，虽然在两个"暂行办法"的规定下，战后台湾地区农会一直扮演着行政补全之辅助机构或是执行当局政策之农政末端机构的角色，不过执行这些业务所需的相关费用，都还是得到国家机器编列相关预算的补贴；换言之，即令农会执行再多的政府委办业务，都无法抹杀一个基本事实：此时农会与国家机器之间顶多只是个委托关系。但是，修改规定要求农会直接提拨盈余用于农业推广工作的作法，却造成实质而关键性的改变：这无异于将农会视同国家机器的一部分，好像天经地义农会就该负责农业推广工作！因此，国民党当局透过形式合法的修法手段，却将本应由政府负担的农业推广工作，实质转嫁给作为社会人民团体的农会承担，也就造成农会的实质行政机构化。这是过去研究者所未能注意的一个重点。①

（三）三位一体：镶嵌于地方社会的农会

此次修法也确立了农会对农民与农村社会的组织动员体系，并在历次选举时成为国民党威权统治下的选举动员机制。依据此次修法规定，农会依行政区域设立，确立了"一乡镇一农会"的独占原则；组织上则进一步按村里划设农事小组，分区选举农会代表与小组长，二者都可连选连任，无连任次数限制；农会代表负责召开大会、选举理监事；农事小组长则是农会所担负各项农业行政、技术辅导等功能的末梢神经。从农会本身运作的角度来说，前者攸关农会主控权的归属，后者则关系农会本身各项职权机能的发挥。农会总干事为了取得对农会的持续主控权，也就是为了取得连任，就必须确保理监事此一间接选举的胜利，而其关键就在于掌握相对多数的农会代表。依据"农会法"规定，不论是由农会会员直接选举农会代表，或是由农会代表间接选举理监事，都采取一人一票的民主选举多数决方式产生。此一方式，正与台湾地区民主政治

---

① 针对本文此处有关农会盈余提拨作为农业推广经费的讨论，匿名审查人提醒笔者，这些经费依据农会法的规定，都是"取之于农民，用之于农民"，更是符合农会作为非营利组织的本质。事实上，这也是本文的论点，而且笔者主要论证的重点也不在此。笔者论证的重点有二：第一，农业推广经费本应由政府支出，不能转嫁给农会承担，毕竟农会并非官方机构、行政机构；第二，作为匿名审查人所谓的非营利组织，农会自可自行运用盈余，只要不往自己口袋里放，因此笔者的重点在于，当局不能透过"立法"的手段，直接决定这个非营利组织应该如何使用这些盈余，尤其是规定必须用在本应由政府负担的农业推广工作。但是如果农会透过本身会员大会的决定，而将这些盈余大量使用在农业推广以及各种有益于农民、农业、农村的相关事项，这就不仅正当合法，而且有益于当地的发展，令人欣慰！

针对各级首长、民意代表的公开选举方式完全雷同。农会总干事为了达到农会内部选举与主控权的掌握，而在平时笼络扶植的各村里农会代表与小组长（派系、桩脚），对外也就成为可以直接转移投入民主政治之各种选举工作的有效动员机制。考察农会体系在国民党当局迁台后的历次民主选举中，经由国民党政权的刻意扶植，不仅成为乡镇地区的主要派系（相对于公所派），而且长期以来直接或间接投入争夺乡镇长、乡民代表之竞争，并被动员参与更高层级的选战工作，早已成为具有左右选举结果的一股组织性力量（蔡明惠与张茂桂，1994；赵永茂与黄琼文，2000）。

整体而言，这使得农会成为国民党政权有效控制农村社会的一项统合主义体制安排，而不只是过去学者所强调的"威权侍从体系"关系中的角色。基本上，威权侍从关系的论点，强调农会在战后国民党作为外来政权在台湾地区施行统治时，因为必须取得社会支持的正当性地位而获致的特殊角色。讨论的重点，因此偏重农会如何接受国民党威权政府的恩庇与特权恩惠的授予，以交换政治忠诚与顺服的侍从关系。然而在本文看来，这样的讨论并不能完全解释农会在战后所形成的各种角色。例如，农会作为地方乡镇农业政策与农村行政的半官方辅助机构角色，便不容易从威权侍从体系的论点得到充分说明。更关键的则在于，本文认为从"暂行办法"以降，当局透过农会会员"三位一体"的身份同构，有效地统合了基层农村在政治、经济与社会行动领域的利益，正是威权统合主义的最佳写照。

本文之所以强调政府所建构的是一种农会的统合主义体制，关键在于农会一方面成功地整合并驱动农民三种各自独立、却又紧密交互相关的身份角色，形成本文所谓"农民—农会会员—公民"的三位一体身份同构现象；另一方面在于，三位一体的身份同构，又直接对应现实生活中的"经济行动—社会行动—政治行动"三大行动范畴。相对于在现代化、资本主义化的社会中，不论是传统家庭、邻里、小区等团体组织的角色功能被不断地分化出来，并由具有专业性的机构（如托儿所与学校取代家庭的抚育、教养、教育功能）所替代，或是公司企业打破传统整合式的生产体系，朝专业分工与协力体系方向发展的趋势而言，台湾地区的农会体系即令不是反其道而行,这种多功能共治一炉的统合特色,也称得上是被刻意维持一种相当传统的组织特性。

农会以三位一体的身份同构为基础,透过三大行动范畴的串连与动员,一方面得以深入农村与农民社会经济生活之中,一方面则又占据影响底层政治生态的关键地位。针对第一重身份,也就是在农村社会从事农业经济活动的农民而言,农会一方面扮演政府农业辅导、行政、农村建设等工作的代理人与桥梁角色,使得农会成为拥有半官方机能与资源的重要农村机构,并且担负起地方农村社会经济建设的重任;另一方面,由于农会手中掌握着(在早期金融压抑的时代中)具有特权意涵的地方金融资本,也就是在地方乡镇层级上占据一种"地方性"的金融管制高地,拥有左右地方金融资源的配置权力。这样的结构性地位,使得农会成为乡镇地区主要政治经济资源的掌握者与分配者,不论对于整体农村经济或是个别农家的经济活动,都具有举足轻重的影响力。第二重的农会会员身份,则既是农会本身组织权力运作所必须建立的机制与关系,也是农会用以笼络、串连各村里秀异份子、派系桩脚的重要手段。在过去,取得农会代表、小组长等头衔,在乡镇社会也就是相当的一种身份地位象征。作为当权派的桩脚,更经常可以在重要资源分配上享有一定的特权,例如农会资金贷款的取得,以作为社会经济、甚至政治投资的资本。第三重的公民,则是农会在威权侍从体制中被赋予的一项政治任务,却也是农会或是其派系核心对外争取更多政治经济资源的基础。但是此项任务之成败,则相当程度系之于对前述二重身份的掌控。

因此,三位一体的身份同构,对应的是三个主要的行动范畴与资源分配。三者环环相扣,彼此交互影响,任何单一机能(例如信用部)都不可能独立于此一共生结构,而不伤害整体机制的运转。过去"财政部"将信用部独立出来的企图之所屡遭失败,关键正是因为维系此种三位一体以及三重行动范畴共生的结构特质,不仅有利于农会发展、农民福祉与农村建设,也是地方派系运作、"农政主管机关"政策推动,以及政党在地方社会进行选举动员等的必要机制。可以说,不论有意无意,正因为"一乡镇一农会"赋予的独占地位,以及因为继承日据时期农会/组合的实体组织,因为传承部分大陆农会法的制度规范,因为国共内战与撤迁来台的紧急局势对稳定控制农村社会、移转农业剩余的需要，以及因为风雨飘摇之际争取美援与美国支持而接受"农复会"相关改革农会意见的必要，最终都使得农会在台湾地区的地方社会愈发占据着一种"不可替代性"的特殊地位。而且不可否认的是，至少1974年前（正如以上演变所显示的），这还是一个相当程度受到政府控制主导的农会。

五 结语

回到本文一开始的问题：农会是谁的？从1945~1974年这不算太短的30年历史过程来看，这显然不是个可以简单回答的问题。狡猾地说，答案可以是农民的，也可以是政府的，或是理监事的，或是总干事的，大有可以满足不同立场观点的味道。不过也正因为如此，使得台湾地区农会的属性难以简单论断。

但是，如果依据前言引用的表1数据，而且果真"数字会说话"，那么这个问题的答案应该就很简单明了：农会是农民的！不过，表1所示农民认知在1952~1959年之间，对于农会谁属问题的戏剧性转变，却跟后来本文所分析的农会法令规范在1949~1974之间的演变，存在着不尽一致、而且具有相当程度吊诡的关系。具体地说，相对于20世纪50年代农民自认本身拥有农会比例的压倒性增长，1949年以来呈现在台湾地区农会组织体制身上的演变，却是显著的行政（机构）化与去合作化趋势：包括1949年规定提拨盈余进行农业推广，且逐年提高比例直至1974年修订定于"农会法"，1955年以后为了申请免税而实质停发会员的盈余分配，甚至到1974年干脆直接在"农会法"上予以删除的股金制！

吊诡的是，当广大农民愈来愈有信心主张农会是为农民自己所有之际，农会角色的定位却在体制规范层次被有意无意地导引往行政机构化与去合作社化的方向发展。在本文看来，这二十多年来存在的此一反差，却也构成日后导引农会体制进一步变迁的结构性动力所在。这也就是说，基层、广大的几百万农民不可能永远保持沉默，而任凭政府部门强制而集权地决定农会的体制方向；同样的，政府也不可能一直占据主导农会体制的地位，而不受到其他重要利害关系人或是压力团体或是民意的挑战。社会经济的变迁，尤其是台湾社会经历解严与民主化趋势之后，当更多农民出身的民意代表进入"立法机构"代言时，显然将会对这组关系投下关键性的变量；也就是说，在"农会法"的修订上，不再是行政部门可以一手主导，农民代表本身的利益将更直接反映在法律规范的订定。因此，站在1974年"农会法"上往前看的台湾地区农会，可以预见即将进入一个更加变动、也因而更加复杂的阶段。这是未来值得关注的课题。

参考文献

丁文郁（1999），"成立全国农会之研究"，《农业金融论丛》，42。
——（2001），"新版农会法之研究"，《农民组织学刊》，3。
"信用合作社联合社"（1990），《台湾地区信用合作社发展史》，台北："信用合作社联合社"。
王作荣（1989），《我们如何创造了经济奇迹》，台北：时报文化。
王承彬（1955），《土地改革与农会改进》，台北：中国农民服务社。
王振寰（1989），"台湾的政治转型与反对运动"，《台湾社会研究季刊》，2（1）。
——（1996），《谁统治台湾？》，台北：巨流。
王泰升（2002），《台湾法的断裂与延续》，台北：元照。
王益滔（1949），"论本省农会团体之分化与综合"，见台湾省政府农林厅（编）：《台湾省农会与合作社合并文汇》，台北：台湾省政府农林厅。
王兴安（1999），"日本时代的'信用组合'与地方生态——以新竹、苗栗地区为例"，《竹堑文献》，13。
"司法行政部"（1964），《违反票据法问题之研究》，台北："司法行政部"。
"台湾省行政长官公署"（1990），"台湾省行政长官公署布告日据法令废除原则"，收于《政府接收台湾史料汇编》，"国史馆"编。
民众日报社（1956），《改进后台湾省各级农会》，台北：民众日报社。
"立法院"，历年《"立法院"公报》。
安德生（Anderson, W. A.）（1951），《台湾之农会》，夏之骅等译，台北：中国农村复兴联合委员会。
朱云汉（1992），"寡占经济与威权政治体制"，收于《垄断与剥削——威权主义的政治经济分析》，台北：台湾研究基金会。
"行政院法规整理委员会"（1970），《"行政院法规整理委员会"总报告》。台北："行政院法规整理委员会"。

李力庸（2004），《日治时期台中地区的农会与米作（1902~1945）》，台北：稻乡。

李宗荣（1994），《国家与金融资本：威权侍从主义下国民党政权银行政策的形成与转型》，台中：东海大学社会学研究所硕士论文。

李国鼎（1991），《经验与信仰》，台北：天下。

林纪东（1990），《行政法》，台北：三民。

林维义（1999），"农会信用部经营危机之改革方向探讨"，《金融研训》，3。

林宝安（1998），"信用合作社法令规范演变与社会意义"，《基层金融》，36。

——（2002），"台湾消费金融的演变及其社会经济意义"，《台湾社会学刊》，27。

——（2005），"威权体制下的金融秩序及其影响"，收于古鸿廷等（编）《台湾历史与文化（九）》，台北：稻乡。

——（2007），"战后台湾期票信用的发展及其社会经济意义的探讨"，《台湾社会学刊》，39。

——（2009），"农会改进：战后初期台湾农会体制的建构"，《人文与社会集刊》，21（1）。

林宝树（1956），"台湾的农会"，见宋增榘等（编）《农民组织改进论丛》，台北：台湾省农会。

——（1986），《比较合作论文集》，台中：树德工业专科学校。

美援运用委员会（1962），《简化财经法律：法典化研究报告》，台北：美援运用委员会。

胡忠一（1997），"日据时期台湾产业组合与农业会之研究"，《农民组织学刊》，2。

胡盛光（1985），《农会法论》，台北：著者印行。

康绿岛（1993），《李国鼎口述历史》，台北：黎明。

张宝树（1956），"扩大改进农会成果的几个基本问题"，见宋增榘等（编）《农民组织改进论丛》，台北：台湾省农会。

许嘉栋（1996），《台湾的金融制度与经济发展》，台北："中研院"经济所。

郭敏学（1982），《合作化农会体制》，台北：台湾商务印书馆。

郭敏学（1984），《台湾农会发展轨迹》，台北：台湾商务印书馆。

陈希煌、黄振德（1997），《健全农会信用部体制之研究》，台北："行政院"研考会。

陈坤煌（2001），《战后粮政体制建立过程中的国家与农民组织》，台湾大学社研所硕士论文。

陈尚懋（1998），《台湾银行政策的政治经济分析》，台北：台湾政治大学政治学系硕士论文。

陈岩松（1983），《中华合作事业发展史（上）（下）》，台北：台湾商务印书馆。

陈维曾（2000），《法律与经济奇迹的缔造》，台北：元照。

陈聪胜（1979），《台湾农会组织之研究》，台湾政治大学经济研究所博士论文。

黄百全（2002），"如何解决农会信用部问题之研究"，《产业经济》，250。

黄建森（2001），"台湾地区农业发展与信用部管理问题"，《信用合作》。

"农林处"（编）（1949）《农会与合作社之合并》，南投：台湾省政府农林处。

廖正宏等（1986），《战后台湾农业政策的演变：历史与社会的分析》，台北："中研院"民族所。

廖坤荣（1997），"地方农会的改变与调适：农会信用部经营弊端与改革"，《中国地方自治》，50（3）。

廖朝贤（1999），"研修农会法的迷思——金融农会法？农民农会法？"，《金融财务》，3。

台湾省"政府农林厅"（1949），《台湾省农会与合作社合并文汇》，台北：台湾省"政府农林厅"。

赵永茂、黄琼文（2000），"台湾威权体制转型前后农会派系特质变迁之研究——云林县水林乡农会一九七0及一九九0年代为例之比较分析"，《政治科学论丛》，13。

刘进庆（1992），《台湾战后经济分析》，台北：人间。

蔡宏进（1994），"台湾农会组织结构与功能的演进与启示"，《改进农会与组织功能之研究》，台北：台湾大学农业推广学系。

蔡明惠、张茂桂（1994），"地方派系的形成与变迁——河口镇的个案研究"，《"中央研究院"民族学研究所季刊》，77。

萧全政（1990），《台湾地区的新重商主义》，台北：张荣发基金会。

赖英照（1999），"农会信用部改革方案之评析"，《华信金融季刊》，8。

赖英照（2000a），"农会信用部管理法制之探讨"，《月旦法学杂志》，56。

赖英照（2000b），"农会信用部管理法制之探讨"，《月旦法学杂志》，57。

蓝秀璋（2001），"论农业金融法制之建立——以农会信用部为中心"，《企银季刊》，24（3）。

Cheng, Tun–Jen（1993），"Guarding the Commanding Heights: The State as Banker in Taiwan", in S. Haggard, et al.（eds.）, *The Politics of Finance in Developing Countries*. Ithaca: Cornell University Press.

Francks, P., et al.（1999）, *Agriculture and Economic Eevelopment in East Asia: From Growth to Protectionism in Japan, Korea, and Taiwan*, New York: Routledge.

Haggard, S. & Chung H. Lee（1993），"The Political Dimension of Finance in Economic Development", in S. Haggard et al.（eds.）, *The Politics of Finance in*

Developing Countries. Ithaca: Cornell University Press.

Krasner, S. (1978), *Defining the National Interests: Raw Materials and U. S. Foreign Policy*. Princeton: Princeton University Press.

Moran, M. (1984), *The Politics of Banking: The Strange Case of Competition and Credit Control*. New York: St. Martin's Press.

Wiarad, H. J. (1997), *Corporatism and Comparative Politics: The Great Other "Ism"*. New York: Sharp.

Whose Farmers Associations? The Evolution of Legal Regulation of Farmers Associations in Taiwan: 1945 – 1974

Lin Bao'an

【Abstract】Why did the government in post-War Taiwan suspend the *Farmers Association Act* and used specified administrative ordinances to regulate the Farmers Associations (FAs) until 1974? The common understanding is that the change was made due to the needs of FAs adjusting to socio-economic changes. This paper elaborates on two key factors behind the change. First, the lack of a tax-exemption on interest from two-year CDs for FAs might have driven savings out of countryside, a form of capital-flight harmful to the development of local society. Secondly, because they failed to qualify, FAs could not set up checking services, another factor excluding them from the most dynamic socio-economic sector in Taiwan. Both problems were detrimental to the welfare and development of FAs and were therefore resulted in a great demand on reforming the laws concerning FAs. Yet the KMT government was reluctant to change the system. In principle, the *Farmers Association Act*, a law enacted by the KMT government, had been designed for the country as a whole. It would be better, it was assumed, to leave the *Farmers Association Act* suspended and use only specified administrative ordinances for Taiwan until one day the KMT government could recapture and re-dominate Mainland China. Yet the day never came and that premise was abandoned in 1971. The KMT government was compelled to change the policy under the circumstances. Ultimately, they abolished the specified administrative ordinances and amended the *Farmers Association Act* in 1974 to fit Taiwanese society, thereby ushering in a new age for Taiwanese FAs.

【**Keywords**】farmers associations (FAs)   *Farmers Association Act*   credit sector of FAs

（责任编辑　马剑银）

西方社会企业兴起的背景及其研究视角

杨家宁　陈健民*

【摘要】社会企业是非营利组织面对经费紧缺及为提高自身运行绩效，以企业的行为来解决社会问题，实现非营利组织社会使命的组织形式。西方对社会企业的研究主要有领导视角、组织行为视角、社会转变视角及企业社会责任视角。视角虽有不同，但是意蕴相通。

【关键词】社会企业　非营利组织

"社会企业"（Social Enterprise）这个词近些年来充斥于私营部门、公共部门和非营利部门，并且吸引了越来越多的学者的注意。虽然这个词是近些年才出现，但其所涵盖的现象可以追溯到 1601 年伊丽莎白济贫法中所规定的贫民习艺所等。① 本文所探讨的社会企业是非营利性组织为了自身的自足发展，在实现自身组织使命时兼顾有经济性目的而转向于产业化经营。目前，非营利部门在传统的基金来源减少和日趋竞争激烈的环境下面临着日益增强的提高效率和可持续性发展的要求。与此同时，在企业社会责任的呼声和推动下，日趋集中社会财富的私营部门以积极的行动应对复杂的社会问题。正是在这样的情况下，社会企业作为应对

---

* 杨家宁，博士，中共东莞市委党校讲师；陈健民，博士，香港中文大学社会学系副教授。

① 济贫法也以惩戒性而著名，但毕竟为人类对弱势群体的扶助迈出了一大步。

（解决）复杂社会需求的创新手段应运而生。它着重于问题的解决和社会的创新，以企业的行为弥合以往公共、私营和非营利三个部门的明显界限，同时注重发展营利和非营利行为的融合模式。社会企业的案例表明其在不同的背景环境下都具有十足的潜力。然而，这目前仍是一个较新的研究领域，关于社会企业的研究远远落后于社会企业的实践发展。

本文回顾了西方社会企业的实践和理论的发展，探寻社会企业如何形成新的有效机制解决复杂的社会问题。第一部分首先分析影响社会企业出现和发展的背景因素。第二部分聚焦于不同的研究维度及视角，对社会企业的研究做四方面的划分。最后从社会企业的界定所形成的两个张力探讨社会企业研究的发展趋势。

一　出现背景

正如同其他以社会变迁为取向的现象一样，社会企业的产生受到全球、各个民族、国家和地区各个层次的政治、经济、社会变迁的影响。随着全球化的发展，各个民族国家国内经济贸易发展与世界经济紧密联系在一起，日益形成一个强有力的市场部门，政府必须调整以适应快速变化的外在环境。经济的发展影响着社会的变迁，而最具影响的是西方的"再造政府"运动，从福利国家的发展转向于新自由主义发展，重新强调市场力量作为资源配置的机制。

在福利国家发展模式中，许多社会变迁都是由公共和（或）非营利部门担负完成，非营利部门为此利用公共的或慈善的资源。新自由主义的发展，政府从许多功能部门退却，而非营利部门至今仍被视为社会变迁的主要推动者，因为对社会服务的需求在最近几十年中并没有减少，在某种程度上还增加了，非营利部门从政府所获得的资金却明显减少。例如美国在 20 世纪 80 年代非营利部门从联邦和州政府所获资金已减少了 23%，90 年代后继续下降。[①] 非营利部门发现，为争夺有限的资源，自身内部的组织之间处于激烈的竞争状态。另外，政府从各功能领域的退

---

① McLeod, H., Cross over: the Social Entrepreneur, *Special Issue: State of Small*, 1997, 19 (7): pp. 100 – 104.

却，虽然为NPO的发展提供了更广的空间，但与此同时，也吸引了私营部门渗透到传统NPO活动的领域，以自身市场机制的竞争优势，争取更多的政府补助。

激烈的竞争对NPO而言意味着组织的发展面临着严峻挑战。首先需要对获取的有限资源审慎地加以利用并且证明组织的有效性（如公布实践活动的结果）。为改变以往不稳定的资金来源需要重新思考发展战略，其中之一是为拓展资源开始与企业进行互动合作，但由于企业慈善总是关注与企业产品相关的社会议题，同时也受到企业经济绩效的影响，企业慈善并不能提供给NPO稳定的资源。为此以市场为基础的发展模式逐渐纳入了NPO的活动工作中，NPO开始熟悉市场模式的语言和视角，如对目标群体进行市场调查，瞄准投资者而不再是捐赠者，开始改变资源依赖的地位。

除了资源制约NPO的可持续发展外，自足的运行也是NPO可持续发展面临的挑战。研究发现，许多NPO包括国际性规模较大的NPO仅仅代表捐赠者充当了"补助金提供的中介"，因而，该类NPO可持续存活率仅为15%左右[1]。改变自身运营状态的迫切要求推动了NPO向私营部门学习，以提高组织的效率及应对目标群体的需求。通过产业化经营，不仅增强了社会服务的能力，而且补充了混合公共和私有资源的额外及创新的供应品。美国已通过学术界和实务界的努力，将企业家创新、发展的精神融入NPO中，强调社会与经济目标的结合，以"非营利部门"（Non-profit sector）称之。可以从"非营利创业"（Enterprising Nonprofits）及"社会投资"（Social Investment）两方面的发展策略来看，"非营利创业"是非营利组织的商业化，从事以使命为导向的商业活动来增强组织的可持续发展能力；而"社会投资"则是企业新型的捐赠形式，以主动的方式承担社会责任。正如Catford所言，"传统的福利国家手段的衰退，……这对我们的社会、经济、政治系统为了支持这种转变如何提供新的、创造性的、有效率的手段提出了挑战，从既有的迹象看，社会企业为实现人

---

[1] Fowler, A., "NGDOs as a moment in history: beyond aid to social entrepreneurship or civic innovation?", *Third World Quarterly*, 2000, 21 (4): pp. 637–654.

与社区潜能提供了最鼓舞人心的途径。"①

而从欧洲的经验来看，则呈现出不同的特点，解决高失业、社会疏离及贫困问题成为企业介入非营利领域的重要动机。源自法国的"社会经济"（Social Economy）发展途径形成了多种组织形态的社会企业，以"工作整合"（Work Integration）和"社会创新"（Social Innovation）为代表。

"工作整合"是以某些弱势群体的长期失业者为对象，提供支持性的就业机制。2001 年到 2004 年，欧洲研究网络（EMES）对 11 个欧盟国家进行了"社会整合型社会企业的社会经济绩效"研究，明确提出了欧洲的社会企业是社会经济的转型，是合作社（co-operatives）的非营利化，社会企业是合作社与非营利组织的桥梁。经济合作与开发组织（OECD）于 1999 年以 OECD 五个会员国所执行的"LEED"方案为蓝本，出版了"社会企业"（Social Enterprise）一书，并在 2001 年举办了"社会企业：比较的观点"（Social Enterprise: A Comparative Perspective）国际研讨会。此次研讨会归纳出两种类型，即以经济目的为主的社会企业和以公益为导向的社会目的企业。2003 年 OECD 出版了《变革经济中的非营利部门》（The Non-profit Sector in a Changing Economy）一书，指出社会企业乃是介于公私部门间的组织，其主要形态为利用交易活动以达成目标及财政自主的非营利组织，社会企业除采取私营部门的企业技巧外，亦具有非营利组织强烈社会使命的特质，社会企业的主要形态包含员工拥有的企业、储蓄互助会、合作社、社会合作社、社会公司、中型劳工市场组织、小区企业，等等，其主要活动包含两个领域：训练及整合劳动市场排除的员工，传送个人及福利服务。②

"社会创新"则强调社会利益的极大化。以英国为代表，透过立法、经济手段鼓励社会企业的创立与发展。这一变革的目的并非是出于经济

---

① Catford, J., "Social Entrepreneurs are Vital for Health Promotion – but They Need Supportive Environments too", *Health Promotion International*, 1998, 13 (2): pp. 95 – 98.

② OECD, *The Non-profit Sector in a Changing Economy*, OECD, 2003, p. 299.

目的,而是通过市场运作机制,以互助合作的方式解决社会问题。①

因而,Borgaza 和 Defourny 认为,欧洲社会企业具有五个方面的贡献。一是福利系统的转变(transformation of the welfare systems),即社会企业以多种再分配的方式改革了欧洲的福利系统;二是创造就业机会(employment creation),尤其是工作整合机制的社会企业对社区照顾服务领域的贡献最为明显;三是社会凝聚与社会资本的创造(social cohesion and creation of social capital);四是地区发展(local development),社会企业创造了稳定的劳动市场,为社区未来创造新的就业机会;五是第三部门的动力(dynamics of the third sector),社会企业不同于社会经济及第三部门,兼具市场及政府机制,是第三部门新的突破。②

二 社会企业的研究视角

尽管社会企业的现象早已存在,可以追溯到济贫法中的贫民习艺所,但理论界对此的研究自 20 世纪 80 年代才开始,同时由于社会企业概念自身的复杂性,理论界和实务界对社会企业并没有形成一致的界定,每个人对社会企业所含意义都有不同的见解。但大多数研究都认为社会企业内在地包含有非营利部门、企业、企业家、社会使命、创新等因素。另外还有其他原因也能促使我们弄清楚社会企业具体由何者构成,首先是社会企业与营利性企业相比具有不同的评价标准;其次,有理由相信社会企业是解决社会问题的最富希望的手段,因而需要在合法性形式或其他类似的社会政策方面给予支持。

分析相关研究成果,可以看到,对社会企业的研究主要有以下四个视角:第一,领导视角,该视角在研究社会企业时强调社会企业受领导者掌握的特征,领导者的威望和能力是促进团队献身于社会计划的重要

---

① Defourny Jacques., "Introduction: From third sector to social enterprise", In Carlo Borgaza and Jacques Defourny (eds.), *The Emergence of Social Enterprise*, Routledge, London, 2001, pp. 1 – 28.

② Defourny Jacques., "Introduction: From third sector to social enterprise", In Carlo Borgaza and Jacques Defourny (eds.), *The Emergence of Social Enterprise*, Routledge, London, 2001, pp. 375 – 362.

因素。其主要观点认为，社会企业具有增强人力资源管理以获得非营利部门的竞争优势。第二，组织行为视角，认为领导视角忽略了社会企业的行为特征，该视角对社会企业的界定侧重于与传统的营利性组织对比。第三，社会转变视角，认为社会企业不能仅从解决特定的社会问题来理解，社会企业更是社会变革的触发剂。第四，企业社会责任视角，该视角对社会企业的界定更为宽泛，认为社会企业为营利性企业领导者在其管理中整合了企业社会责任。

（一）领导视角

领导视角在关注社会企业时特别注重领导者的个人特征。社会企业被视为在具有系统改革目的的社会事务领域中所形成的社会企业家的睿见和付诸行动的决策。它表明，一项重大的社会变革，往往肇端于一个社会企业家的倡导。①

Young 最早对社会企业家和一般管理人员作了区分。Young 认为社会企业家并不热衷于简单的日常管理或一般的决策制定，他们是创新者，建立新的组织，发展和推行新的工序和方法，组织和扩大新的服务。② 组织的发展，需要致力于维系专业人士的留任与支持，才能增强组织的动力与活力。社会企业的创办人与领导者在此扮演了关键的角色，他们一方面增进本身的管理胜任能力，另一方面亦可将管理控制权授予更多具备专业与技能的专业经理人才。即社会企业家以新的方法来解决社会弊病。他们的作用和营利部门的企业家一样，将经济资源从较低产出的领域转移至更高生产力和更高产出的领域，他们是推动"创造性破坏"的力量。但对 Young 而言，社会企业家能从 NPO 的企业治理中获得经验，或者说 NPO 从私营部门中形成营利的能力。因而 Young 的定义并未解决 NPO 的可持续性与自足性发展、企业和社会企业的区别的争论。

Waddock 和 Post 在以"美国禁毒伙伴"（Partnership for a Drug - Free

---

① 〔美〕伯恩斯坦著，吴士宏译《如何改变世界》，北京，新星出版社，2006，第13页。
② Young, D. R., "Entrepreneurship and the Behavior of Non-profit Organizations: Elements of a Theory", in S. Rose - Ackerman（Eds.）, *The Economics of Nonprofit Institutions: Studies in Structure and Policy*, New York, Oxford University Press, 1986.

America)组织为案例的研究中发现,NPO企业化形式的出现是政府和私营部门共同创始的结果。他们发现社会企业家作为一个非营利部门的领导者,在公共部门议程和社会问题所引发的改革中起关键性作用,并且发现成功的企业家具有威望和能力两个主要特征。① 至此,研究者开始对一些成功的社会企业家案例进行剖析,极大地推动了本领域研究的发展。如有研究表明社会企业家的特征和行为与成功的营利性企业家类似,不同之处在于社会企业家的理想、领导能力和对他者帮助的责任感。因而,社会企业家能认识到在国家福利没有或未能覆盖的地方存在着 NPO 去满足那些群体的需求的机会,从而聚集必需的资源并且对资源做出与众不同的使用。② 而 Prabhu 认为两者之间主要区别在于理念,这决定了对使命、手段和目的的不同选择。社会企业家的主要使命是追求社会变革和目标群体的发展,而不是追求利润。另外,社会企业家与企业家相比,社会企业家并非是具有创业性质的个体,而是具有高度合作性质的个体。因为社会企业需要在多元化的利益相关者中建立诚信,需要动员各方面的支持力量,因而沟通互动能力是社会企业家的关键技能。③ 但在这些研究中,尽管研究对象为微观层面的社会企业家及其活动,但研究的聚焦点却在于大规模的社会变迁,以至于研究内容和其目的脱节太大。

但 Dees 坚持认为社会企业家是企业家的一种类型,要了解社会企业家就必须对传统的企业家理论有充分的了解。Dees 借鉴了 Say 的企业家的价值创造观点,汲取了熊彼特的企业家创新和改革的特征、德鲁克提出的机会的认识和利用的企业行为,及 Stevenson 提出的资源丰富观点。Dees 对四位经济学家的观点加以整合,认为社会企业家参与营利活动,视利润为达至目标的手段,而营利性企业家视利润为最终目的。④ 一个社会企业家具有创造及坚持社会价值的使命,认识并且不懈追求新的机会

---

① Waddock, S. and J. E. Post., "Social Entrepreneurs and Catalytic Change", *Public Administration Review*, 1991, 51 (5): pp. 393 – 401.

② Thompson, J. G. Alvy, and A. Lees., "Social Entrepreneurship – A New Look at the people and Potential", *Management Decision*, 2000, 38 (5): pp. 328 – 338.

③ Prabhu, G. N., "Social Entrepreneurial Leadership", *Career Development International*, 1999, 4 (3): pp. 140 – 145.

④ Dees, G., The Meaning of Social Entrepreneurship, http://www.fuqua.duke.edu/centers/case/documents/dees – SE.pdf, 1998.

去实现这些使命。在不断参与创新,采纳和学习的过程中,向其服务对象展露高度的责任感。因此 Dees 提出,对机会的认识与把握,对实现途径的创新,对资源的有效配置应该是社会企业家的三个主要因素。Mort 等人提出社会企业家在面对复杂的社会问题时,首先展露出有条不紊的判断力,目的和行动的内在统一,这种倾向是社会企业家平衡多元利益相关者的利益及坚持自己使命的前提。其次是在认识和利用机会以实现其社会价值方面胜人一筹。第三,社会企业家展露出其风险承受力和创新能力。[①]

诸如此类的以社会企业家的性质、作用来阐述社会企业的主题在社会企业研究文献中非常普遍。通过对社会企业家的贡献价值加以描述,这种描述的目的在于颂扬社会企业家的修养及能力并鼓励模仿和支持他们。在相关研究中,企业家是具有极强能力的单个个体,必须知道如何处理受雇员工与社会企业之间互动的显著特质,受雇员工的福祉是社会企业的领导者与经理人需要格外关切的议题,这其实忽略了在社会企业的创立及运营中,团队、组织的作用。并且我们还发现该类对社会企业家的界定局限于"成功"的社会企业家。我们有理由相信仍存在许多案例,社会企业家的创新以失败而告终,或者其社会目的背后存有自利的动机,其行为不一致,其毅力不持久,其案例不具有借鉴性等。正如 Dees 也特别声明其定义为理想类型,实际案例可能会与其定义不一致或仅部分符合。

(二) 组织行为视角

正如同对企业的研究从早期关注企业家的个人特征及背景转向现在的关注企业的过程与行为一样,越来越多的学者也逐步转向关注社会企业的过程和行为。在这方面,社会企业被视为 NPO 寻求可替代资源或建立社会价值管理图式的创新行为。其理论渊源可追溯至 NPO 部门经济理论。NPO 经济学理论可以分为两类:第一是组织的角色理论,关注 NPO

---

① Mort, G. S., J. Weerawardena & K. carnegie., "Social Entrepreneurship: Towards Conceptualisation", *International Journal of Nonprofit and Voluntary Sector Marketing*, 2003, 8 (1): pp. 76 – 89.

在经济体系中的作用、功能，主要用公共物品理论，契约失灵理论，消费者控制理论等来解释 NPO 在社会经济系统中的作用。第二类是组织的行为理论，关注 NPO 的动机、目标、产出等问题，其理论基础是不分配盈余的限制。① 正是在这两类分析的基础上，经济学分析显示出与其他 NPO 理论不同之处，学者们将"效用最大化"、"制度选择"或"组织选择"的理性模式引入 NPO 供给取向的理论中，从而为解释社会企业奠定了理论基础。早期的社会企业学者就首先借鉴了经济学的观点对社会企业进行描述。例如认为社会企业是通过建立社会目的的机构并像商业机构一样从事商业交易，但将其利润返还该社会组织，认为社会企业是创造经济财富并为处于社会经济边缘的弱势群体提供工作机会。②

随后的研究认为社会企业不但是一个创新的组织，而且也是一个过程。在企业家精神重塑 NPO 的活动中，社会企业被视为是一个以新的方式聚集资源以创造社会价值的过程，在这一过程中，社会企业提供服务或产品来追求经济活力化，为边缘群体提供发展的机会。这就涉及新的组织形式的建立，出现了非营利性企业（Non-profit Enterprise）作为一种产生经济收入的机制，其成立是为了低收入或有障碍的人群创造就业或培训的机会。同时也出现了弥合公共部门、私营部门和 NPO 的"社会目的企业"（Social Purpose Business）。该类组织具有社会目的和经济期待，以企业化的途径满足社会对 NPO 的需求，在社会目标和服务（生产）收费上保持平衡。这些发展形成了社会企业的社会目的和经济目的的双重底线的标准。③

因而，对社会企业的研究也就出现了两类不同的观点。一是侧重于社会企业的社会目的和性质，另一方面研究则侧重于社会企业营利方面的特性。在第一方面研究中，Dees 就认为社会企业的概念应置于 NPO 的

---

① Hansmann, H., "Economic Theories of Nonprofit Organizations", In W. W. Powell (Eds.), *The Nonprofit Sector: A Research Handbook*, New Haven, Yale University Press, 1987.

② Wallace, S. L., "Social Entrepreneurship: The Role of Social Purpose Enterprises in Facilitating Community Economic Development.", *Journal of Development Entrepreneurship*, 1999, 7 (2): pp. 153–174.

③ Emerson, J. F. Twerkey, *New social entrepreneurs: The success, challenge and lessons of non-profit enterprise creation*, San Francisco, Roberts Foundation, 1996.

背景中,这意味着社会企业的产品或服务并不涉及交易的形式。Anderson 和 Dees 明确表示营利并不是社会企业的要点、本质,社会企业仅是寻找新的和更好的方式以建立和坚持社会价值。① 但其他研究者仍坚持双重底线的观点,社会企业必须涉及企业的性质。从这个意义上来说社会企业具有某种形式的收入产生机制,但社会企业并非醉心于利润而是社会收益,或者称之为经济目标是产生盈余而非利润以助于解决社会问题。这就要求社会企业在机会认识、风险承受和创新等之外还应具有平衡的判断力。引用最为广泛的就是孟加拉国经济学教授穆罕默德·尤努斯 1976 年所创办的格莱珉银行,该行所推行的"微贷"项目已经遍及一百多个国家,用流动资本贷款所带来的额外收入从而以成功的商业运作证实了"微贷"可以大规模帮助贫困家庭战胜贫困。Fowler 将此种方式称为"整合型"(Integrated)社会企业,因为其盈余的产生行为同时也产生社会收益,并且盈余返还该项目以维持其持续发展,而非投入其他项目。而与此相对的"补充型"(Complementary)社会企业,该类型的社会企业以企业的形式(如创办修车厂或从事商贸活动等)开源节流,但其企业行为并不直接产生社会收益,而只是以外在企业形式获得盈余以补充 NPO 的经济需要。②

相应的,从组织行为的角度研究社会企业,治理运作就成为研究的重点。美国社会企业运作的核心在于企业与非营利组织间的合作。无论是"非营利创业"或"社会投资",组织的可持续发展都是重要的内容,形成了与社区慈善共事、管理内部社会投资、支持社区营利企业、发展社区企业四种发展模式。

而欧洲社会企业的治理则强调政府与第三部门合作,采取民主管理形式。③ 核心关键在于不同利益相关者的多元目标本质(multi‐goal

---

① Anderson, B. B. & Dees, J. G., "Developing Viable Earned Income Strategies", In Dees, J. G. J. Emerson &P. Economy (Eds.), *Strategic Tools for Social Entrepreneurs: Enhancing the Performance of Your Enterprising Nonprofit*, New York, John Wiley & Sons, Inc, 2002, pp. 135 – 147.

② Fowler, A., "NGDOs as a moment in history: beyond aid to social entrepreneurship or civic innovation?", *Third World Quarterly*, 2000, 21 (4): pp. 637 – 654.

③ Kerlin, J. A., "Social enterprises in the United States and Europe: understanding and learning from the differences", *Voluntas*, 2006, 17 (3): p. 260.

nature)。EMES 研究网络从社会经济理论角度，将此种多元目标概念化为社会目标、经济目标与社会政治目标。而其关键则是强化利益相关者参与决策过程的意愿及发展社会资本。①

就组织行为视角的发展来看，虽然社会企业在其界定描述中呈现不同的特点，但所有对社会企业的研究都认为社会企业具有解决社会问题的性质。而社会企业具有的企业性质引发了社会企业是否是 NPO 的争论。尽管有些研究视社会企业为营利性企业，为了特定目的而承担社会使命（后文将论及）。绝大多数研究仍将社会企业视为 NPO 的范畴，但目前应关注的是在多大程度上 NPO 可能或者必须引入企业营利机制。

（三）社会变革视角

该视角的研究认为，社会企业确实体现了上述两个视角研究的特点，但如果仅将社会企业视为社会问题的解决之道，不足以表明社会企业的确切内涵，社会企业应被视为社会变革的触发剂。从这一观点出发，社会企业在短期内能对社会产生小的变革，但从长期角度看，它能触发大的社会变革。② 该视角从以下两个方面补充了前述视角对社会企业的理解。

首先，以往的社会企业都强调其创新这一特点，并且组织理论也以此解释组织的效率，但却未能反映出创新在不同的社会企业中所呈现出的不同模式。Uphoff 研究就表明，复制或扩展既存的服务并不需要创新，但当扩展服务的能力或资源或缺时，创新的行为能重新配置既存的资源以提高其效率和广度。③ Alvord 认为成功的社会企业对边缘群体的帮助有三种形式，即培育地方能力、提供个体需求物资、发展当

---

① Borzaga, C & Solari, L., "Management challenges for social enterprises", In C. Borzaga & J. Defourny (eds.), *The Emergence of Social Enterprise*, London & New York, Routledge, 2001, pp. 333 – 349.
② Alvord, S. H., Brown, L. and C. Letts, "Social Entrepreneurship and Societal Transformation", *Journal of Applied Behavioral Science*, 2004, 40 (3): pp. 260 – 282.
③ Uphoff, N., M. J. Esman & A. Krishna., *Reasons for Success: Learning from Instructive experiences in Rural Development*, West Hartford, CT: Kumarian, 1998.

地运动抵抗强权。同时，成功的社会企业会采用新的方式动员边缘群体的既存资源。

其次，不否认领导者的个人能力特征在社会企业中的作用，尤其是具体体现出的两个能力特征：合作沟通能力使得领导者能与不同的利益相关者有效合作、管理能力使得社会企业能有效运作，但却忽视了组织和制度化的安排在社会企业有效解决社会问题及扩展其社会影响方面的重要作用。社会企业将投资于组织和管理系统以支持组织成长，扩展其覆盖范围，或者将投资于与顾客或其他行动者联盟关系的建设上，以便更有效完成其使命。

在这两点补充的基础上，该视角研究认为，社会企业以三种方式扩展其社会影响从而变革社会，这三种方式是：扩展服务覆盖范围；扩展功能从而对主要利益相关者造成更大的影响；改变其他有影响力的行动者的行为，间接扩大社会企业的影响力。① 当然，变革社会最主要的领域为经济，即社会企业主要利益相关者的经济地位和收入的改变。其次是文化的转变，如在能力培育中，改变了边缘群体解决问题的能力。而政治转变相对而言较不明显，在动员社会型企业中提高了边缘群体影响关键决策者的能力。

社会变革视角在社会企业研究中仍处于起步阶段，其研究结果并未得到众多学者的认可。究其原因，首先是从事该研究的学者较少。其所选取的案例为广泛认为运行成功的社会企业，以这些成功的案例来界定社会企业是社会转变的手段在一定程度上夸大了社会企业的作用。其次，研究未能揭示不同的社会背景条件对社会企业呈现不同的形式所起的作用。如发展当地的运动以提高边缘群体的声音，不同的政治氛围明显会对该种社会企业形式产生不同的作用。但无论如何，该研究为社会企业的解释提供了新视角。

（四）企业社会责任视角

该视角将社会企业视为营利性企业在跨部门合作中的社会责任行为

---

① Uvin, P., P. S. Jain & L. D. Brown., "Think Large and Act Small: Toward a New paradigm for NGO Scaling up", *World Development*, 2000, 28 (8): pp. 1409–1419.

的体现形式。其中蕴涵有两种形式,一是企业的社会投资,二是企业和 NPO 的战略合作。企业的社会投资是企业品牌战略管理方法之一。竞争的环境其实包含四个形成企业潜在生产能力的因素,即要素环境、需求环境、竞争环境的开放程度、企业对投资供应链上厂商的投资。Porter 提出了一个投资于竞争环境四个因素以获取竞争优势的模型。Porter 认为投资于该四个因素的慈善行为是提高企业竞争优势及获取更高利润的唯一途径,"慈善投资能对集群竞争及其内部组成的公司行为产生巨大的影响"。① 其他学者也认为,传统的企业战略总是将产品瞄准于上层及中产阶级,而忽视占人群中绝大多数的下层民众。某些瞄准于贫困民众的战略应该既能服务于民众,又能获取利润。这些学者们以实证研究支持了 Porter 的模型。例如 Prahalad 对印度的研究,他认为首先应该视穷人为创新的机会而不是将其看作社会问题,才能转变思想将穷人转化为活跃的消费者。② Christensen 提出了"破坏性创新"(disruptive innovation)作为企业实现经济底线的方法。③ 该视角视企业社会投资为社会企业的一种表现形式显然是极大地扩大了社会企业的内涵。

而大多数学者都是从企业与非营利组织互动合作的角度切入。企业与 NPO 的战略合作关系可追溯至 20 世纪 80 年代中期。这一时期美国的经济出现一定程度的停滞,许多企业被迫缩减规模、关闭工厂,导致许多就业岗位减少。面对这种危机,有些企业的管理者将企业慈善捐赠视为不必要的奢侈浪费,但有些企业管理者却寻求新的途径试图使慈善行为服务于企业的经济目标。其实质内涵就是企业的善因行销(cause-related marketing)。Marx 等人以资源依赖理论为研究基础,发现企业或基于企业形象而建立基金会,或基于企业社会责任而投入慈善事业。④ 与此同时,NPO 也认识到增强经济收入对提高自身的可持续发展能力的重要

---

① Porter, M. E. and M. R. Kramer., "The Competitive Advantage of Corporate Philanthropy", *Harvard Business Review*, 2002, 80 (12): pp. 56 – 69.
② Prahalad, C. K., "Strategies for the Bottom of the Economic Pyramid: India as a Source of Innovation", *Reflections: The SOL Journal*, 2002, 14 (4): pp. 6 – 18.
③ Christensen, C. M. and M. Overdorf., "Meeting the Challenge of Disruptive Change", *Harvard Business Review*, 2000, 78 (2): pp. 70 – 76.
④ Marx, Jerry D., "Corporate philanthropy: What is the strategy?", *Nonprofit and Voluntary Sector Quarterly*, 1999, 28 (2): pp. 185 – 198.

性。因而两者建立战略合作关系以实现双赢的收益目标，社会企业即为两者战略合作关系的组织形式。NPO 从企业中学会竞争，学会市场、结果、顾客取向等企业管理模式，而企业则从 NPO 中学会了使命驱使，吸引员工等。

对于这样一种社会企业形式，在一定程度上会导致企业规模扩大并且虽然说企业在瞄准目标群体或寻求 NPO 合作时是以企业营利为标准的，但如果企业发展目标错位则会造成企业损失。而对 NPO 而言，与企业联姻确实增强了自身实现社会目标的能力，但由于企业对资金的目标和用途作特别的指定，因而极大束缚了 NPO 的自主性。尽管营利性组织通过合作、投资等方式对社会企业产生重要的作用，但它们不能成为社会企业，企业为了实现社会和环境目标的投资行为虽然说是超越于其核心经济目标，但只能称为企业社会责任，而不应称为社会企业。

小 结

尽管上述对社会企业的研究见仁见智，但都蕴涵有：①社会企业首要目的在于创造社会价值，这是社会企业与其他经济组织相比独特的表现；②社会企业具有认识及利用各种机会以实现社会价值的能力；③社会企业具有创新的承担风险的能力；④社会企业在稀少资源面前具有毫不气馁的精神。对中国的 NPO 而言，以社会企业的方式改善自身经费紧缺的问题可能是一个较好的选择。从美国社会企业发展过程来看，基金会扮演相当重要的角色，但基金会受限于特定的经济、法律及行政规范，因而难以为社会企业建立适当的可持续发展环境。而欧洲政府以政策推动建构社会企业发展所需的环境，以促进社会企业的创立与发展，这点值得中国第三部门发展所参考。①

上述研究表明，在社会企业的争论中存在两个关键性的张力，一是社会企业是否以特定的贸易功能或者创业（entrepreneurship）为特征；二

---

① Kerlin, J. A., "Social enterprises in the United States and Europe: understanding and learning from the differences", *Voluntas*, 2006, 17 (3): p. 260

是社会企业是否为严格意义上的第三部门组织或社会企业是否能包含企业和公共部门组织。其中关键是厘清社会企业与传统的 NPO 有何差异。这引发我们思索社会企业是否是一个独立的研究领域。在社会企业研究中，学者们引用了众多的企业研究的概念、术语，但我们得明确，社会企业并非是在特定的社会背景下的企业现象，因为社会企业给予社会价值的创造优先于盈余的获取，因而对社会企业的社会价值或者说其社会影响如何评价是社会企业研究和实务领域的一个重大课题。从这方面来说，社会企业的发展具有了较多的政策意涵。

另外，在上述社会企业的界定中还表明社会企业虽然呈现不同的组织形式，但仍有一共同之处，即社会企业嵌入在不同的社会文化与经济背景中。嵌入性的强弱及其对社会企业的能动与制约是社会企业研究领域的另一重大课题。有理由相信，社会企业会经历议题形成、成立、成长、转型、巩固等组织变迁的阶段，嵌入性对社会企业组织变迁的各个阶段都会形成不同的影响作用。因而诸如组织生态学、资源依赖理论、制度理论、社会资本、多元主义、社群主义等理论和观点都会对社会企业研究提供不同的视角。

Research Perspectives on the Background and Rise of Social Enterprises in the West

Yang Jianing   Chen Jianmin

【Abstract】Currently, the non-profit sector is facing intensifying demands for improved effectiveness and sustainability in light of diminishing funds. Social enterprise is a form of non-profit organization. It is emerging as an innovative approach for dealing with complex social issues using entrepreneurial processes or behaviors. This article reviews social enterprise from the perspectives of leaders, organizational behavior, social transformation and corporate social responsibility. The article also explores trends in the study of social enterprise.

【Keywords】 social enterprise, non-profit organizations

（责任编辑　朱晓红）

非营利组织资源募集策略变迁之研究

——以台湾联合劝募组织为例

官有垣 邱连枝[*]

【摘要】本文从组织变迁相关理论及资源依赖关系观点,探讨"中华社会福利联合劝募协会"(简称台湾联劝)的资源募集策略之转折,同时,探究此类非营利中介组织在台湾从事善款募集与分配的处境及其意涵所在。本研究关注的重点:为将社会善款合理分配到社会各底层弱势民众,台湾联劝如何有效募集社会资源?该组织如何因应外在环境的改变而在组织发展与资源募集的策略上做出调整?以及在台湾一年约有 500 亿元公益捐款空间前提下,台湾联劝如何与众多 NPO 竞逐或合作,扩展募款空间?本研究发现台湾联劝在创立期即从制度环境考虑,强调合法正当性的取得;此外,治理重心的移转、人员及组织的扩展也呈现组织生命周期的演变与成长;同时募款策略的改变,显示该组织对资源依赖的控制;在资源募集策略层次,台湾联劝面临需走出北部,扩展中南部资源的考验,同时应控制对企业资源的依赖、拓展志工资源及与社会服务团体、政府等维系协力伙伴关系。

【关键词】 经费募集 联合劝募 募款策略 个人捐款 企业捐款

---

[*] 官有垣,台湾"国立"中正大学社会福利学系,教授;邱连枝,台湾"国立"中正大学社会福利学系博士班研究生。

一　前言

自20世纪80年代末期解除戒严以来，台湾由于特殊的政经结构与历史脉络发展，非营利组织如雨后春笋般蓬勃发展，累积了一股非常丰厚的民间社会力量。非营利组织不仅在社会、经济及政策倡议领域扮演举足轻重的角色，更被视为促进小区发展、提倡公民权利，以及提升民众福祉的重要机构（萧新煌，2000；Cho & Gillespie，2006）。根据"内政部"统计处的数据，1987年台湾的社会团体总数有11329家，但至2008年底成长为31994家，① 成长速度激增。再者，根据2003年的统计数据显示（Kuan, Chiou & Lu, 2005），全台湾共登计有超过3000家财团法人基金会，多数属教育类、社会福利类。这股发展的趋势，让社会大众、媒体和政府部门对非营利部门的发展刮目相看。

然而，在台湾的非营利组织快速成长之际，也由于全球经济景气衰退，冲击着非营利组织的存续。因此，尽管每年都有不少社会团体进场，但依据"内政部"统计，2003年的社会团体数有27181家，虽较2002年增加一千多家，然而有723个团体呈停止活动状态。② Tuckman（1998）认为，非营利组织为了永续发展，必须与资本、员工、案主、客户及年度总预算抗战。但这种长期抗争不同于营利组织可以依恃经济收益来平衡，而必须兼顾非营利组织的宗旨使命，且要依靠董事会的运作、责信的建立、志工资源，以及其他非经济性因素来与其他组织竞争（Brody，1996）。尤其当非营利组织营利所属的外部社会环境改变，组织是否有能力及时应变，成为决定组织持续进场或被淘汰的重要因素。

根据台湾"行政院"主计处2003年针对"国人""近一年财物捐赠

---

① "内政部"统计处：《"中央政府"所辖人民团体》，http://sowf.moi.gov.tw/stat/year/y04-01.xls，2008年12月3日。
② "内政部"统计处：《2003年"各级人民团体活动概况调查"》，http://www.moi.gov.tw/stat/，2007年7月7日。

行为"调查研究显示，该年捐款总金额为 427 亿元；① 而 2000 年的九二一震灾的捐款为 629 亿元，以及 2003 年全年台闽地区各级人民团体经费总收入为 544 亿元。② 然而，依据"内政部"社会发展趋势调查，台湾地区民众捐赠财物的人数比例，自 1999 年的 42.27%，下降为 2003 年的 37.76%，显示经济景气的改变会影响财物的捐赠。③

因而，面对私有化危机以及资源有限等诸多的结构性限制，非营利组织为求生存，如何经营管理及募集资源成为学界关注的重点。关乎营销、社会营销及其相关的经营管理议题，便成为当前非营利组织不可避免的课题。非营利组织为扩大组织资源，1990 年代普遍强调必须发展一套"策略规划"（strategic planning）的重要性，这是源自于 1970 年代就相当流行的管理技巧，但差不多到 1990 年代，包括这个概念的创始人之一 Mintzberg（1994），也开始注意到策略规划在实际上的限制（冯瑞麟译，2007）。此外，Philip Kotler 及 Gerald Zaltman（1975）提出的社会营销等用来探讨非营利组织的经营及募款策略，引起许多国外学界的关注，包括 Philip Kotler、Ned Roberto、Nancy Lee（引自俞玫口译，2005）、Kotler（引自张在山译，1991）、Drucker（引自余佩珊译，1994）及 Kotler & Anderson（引自张在山译，1991）、Allisn & Kaye（引自蔡美慧译，2001）等；国内学者也在此多有所著墨（谢儒贤，1997；林东泰，1996；耿筠、黄俊英，1996；郑丽娇，1995；洪英正，1992；张重昭，1985；林雅俐，1999；许士军，1999；司徒达贤，1999，2003；陆宛苹，2000；江明修主编，2000；李礼孟，2001；林吉郎，2003；陈定铭，2003b，2004）。

但是面对环境的变迁，非营利组织在募集资源时不能单从策略规划或社会营销的角度因应，除强调从组织内部的领导风格、激励、奖酬等策略着手之外，更重要的是组织如何了解外部环境，组织外部的环境借

---

① "行政院"主计处，《2003 年"国人""近一年财物捐赠行为"》，http://www.dgbas.gov.tw/public/Attachment/511010512571.doc，2007 年 7 月 1 日。
② 《内政统计信息服务网：《2003 年社会发展趋势调查》，http://www129.tpg.gov.tw/mbas/society/community-92/treasury.htm，2008 年 3 月 10 日。
③ "行政院"主计处，《2003 年"国人""近一年财物捐赠行为"》，http://www.dgbas.gov.tw/public/Attachment/511010512571.doc，2007 年 7 月 1 日。

由什么机制影响组织,以及组织又会如何被动地响应或主动地控制环境以求永续生存(Pfeffer & Salancik,2003)。Powell & Friedkin(1987)即主张,欲了解非营利组织的组织变迁,必须从两方面着手,除从内部过程了解组织如何应变之外,也应探究组织外部有哪些因素影响了组织的变迁。国内目前在非营利组织资源募集相关研究部分,较少从组织与外部环境互动的角度探析,此为本研究的重心。

基此,本文从组织变迁的相关理论观点,探讨以"公益慈善经费募集的中介服务组织"① 自居的"中华社会福利联合劝募协会"(以下简称"台湾联劝"或"联劝"),自1990年成立迄今17年的中介组织募款里程当中,其募款金额从第一年(1990)的114万元上升到2006年的3亿余元,17年间共为台湾社会募集近23亿元的爱心资源。为将社会善款合理分配到社会各底层弱势民众,台湾联劝如何有效募集社会资源?该组织如何因应外在环境的改变而在组织发展与资源募集的策略上做出调整,以及扩展募款空间?这些提问是本研究关注的重点。

本文从组织变迁相关理论及NPO资源依赖观点,探讨台湾联劝资源募集策略的转折,同时,探究此类NPO中介组织在台湾从事善款募集的处境及其意涵所在。本研究的资料搜集与分析方法主要是"文献搜集"与"深度访谈",前者在于搜集与联劝有关的专书、专刊、会讯、研讨会论文、网站数据,以及与美国联合劝募(含国际联劝组织)有关的专书、专刊、学术期刊文章、网站资料等;后者则是作者从2007年4月到6月期间,针对曾参与或目前还是联劝的核心决策者及行政管理者进行的半结构式深度访谈。访谈对象数据请参见本文附录。

---

① 所谓公益慈善经费募集的中介服务组织(charitable funding intermediary),依据学者Salamon(1995)将美国的公益慈善经费中介组织大致区分为以下类型:(1)私人基金会(Private Foundations)(2)企业基金会(Corporate Foundations)(3)联合募款组织(Federated Funders)。联合劝募(United Way)为大众最为熟知的联合募款组织。美国联合劝募由全国1900个称为Community Chest的小区劝募组织所组成,募得款项提供以社会福利团体为大宗的会员团体运用。中华联劝即属于联合劝募组织,扮演资源募集及分配的中介角色,不进行直接服务。

二 NPO 资源募集的相关理论观点

自 1970 年代以来,分析 NPO 组织变迁的主要理论观点不外乎探究组织是否具备适应环境的能力之种种因果论述,包括借由资源依赖理论(Resource Dependency Theory)、制度理论(Institutionalism)以及策略管理(Strategic Management)等理论解释,当组织遭遇环境的变动时如何因应的策略(Aldrich,1979;Aldrich Pfeffer,1976;Burt,1982)。此外,在 1970 年代引起学界重视与讨论的"人口生态学"(Population Ecological),成为组织适应理论当中解释组织如何因应环境变迁的依据之一(Benjamin,1994)。Powell & Friedkin(1987)则认为针对组织变迁有三种解释途径:第一种解释聚焦于组织内部的状态及过程,组织变迁的发生有可能源于组织在某个特殊阶段,为响应组织的绩效、服务客群、文化或目标所致;另两种解释的途径则聚焦于组织为适应外在环境变动所做的调整,因而无论是组织的资源内涵或是制度的脉络都很重要,此两种解释途经分别是资源依赖理论及制度论。

综上所述,由于本研究欲探讨台湾联劝自成立迄今的组织变迁,尤其是募款策略的发展与改变,作者认为制度理论、人口生态理论、资源依赖理论,以及非营利组织资源依赖-私人捐赠等一些相关且重要的理论观点,将有助于吾人进一步了解联劝的组织发展特质及其资源募集、形成及动员策略的转变。

(一)制度理论

制度理论(Institutionalism)观点在于组织为所处社会结构的一部分,反射出与之互动的社会样态(Mayer & Rowan,1977;DiMaggio & Powell,1983)。制度理论掌握现代社会高制度化的特性,这样的社会所形成的制度环境,对于组织的结构、运作、存活有显著的影响。制度环境中,组织所追求的目标主要是合法正当性(legitimacy),亦即大多数组织主要在寻找合法正当性,以便取得充分资源、讯息及支持。Meyer、Scott and Deal(1983)进一步分析,组织存在于社会的合法正当性之重要,是因为一般人很难对组织产出的效率与质量加以有效衡量,取而代之的衡量标准是,组织是否顺从于社会当下所盛行的制度规范。① 组织若顺从于制度规范,环境所提供给组织重要的资源即是"合法正当性",如此进一步可获得人们对组织的信任。当社会与制度环境改变了,组织也必须有所调整。

制度学派强调组织的存在意义、组织目标的设定和组织的结构都是在一个制度环境之中逐渐形成的,这种过程是一种社会建构的关系,所以组织的行动是和它所处的制度环境有着密不可分的关系。非营利组织(NPO)的产生和行为即是一种制度因素与国家政策的反应,而 NPO 在现代工业化社会中之所以会如此普遍,跟三种制度结构有相当密切的关系,一个是"重要的决定";其次是"公共政策";第三是"观念风潮"(DiMaggio and Anheier, 1990;引自官有垣、王仕图,2000:68~70)。② 台湾联劝在成立之初,社会频传爱心诈骗事件,为因应当初的环境变迁,该组织体认取得社会的合法正当性的必要性,制度理论在观照联劝为何重视典章制度的建立及欲建立该组织何种制度的脉络,又对于资源募集产生何种作用,提供一种解释的路径与面向。

(二)人口生态理论

人口生态理论(Population Ecology)着重讨论组织生存的可能性以及影响组织生存的因素。虽然人口生态学的观点本身具有很大的差异性,

---

① Meyer, M. W., Scott, W. R., and Deal, T. E., "Institutional and Technical Sources of Organizational Structure: Explaining the Structure of Educational Organizations." In J. W. Meyer and W. R. Scott (eds.), *Organizational Environments: Ritual and Rationality*, Newbury Park, CA: Sage, 1983.

② 所谓"重要的决定"是指组织创始人的重要决定会成为该组织的制度;之后,组织的经营者依循传统的制度,组织所付出的成本较小,若要创立新的组织形式,所付出的代价或成本会比较高。"公共政策":美国多数非营利组织的成立跟政府的政策方针有密切的关联性,不少非营利的学校和护理照顾之家,他们的成立与政府的租税优惠政策有密切的相关。而且税率的订定也会影响到人们捐款的意愿。"观念风潮":"信任"(trustworthy)的观念塑造了消费者和政策制定者的决定。某些特定的财货并不适合在市场上进行交换,或是需要特别的保障以避免因为获利的动机而肇至组织的腐败。通常每个时代对于何谓"公共财"以及"社会的需要"会有所变化以及因应环境的变迁而有不同的解释。(官有垣、王仕图,2000:69~70)

但他们的共同焦点都是注重选择的过程，亦即强调组织变迁的模式，本质上是由选择过程的行动所构成。而组织内的次级单位（通常是管理群或支配的层级），会搜寻相关环境中的机会与威胁，采取因应的策略作为响应，并适当地调整组织内部结构（Hannan and Freeman, 1977: 930）。从生态学的观点，非营利部门、营利部门和公部门之间是处在既竞争又合作的关系（DiMaggio and Anheier, 1990），他们的每一项决策都会参考相关的环境因素，以便做出对组织本身最有利的决定。所以从生态学观点，吾人将可以进一步了解三个部门之间的分工关系。（官有垣、王仕图，2000：70~71）

生态论的学者如 Aldrich（1979），强调外部政经力量对组织领导者的影响，因为组织是依赖于外部的资源，除非组织能够符合某些外部环境设定的要求，否则具有影响力的各方人士会切断组织接近所需要的资源管道。Aldrich（1979）认为，组织若具有大而无当的目标、不稳定的支持、不正当的价值观，以及组织面临不断下降的产品与服务需求，这些因素皆会导致组织较容易受到外部环境的操控。再者，Hannan 与 Freeman（1988）认为，偏重某类专业的组织（specialist organizations）对于稳定的环境适应较佳；反之，着重于一般性事务的组织（generalist organizations）较能适应不稳定的环境，因为该类组织获取资源的基础较为广泛。最后，Hannan 与 Freeman（1988）强调，组织核心系统（core system）的改变（例如组织宗旨、使命与认同）要比组织外围边陲（periphery）的改变（例如组织架构）更容易使组织趋向衰败，因为组织核心体系的改变对组织活动的影响较为广泛，而这类改变也有损组织的正当性并带来更直接的威胁。以联劝为中介的议题倡导组织，向来与政府保持距离，但随着资源竞争的激烈，联合劝募如何处理与企业及政府部门之间的维系组织族群生态的互动关系？其间的变动，对组织而言是机会还是威胁？即是本文观察的重点之一。

（三）资源依赖理论

资源依赖理论（Resource Dependence Theory）认为，组织生存的重要关键是在于能不能获取及维系组织所需要的资源。由于环境中资源的稀少性与不确定性，这项任务充满了荆棘。更精确来说，资源绝非适当、稳定，以及保证摆放在组织的面前。由于资源对于组织的存活具有绝对的必要性，导致组织必须响应环境中主要资源提供者提出的要求。一个组织愈是依赖外在资源提供者给予的资源，则外在资源提供者愈有能力去影响组织的产出结果。因此，有效的组织领导者宜尽可能掌控那些资源；另一方面，却要极小化对那些外在组织的依赖（Pfeffer and Salanick, 1978；Nelson, 1994；Froelich, 1999）。

Froelich（1999）指出，组织的开放系统理论[①]有助于我们了解资源依赖的动态性。该理论强调，为了要获取与维系适当的资源，组织需要去与那些掌控资源的个人或团体互动，因此，与环境互相交换即是维持组织系统活力的一个重要因素。然而，组织绝非是以自己设定好的方向追求所欲目标的完全自主个体；反之，由于资源需求的结果，组织相当程度上受制于环境。而每一个组织所经历的依赖程度，取决于其被提供的资源之重要性与密集性，因而，若组织依赖少数几项资源作为其不可获缺的资源，则不免会高度依赖那些能够提供这些资源的人或团体。

资源依赖理论如同制度理论的观点，都在强调社会环境对组织的影响，两者的差异在于环境局限压力的不同，前者专注于形成资源依赖的交易和交换的类型；后者认为压力系源于社会规则、期望、规范，以及价值。资源依赖理论和制度理论都比人口生态理论更注意环境和组织内部决策之间的关联，制度理论所强调的"正当性"，在资源依赖的观点中系被视为是组织需要取得的资源之一，通常可借由吸纳精英来造成（余慧芸译，2007）。因此，基于以上观点的阐释，组织的一个重要功能就是"依赖管理"（Dependence Management）。"依赖管理"的主要方法包括，顺服于提供重要资源者的要求、经由笼络吸纳以及获取其他可以相互抗衡的力量来减缓或避免资源提供者控制的要求，以及透过找寻核心资源中的其他替代性资源来避免依赖。[②] Pfeffer and Salanick（2003）认为，成

[①] Katz, D., and Kahn, R. L., *Social Psychology of Organizations*, New York: Wiley, 1966.

[②] 官有垣：《书评：The Nonprofit Sector—A Research Handbook, 2nd edition》，《台湾社会福利学刊》，2007年第6卷1期，第227~238页。

功的非营利组织领导者展现的是承认与修改本身资源依赖的位置,且要有能力协调组织间互动的需求,以减缓环境的不确定性;同时在避免牺牲其自主性下,维系资源的流入。联合劝募成立17年间,资源募集策略随着外部环境的改变而有所更迭,从资源依赖的观点来看,联合劝募如何进行依赖的管理或在主要核心资源受到限制时,组织如何因应寻求其他替代资源,亦是本文关注的重点。

(四) 非营利组织资源依赖——私人捐赠

本文首先从组织理论分析组织变迁对资源募集策略的影响,同时认为捐赠来源也会影响资源募集策略的改变。非营利组织资源依赖以私人捐赠(private contribution)为主,私人捐赠包括个人与企业捐赠,以及基金会的赠款,这几项构成了支持NPO发展的传统基石。然而在美国,这项资金的来源,就NPO的年度所得来源比例观之,却有逐渐下滑的趋势。形成这种趋势的原因不外乎有:慈善捐赠的所得税减免诱因的减低,企业组织的捐赠政策的紧缩,以及NPO数量的急遽成长,导致NPO广泛竞争私人捐款以及基金会的赞助款。① NPO在政府经费补助比例逐渐降低之下,发展了以服务或产品贩卖以取得经费的资源获取方式,这种现象在美国80年代末以来至今是非常明显的趋势。

私人捐赠对NPO来说,不仅在于获得金钱的赠与,更显现捐赠者对于组织宗旨的认同与支持,因而强化了组织存在于小区的正当性(Fogal,2005;Gronbjerg,1993)。Weisbrod(1998:168)认为NPO应该完全依靠私人捐赠来维系组织的运作,如此才能依照自己的意思来行动。然而这项乐观的说法,其实忽略了私人捐赠对于NPO也有限制。

1. 个人捐赠

在美国,个人捐赠(individual contribution)与NPO之间的关系,有两项议题最为人们关切:首先,有不少NPO花费过多的募款成本,以致

---

① Froelich, K. A., "Diversification of Resource Strategies: Evolving Resource Dependence in Nonprofit Organizations", *Non-profit and Voluntary Sector Quarterly*, 1999, Vol. 28. No. 3, pp. 246-268.

对组织造成负面的影响①。其次，伴随着 NPO 依赖个人捐款而来的两个限制，亦是相关文献经常讨论的问题：（1）募款收入的浮动性（revenue volatility）；（2）组织目标的徙置（goal displacement）。在捐赠收入的浮动方面，Grønbjerg（1992，1993）的 NPO 收入策略个案研究显示，个人捐款有其不可预测与不稳定的特性。个人捐款到底能为组织募到多少钱，NPO 不易掌控。此外，想要获取捐款，组织需要聘雇相当数量的全职员工、召募董事会成员、义工的投入与付出。组织的经费收入波动会伴随着个人捐款的起伏不定而呈现不稳定的状态。此外，个人捐赠更为严重的负面效应是组织目标的徙置，这种情形会发生在当组织目标与活动需要配合捐款人的偏好与要求时。少数有钱的捐款人有时会要求其赠款仅能被用于某些指定的项目上，如此限制了捐款使用的弹性。且方案之间的排挤效应也会出现，因为组织为讨好某些捐款人而把服务的重心摆放在那些捐款人偏好的方案与服务上。

2. 企业捐赠

企业使用数种不同的方式捐赠给非营利组织，包括"实物的财产与服务的捐赠"（in-kind gifts of property and services），例如设施设备的无偿使用，给予员工有薪的报偿以担任 NPO 的志工等，都是很普遍的方式，然而，现金的捐赠还是最主要的。企业组织也许直接捐赠现金给 NPO，或经由其设立的基金会捐赠之。企业捐赠的一些限制其实与个人捐赠所遇到的差别不大，亦即经费收入的浮动不稳定，以及组织目标的徙置。

在 Grønbjerg（1993）的个案研究里发现，企业捐赠的年度变动幅度是小于个人捐赠的起伏；但是企业捐赠的变动，其影响程度却超过个人捐赠，一旦成为一种捐赠模式，企业组织对 NPO 捐赠的撤退，将对 NPO 造成巨大的冲击，当然，对企业组织的形象也有负面的影响。此外，企业捐赠的模式愈来愈强调与其本身的自利做紧密的结合。因此，企业的大额捐赠经常是其组织营销计划的一部分，而非仅是慈善行为而已（Useem，1987；Useem & Kutner，1986）。这类企业捐赠的模式经常被称为

---

① Young, D. R., Bania, N., & Bailey, D., "Structure and Accountability: A Study of National Nonprofit Associations", *Non-profit and Management Leadership*, 1996, Vol. 6, pp. 347-365.

"善因营销"（cause-related marketing）或"启蒙式的自利"（enlightened self-interest），亦即，企业会仔细选择对其组织有利的捐赠目标，如此，不免有时会使受赠 NPO 的原始宗旨与目标有所变动。① 亦即，在企业的策略性慈善导引下，NPO 会不会因配合而扭曲了组织本身的使命与方向呢？

此外，企业捐赠会不会影响 NPO 决策过程与组织结构的改变呢？譬如，企业或企业成立的基金会在进行捐赠活动时，愈来愈要求受赠 NPO 在作业的标准化与专业化的努力上做出具体的响应，也愈来愈要求成果展现与责信报告。如此，固然对 NPO 的管理与责信能力有所增进，但其缺点会不会使 NPO 的组织结构与运作方式趋向与企业组织愈来愈相似呢？Marx（1997）在研究企业慈善与美国联合劝募的关系时即质疑，企业组织的"策略性慈善"（strategic philanthropy）对于美国联合劝募经费募集的影响，多少因为受到企业强调以方案、议题等的捐款，而非对一般性组织活动与管理的捐赠支持，使得美国联劝在运用经费的弹性上受到影响。

综合上述所言，本文的理论分析架构图 1 所示：

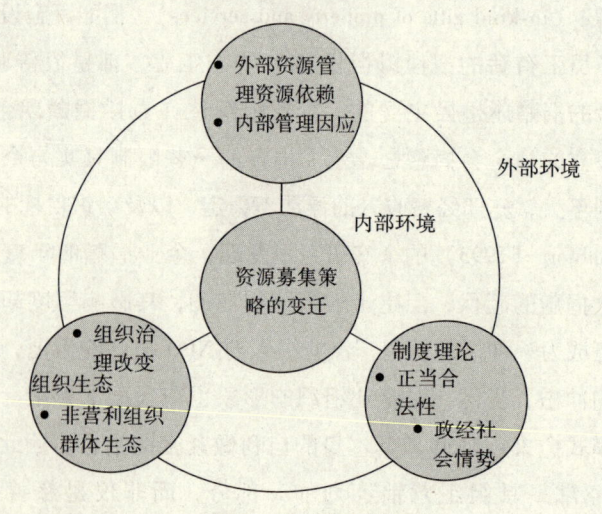

图 1　理论分析图

资料来源：作者根据所引用的理论观点自行绘制。

---

① Kelly, K. S., *Effective Fund-Raising Management*, Mahwah, NJ: Lawrence Erlbaum, 1998.

三 个案分析

(一) 台湾联合劝募的缘起

1987年台湾解除戒严,掌握政权的国民党开始面临岛内本土化运动严峻的挑战,民众筹组非营利社团的合法正当性已经确立。1988年,台湾社会发生"温暖杂志"爱心诈骗事件,对社会关怀弱势团体的资源募集造成冲击,也扭曲了社会福利及公益界的形象。因而,这时期的台湾NPO发展刚刚起步,但社会却对爱心捐款缺乏信任。在这种外部环境的背景之下,受访者也是创会者之一的D表示,他当时出面邀集一些社工学界的教授,希望能仿效美国社会行之有年的"联合劝募"(United Way)机制,以非营利中介组织的角色,募集社会善款,并以透明、公开及公平公正的审查制度,合理分配社会资源(访谈D,2007/05/25)。1990年5月,"台北联合劝募协会"立案成立,邀请B担任创会理事长,就在只聘请一位专职人员,一位兼职人员,一张小办公桌及新东扶轮社每月补助5万元,持续赞助一年行政费的情况下,迈开"5万元起家"的联合劝募工作(联劝10周年特刊,2002)。1992年,"台北联劝"转型,该年10月中旬,"中华社会福利联合劝募协会"成立,成为全国性的社团组织。联劝旋即在1993年通过"劝募委员会和审查委员会组织简则"、"劝募办法"及"审查分配办法",这些措施都是奠定联劝日后在台湾稳健发展的重要制度决定(key decisions for institutionalization)。(联合劝募协会2005年刊:36)L谈到此转型过程,指出:"当时的理事长B非常尊重与授权专业团体,我们认为联劝的责信很重要,因而就清楚订定组织章程,审查办法等,让社会大众清楚知道联劝的机制是公开的。"(访谈L,2007/05/03)

台湾联劝自开创以来的稳健发展,其实是与其坚持组织核心系统的不轻易改变有莫大关系,根据联劝章程第一条指出:"本会以推展联合劝募之理念,结合民间社会力量,为社会福利工作筹措、规划并分配所得资源,而达到提升社会福利质量为宗旨"。换言之,其组织使命是:"扩大募集社会资源,透过专业审查监督,有效支持社福组织,激发社会关怀互助。"(联合劝募协会2005年刊:36)据此,联劝这些年来一直坚持推动的是:"合理的分配社会资源、提供社会福利服务适切地协助、缜密地监督每一笔资源的流向与运用、公开信息与透明责信。"对此,T指出,联劝的责信工作十分公正、透明(访谈T,2007/05/25)。F也表示,联劝倡导理性捐款,强调征信,使民众知道钱用到哪里去,显示联劝的理念被接受,展现中介组织的绩效(访谈F,2007/06/29)。

综合上述的分析,显见草创期的台湾联劝,面对着台湾社会对爱心募款缺乏信任的大环境之下,组织资源募款的首要目标必须寻找合法正当性,以便取得充分资源、讯息及支持。除了典章制度的建立之外,组织的规范及价值也是组织获得信任的重要因素。组织的制度化显现台湾联劝对于所处外部环境的响应,包括合法正当性的取得及责信的强化,则对联劝后续募款绩效造成一定程度的影响。

(二)募款绩效

台湾联劝一开始即以"一日捐"作为主要的募款策略。提出这项构想的L指出,她的想法来自于美国联劝于企业内推动的"薪水一日捐"(payroll deduction),从薪水中扣一日所得捐出来。她认为,以当时台湾劳动人口有852万人,若每人捐出一百元,一年一日捐的力量就会有8亿5000万元。她认为,如果"一日捐"策略能够成功,台湾联劝除了推展联合劝募的制度与理念之外,更能着力于将行善的概念往下扎根,进行社会教育工作(访谈L,2007/05/03)。

台湾联劝从1992年募得新台币114万元,逐年以破千万元比例增加,到1997年后突破1亿元,捐款数额达1亿4000万元,进展甚速。由于九二一地震灾害的大笔捐款涌入,使得2000年的联劝捐款数额达3亿1000万元,惟此乃特殊状况;至2001年,捐款数又恢复到1亿4000万元的水平,此后从2002年开始,捐款金额每年向上攀升,到了2004年已突破2亿元,2006年更推向3亿2000万元。从图2的募款曲线图观之,联劝的募款成绩从1992年至2006年这段期间,除了有两年例外,其余皆是向上挺进;至于募款所得从114万元成长为1亿4000万元花了6年的时间(1992~1997年),惟从1亿多至突破2亿元的努力却较为艰困,用了8

年的时间（1997~2004年）；自此，十分顺遂，不到2年的时间，募款数字就突破3亿元。

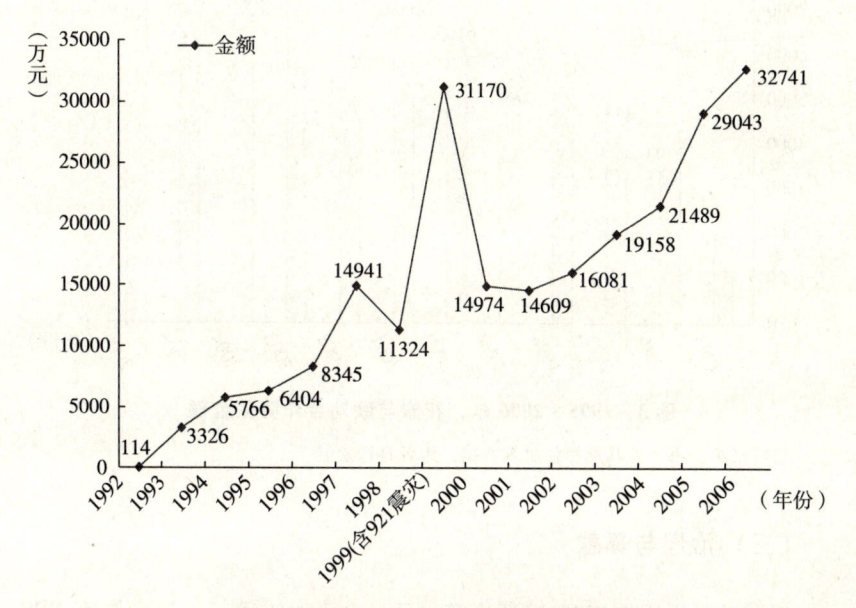

图2 联劝1992~2006年募款金额分析

资料来源：由台湾联劝提供募款数据，作者自行绘制。

1995年开始，台湾联劝与美商台湾花旗银行开展了募款的合作关系，花旗银行信用卡之持卡户可透过刷信用卡管道捐钱给联劝，此类捐款从1995年的1500万余元，逐年长到2006年的8500万余元（见图3），每年为联劝带来了占募款总额30%至40%的捐款所得，12年来共创造了新台币7亿余元的募款金额。

2005年开始，台湾苗栗、云林等10个县市的"法务部"地检署拨付缓起诉处分金给台湾联劝，计达新台币8500万元（联劝缓起诉专刊，2006：03），对联劝总募款金额的挹注有很大影响，使得2005年募款总金额达2亿9000万元。除了缓起诉处分金，2006年开始，联劝以"议题"募款方式与统一企业"7-11超商"合作，推出"抢救危机家庭"募款专案，共募得2000万余元，2006年募款总额因而达到3亿3000万余元，创下17年来的新高。

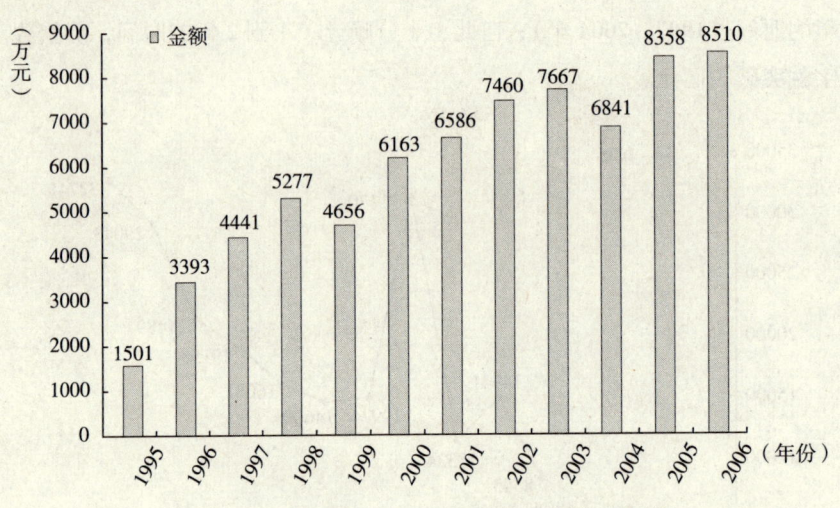

图3 1995~2006年，花旗与联劝合作募款金额

资料来源：由台湾联劝提供募款数据，作者自行绘制。

（三）治理与募款

根据美国学界的 NPO 实证研究显示，"资源依赖与否"会影响 NPO 如何组成董事会、其规模大小，以及董事角色扮演。当 NPO 高度依赖地方资源时，其董事会就经常被组织经营者视为一种策略工具（Pfeffer, 1973）。Plambeck（1985）研究美国中西部都会分析四个大型联合劝募组织的募款绩效与联劝的董事会治理结构之间的关联性，发现董事会成员的组成、成员在地方小区的居住时间长短，以及董事会议的出席率等三个因素，对于这四个联劝组织的募款良窳具有高度解释力。

台湾联劝在台湾创会之初，即已完成组织编制及职权规范。会员大会为最高权力机构；下设监事会与理事会，理事会为执行机关，监事会为监察机构；监事会下设常务监事、稽核委员会，负责有关协会捐款、财务及计划执行之管理、稽核以及申诉案件之处理；理事会设理事长，下设秘书处、审查委员会、公关委员会、劝募委员会及研究发展委员会（联合劝募会讯1期：05）。1996年则将公关及劝募委员会合并为公关暨劝募委员会（联合劝募会讯7期：05）。秘书处设于1994年，目前下设财务会计组、行政组、公共事务暨资源发展部、审查稽核部、研究发展组及资讯组等（见图4）。

图 4　联劝的组织架构图

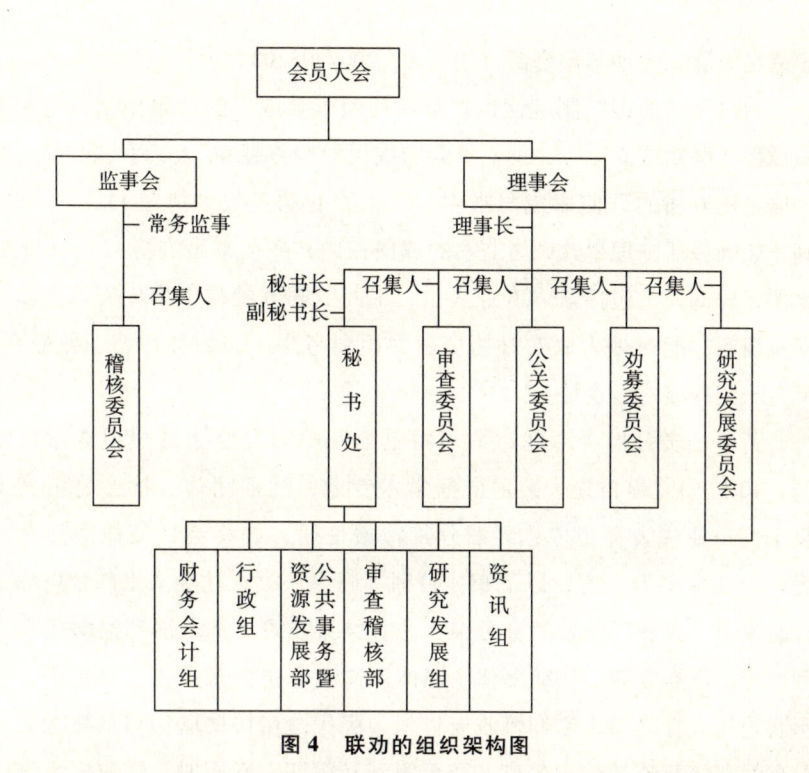

资料来源：联劝 10 周年特刊（2003）。

为了让台湾联劝的理监事会能够发挥决策功能，不被特定群体把持，联劝特别将理监事成员区分为四个专业区块，各司其职，并将这种组成比例写进组织章程内。这项制度措施的建立有助于使作为决策核心的理监事会，既维持其决策组成来源的多样性与代表性，又兼顾成员之间权力的平衡性。

Aldrich（1979）认为外部环境的政治力对组织的领导人有很重要的影响力。台湾联劝创会之初，外在政治环境仍处于国民党一党优势执政的时期，尽管政府与第三部门间的关系，逐渐从侍从转变为对抗（丘昌泰、江明修，2008），但当时联劝并未忽视背后的政经情势，成立之初，需依赖政治人物协助该组织募集资源。联劝从创会开始，理监事会即被赋予重要的募集及开拓资源的角色。L指出，刚开始成立时经费拮据，主要靠理监事会发挥人脉关系，有些具有专业的人士在联劝方案资源分配的手册订定中发挥了极大的专业支持，其他理事则发挥他们的人脉力量，当时商业界人士不多，政府中有名气的高官或民意代表比较多，透过理事联结人脉，协助募集资源（访谈 L，2007/05/03）。

台湾联劝的组织制度化也扩及将理监事会成员的背景比例，纳入组织章程。联劝成立至今，理监事会的成员数始终是 40 人，不曾改变。第一届至第五届的理监事成员当中，每届的变动人数维持在 11～17 人之间，期间包括由理事改聘为监事的成员在内，变动率虽维持 1/4～1/3 的比例，异动人士包括学术专业人士、工商业界或社福机构代表等，都以形象清新，能对外为联劝开拓资源为重要考虑。但多数均属于熟面孔，具有一定程度的稳定性。

若进一步分析台湾联劝第一届至第五届的理监事成员组成背景比例，40 位理监事背景大致是依据学术专业、社福团体、社会公正人士及工商企业代表等组成；若细分其背景性质，如将会计及律师归为一类，企业金融为一类，以及媒体营销等归为一类，社会人士部分再细分政府官员、民意代表及社会公益人士。结果发现，第一届理监事代表比例部分，学术专业、社福团体、媒体营销及官员民意所占比例较高，显示联劝初成立之时，需仰赖政府官员、民代力量协助联结募款资源，同时有赖媒体营销加强知名度。及至第三及第四、五届时，联劝知名度已经打开，在理监事代表背景上也显示出营销媒体人员及官员民代比例逐渐减少。此外，该组织近年开始以方案募款方式与企业合作，从第四、五届理监事名单部分则明显出现企业金融代表及社福团体比例增加的趋势（见表 1）。

至于理事长的角色与资源募集的关联性，台湾联劝从创会至今已有五届理事会，历届理事长皆是社福/社工界中有名望的学者、大学校长，或是积极从事消费者保护与人权保障的著名律师，而理监事中大都是社会中各行业的翘楚或宗教界的领袖。这样的成员组合必然有助于小区人士对于联劝的认同，进而有助于联劝的募款绩效之提升。从上述理监事代表趋势的改变以及理事长角色的转变可知，组织所处环境的情境，仍会影响组织的结构及决策的制定，诸如，组织内部单位权力的大小，会随着环境中重大议题的不同而异。

表1 联劝第一至五届理监事代表背景比例分析

人数（%）届别 专业领域	第一届 1993~1995	第二届 1996~1998	第三届 1999~2001	第四届 2002~2004	第五届 2005年迄今
学术专业	8（20%）	10（25%）	8（20%）	7（17%）	7（17.5%）
社福团体*	7（17.5%）	7（18%）	10（24%）	11（27%）	11（27.5%）
会计律师	5（12.5%）	5（13%）	4（10%）	5（13%）	5（12.5%）
企业金融*	2（5%）	3（8%）	3（8%）	8（13%）	8（20%）
媒体营销※	7（17.5%）	6（15%）	6（15%）	3（10%）	3（7.5%）
官员民代※	7（17.5%）	6（15%）	5（13%）	3（10%）	3（7.5%）
社会公益	2（5%）	2（5%）	2（5%）	1（5%）	1（2.5%）
宗教人士	2（5%）	1（1%）	2（5%）	2（5%）	2（5%）
总计（人）（%）	40（100%）	40（100%）	40（100%）	40（100%）	40（100%）

注：*者表示比例有增加趋势；※者表示有减少趋势。
资料来源：参考联劝1，10，21，34，期刊资料，由作者整理绘制。

另一会影响台湾联劝募款的因素是其行政效能，尤其是专职人员的专业性与稳定性，以及用于行政支出的经费比例。在专职的人力资源部分，秘书处的人力，从成立之初只有一位专职、一位兼职人员，逐步发展扩大，1996年时有7位专职人员（访谈L，2007/05/03），至2005年时，专职人员已达22人。而专职人员的学历，大学与研究所业者占了80%，专科毕业者仅有20%。现职人员平均年龄为32岁，平均年资为3.8年，5年以上者约占40%，可见工作稳定性甚高（联合劝募2005年刊，页29）。秘书处一直被视为联劝的组织运作中，最重要的实权单位。尤其是近几年，增设副秘书长及不少专业人力之后，在募款策略的改变上或与企业"策略性慈善"等资源开拓的议题设定部分，秘书处都扮演举足轻重的角色。

至于台湾联劝的行政费比例部分，除1992年达22.7%外，其余1993~2007年间维持在8.4%~16.6%之间，自2000年开始则逐年下降，至2006年已降至8.4%。联劝在捐款项目中，有明定"行政捐款费用"，L指出，"由于联劝起步之初，经费很少，但需要工作人员，因而明定行政捐款项目，由社会大众直接捐给行政费，以利组织运作。"（访谈L，2007/05/03）对于行政费用的支出，联劝有所坚持，C表示："联劝的募

款所得都是来自社会大众捐的钱,联劝尽量降低行政费。"(访谈 C,2007/05/03)

由以上的分析显示,台湾联劝有一定数量的专职人员,工作稳定度甚高,此有利于资源募集的循序规划与推动;而行政费占总支出的比例甚低,有助于型塑外界对联劝系专业募款与分配的中介 NPO,进而更有意愿持续捐款给联劝。

(四) 资源募集策略的转变

1. 捐款来源的改变:从"一日捐"到"策略性慈善"

尽管"一日捐"至今仍是台湾联劝的募款策略之一,不过,以"一日捐"为募款主轴的策略,随着台湾整体外在环境的变动已有所改变。从联劝 2006 年度的募款收入来源配比分析图(图5)可知,其募款策略确实已有所改变。2006 年度募款收入当中,爱心捐款虽然占多数,达 72%,但其中包括与企业合作的"策略性慈善"项目在内,主要是与花旗银行的合作案,迄今已达十二年,2006 年的捐款达到新台币 8500 万余元,占"爱心捐款"总收入的 35%。此外,联劝于 2006~2007 年期间,也陆续与"统一集团"的"7-11 超商",分别合作推出"抢救危机家庭"、"就业无碍"等以议题为导向的募款策略。其中,"抢救危机家庭"募得 2100 万余元。虽然"爱心捐款"中"一般爱心捐款"、"指定捐款"与"一日捐"三者加总的金额比例依旧超过一半(55%),然而,联劝与企业合作的"花旗信用卡"与"7-11 危机家庭"的捐款比例也将近占了总额的一半(45%)。

L 提出她对上述募款策略改变的忧虑,担心会影响到联劝的主导性:

"近年来我看到联劝募款来源的配比上已有改变。部分联劝理监事觉得这种一日捐理性捐款很抽象,因而建议以身心障碍者或其他对象为募款主轴,如现在的募款有花旗银行的项目、苗栗等县市的缓起诉处分金、危机家庭,回到以'议题'来募款,会不会影响联劝的主导性?"(访谈 L,2007/05/03)

然而,联劝现任理事长 F 指出,联劝至今还是持续推动"一日捐",然而推动"一日捐"募款工作,倡导功能大于募款,因为募款竞争对手多，十分不易与辛苦。（访谈 F，2007/06/29）台湾目前是一个多元化的社会，近年台湾经济景气变化起伏甚大，面对这种情况，联劝与企业合作似乎是很难避免的一种选项。

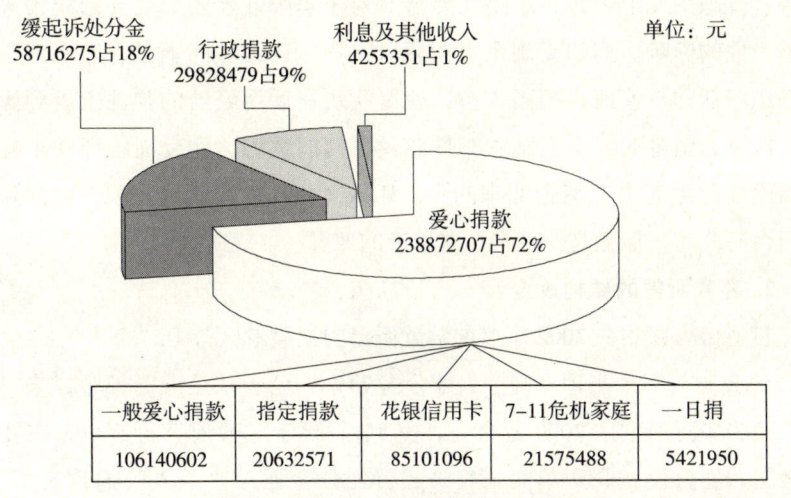

缓起诉处分金 58716275占18%
行政捐款 29828479占9%
利息及其他收入 4255351占1%
爱心捐款 238872707占72%

单位：元

一般爱心捐款	指定捐款	花银信用卡	7-11危机家庭	一日捐
106140602	20632571	85101096	21575488	5421950

图 5　台湾联劝 2006 年募款收入比例分析

资料来源：研究者参考 2007 年第五届第三次会员大会手册预算表及台湾联劝提供募款数据，整理绘制而成。

本文前节曾引述 Hannan and Freeman（1977）的生态论观点，强调组织内的次级单位（通常是管理群或支配的层级）会搜寻相关环境中的机会与威胁，采取因应策略作为响应，并适当地调整组织内部结构。依据资源依赖理论，当募款市场竞争者激增时，组织为极小化对此拥挤市场资源的过度依赖，会采取募款来源多元化发展与经营的策略应变（Alexander，1998）。在联劝资源募集策略上确实看到这种因应外在环境改变的策略的响应，不过，企业捐赠在联劝募款结构比例上的改变，不完全都是联劝主动，其中虽有资源开拓的考虑，诸如与花旗及统一集团的合作案，但也有相当部分是源于联劝公信力的展现，使企业主动找联劝合作（访谈 F，2007/06/29）。

Olcott（1994）探讨美国联劝在募款发展上可能会遇到的瓶颈，他认为会影响美国联劝日后发展的几项重要环境系统因素中，包括使用捐赠所得的弹性自由度会日趋紧缩、捐赠者（含个人与企业）要求捐赠的选择性增多、公益慈善团体数量遽增，以及企业持续对所捐赠的对象要求回报具体的成果等。在台湾，联劝所面临捐款之环境系络状况，固然不会完全与美国社会相似，但多少已有类似的挑战出现。又前述在"理论探讨"一节，作者曾提及 Marx（1997）研究企业慈善与美国联合劝募的关系，忧虑企业组织的"策略性慈善"对于美国联合劝募经费募集带来一些负面的影响。例如受到企业强调以方案、议题等的捐款，而非对一般性组织活动与管理的捐赠支持，使得联劝在运用经费的弹性上受到影响；以及大型企业组织实施策略性慈善，其捐款的比例反而较那些未实施策略性慈善的中小型企业来的少。Marx（1997）的研究发现，或许是值得台湾联劝在加强与企业合作时思考的课题。

2. 募款所得的结构改变

若将台湾联劝在 2006 年度的募款所得的捐赠者区分为"个人"、"企业"、"政府"三个类别，则个人部分占74%；至于"企业"部分，来自于企业的实质捐款达 2000 万余元，占 8%；至于"政府"的部分，主要是缓起诉处分金，联劝事实上将缓起诉处分金列入"个人"捐款来源，不过，这部分捐款占台湾联劝年度捐赠收入比例不低，占 18% 左右（联劝会员大会手册，2007）。这样的财务结构，若与尚未有缓起诉处分金挹注之前（如 2001 年），有所不同，几乎都以"个人"为主，占九成左右，即一般爱心捐款部分包括一般慈善捐款（47.5%）及来自"企业"的花旗信用卡（45.08%），并无"政府"经费挹注部分（见图6）。

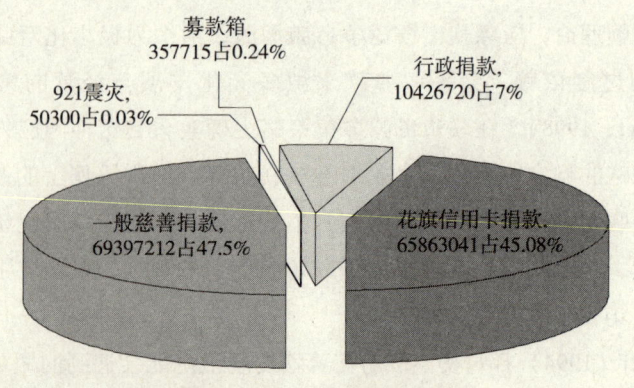

图 6 2006 年募款比例分析

资料来源：联劝期刊，2006 年。

然而，作者认为，缓起诉处分金的来源虽是大众个人的罚款，但这类捐款是来自政府法务部的检察署，属于公部门的机构，却是不争的事实。此时期（2005年之后）恰处于台湾联劝的突破期阶段，外部环境则面临众多NPO竞逐资源激烈、经济景气紧缩，以及政府与第三部门的互动关系复杂多元的时间。联劝的内部组织做此决策的调整，也显现联劝必须考虑到企业慈善的资源是否有所局限，而应寻求其他替代资源的策略调整。

3. 资源募集的地理分布

台湾联劝曾针对捐款者进行"公益团体捐款人研究调查"（2005），调查结果显示，联劝主要捐款人口的结构群以北部人口占多数，达73%，其次分别是南部（13%）与中部（12%），此显示该组织捐款者在台湾的地域分布，南北比例差距颇大。就捐款人的年龄分布而言，"公益团体捐款人研究调查"（2005）显示，捐款人的年龄层以35～39岁最多，占20%；其次是30～34及45岁以上的人口，分别占了19%及17%。性别则以女性居多（57%），男性为少（35%）。捐款原因则以认同机构的理念，或因受赠对象的选择如儿童或殊途疾病，也有人受到形象清新的代言人影响。从联劝的募款策略及营销管道方式来看（联劝网站，2007），偏重于北部的模式，对中南部资源着力似乎并不明显。联劝在进行资源募集过程中如何打破"重北轻南"的迷思，可能是组织未来需要面对的挑战。

四 讨论与意涵

曾担任长达22年美国联合劝募总裁的William Aramony①，谈及美国联劝过去发展的一百年历史当中，经常面临民众反问"我为什么要捐钱给你？"（Aramony，1986）亦即联合劝募这个非营利组织为何值得人们掏

---

① William Aramony在1992年从美国联劝退休，由于被发现在任内挥霍、贪污联劝募得的善款达120万美元，以及涉及巨额的不法金钱交易，1995年被法院起诉，判刑八年与罚金55万美元。（参见Wikipedia, the Free Encyclopedia, 2007/07/10, http://en.wikipedia.org/wiki/William_Aramony.）

出腰包捐献。台湾联合劝募以非营利中介组织的角色走过 17 个年头,扮演理性、中介的角色,宣扬"公益捐款"的良善。在台湾近年来经济景气受到影响,物价上涨,诈骗事件频传的外在环境下,同时面临全国有 3 万个以上社会团体激增的情形下,台湾联劝的组织变迁与募款策略演变之个案,究竟对联劝本身,甚至对台湾社会里众多 NPO 有何意涵与启示?

本文在"理论探讨"中强调"制度论"、"生态论"与"资源依赖理论",此三种阐释 NPO 组织变迁的理论观点均强调 NPO 存在于社会需强化其"正当性"以及应适应环境的要求与变迁而在内部做出相应的"选择"(choice)策略与措施。譬如,台湾联劝从创立至今的 17 年期间,在组织存在的正当性以及发展过程中适时做出正确的选择,如影响募款与分配机制的重要的典章制度之确立、慎重邀聘与选出社会各行各业精英与清流人士加入联劝的理监事会,以及在募款与捐款经费的分配流程中坚持公平、公正、公开的作法,强化了组织的责信度;此外,该组织领衔促成"公益劝募法"的立法通过、加入公益团体自律联盟,以及热心于其他重要的公益、慈善与志愿价值的倡导。以上所提的这些努力,必然有助于捐款人对于联劝此中介募款与分配组织的信任而愿意持续捐赠支持之。

然而,另一方面,台湾联劝在资源募集的努力上也有其局限之处。譬如地域上,重北轻南,南部民众对于联劝的认识与捐赠支持明显不足;在募款的绩效上,虽然目前已突破新台币 3 亿元,但面对与日遽增的各类 NPO 之成立,一方面募款的竞争者日众,另一方面也使得向其申请经费补助者日增,形成经费申请的机构数与联劝的募款所得数之差距有拉大的趋势①?再者,从该组织的募款所得的结构来看,固然来自个人的一般爱心捐款依然占了总额的最大比例,但趋势显示,来自企业的比例亦不低,这方面对联劝造成的依赖度,是否值得思考?

依本文前节分析显示,台湾联劝在现阶段的募款所得,有相当的比

---

① 台湾一年的公益捐款空间有 400 余亿元,联劝截至 2006 年为止,募得 3 亿余元。联劝曾在 21 期会讯提出一项醒目的标题:"联合劝募廿亿元不是梦!",当时的理事长蔡调彰在会讯上解释,90 年度联劝募得 1 亿 4000 万元,但提出的需求达 3 亿 8000 万元,有 60% 未能获补助,联劝力有未逮,但如果台湾 2000 万民众,一人捐 100 元,联劝就能募得 20 亿元(联劝会讯 21 期,2002)。

例是透过企业的募款机制而来的"个人捐款"或是与企业合作的议题导向而获得的捐款,可统称之为"企业捐款",此意指联劝与企业在募款合作上的成绩作得相当出色,对其年度募款目标之达成,帮助甚大。惟 Grønbjerg（1993）亦提醒 NPO,企业捐赠的年度变动幅度虽小于个人捐赠的起伏,但是企业组织对 NPO 捐赠一旦撤退,将对 NPO 造成巨大的冲击。Kelly（1998）也指出,企业捐赠的模式愈来愈强调与其企业本身的"自利"（self-interest）作紧密的结合。因此,联劝在这方面的因应之道,除了持续与既有互动良好的优良企业保持友善合作与互益的关系外,可思考（一）整体而言,联劝年度来自企业的捐赠额度占总募款所得的比例是否应订定一个上限比例？（二）勿高度依赖一两家企业的捐赠,反之,宜广结善缘,与更多有意愿合作的优良企业接触,共同合作募款,当然,联劝在行政功能与组织架构上必须为此做出相应的调整。（三）天下没有白吃的午餐,募款需付出公关行政成本,与企业合作募款亦然,联劝内部宜有一套机制,评估与企业合作募款过程中所需付出的行政成本,在何种程度下是属于可接受的范围,何种程度下,则应舍弃。

诚如 Barman（2002）所言,非营利组织与对手竞争,其外在支持的资源有限时,需要透过特殊程序寻求独特性,尝试让非营利组织与对手之间形成一种高低差序关系,借此,组织能够寻求更多募款资源。就组织独特性而言,依据萧新煌（1997）对台湾民间组织社会角色的分类,将台湾联劝的社会功能归属为一种目的性的角色,称为"整合与培力"（empowerment）,此与世界展望会、台湾家扶基金会、伊甸基金会等属于"服务提供"目的角色等台湾大型非营利组织有所不同。显然,台湾联劝在众多 NPO 当中,理应拥有很清晰的识别度。由于解严之后台湾政经环境朝向民主化发展,非营利组织的成长更是蓬勃兴盛,整个募款大环境可谓竞争十分激烈。如何吸引更多捐款人挹注资源,树立组织的独特与差异性,此不仅对台湾联劝有其必要,对其他 NPO 的生存发展亦然。

举例而言,美国联劝地方分会之一的"芝加哥联劝"（The United Way/Crusade of Mercy, Chicago）,从 1934 年发展今,六十余年来该组织为因应募款大环境的转变,竞争日益激烈情况下,针对募款策略及资源募集的方式进行调整。"芝加哥联劝"每年秋天针对临近的五个城市进行企业工作场所的"薪水一日捐"(payroll deduction)的慈善捐赠活动,运作功能包括募款、满足地方需求及年收入分配机制等。该组织服务芝加哥地区的市民达250万人,160个小区的规模,拥有450会员团体,在2000年时的年募款总收入达1亿美元(The United Way/Crusade of Mercy, 2000)。该组织定期透过问卷调查方式,了解小区的需求,同时聘请政府官员、专家学者及志工团体审查分配募款金额。Barman(2002:1208~1210)指出,"小区基金"向来是联劝传统的捐赠方式,经芝加哥联劝将其重新包装运用,将其视为既是一种捐赠也是一种投资的"复合式基金"(mutual fund),即将企业中运用复合式基金购买股票或股份以降低风险的概念运用于小区基金的捐赠概念上。因此,将捐赠者模拟为"投资者",而芝加哥联劝就如同是投资管理者,捐赠者进而会被询问:"他们是否愿意投资他们的'资金'(捐款),以改变小区的事务?"(The United Way/Crusade of Mercy, 1996b)。

Barman(2002:2010)的研究显示,芝加哥联劝向其捐款人强调,捐赠者选择捐给小区基金,会产生两个优点:①芝加哥联劝对小区的协助是有一定的规模,因此效益也就较为宏大;②芝加哥联劝可为捐赠者提供多样的捐赠服务。正如该组织针对企业主管的宣传手册上写道;"多数非营利组织只为单一原因募款,芝加哥联劝却为各种小区需求募款",且个人的捐款若捐给芝加哥联劝,其功效会比只捐给单一目的慈善组织发挥更深入的效果,且该组织强调,没有其他的组织比芝加哥联劝更能将个人有限的财富转换成各式的人道服务,并改善了小区里许多人的生活,其服务范畴包括贫穷、无家可归者、家庭暴力、医疗保险、教育、未婚少女怀孕等。简言之,小区基金劝募内容的改革显然成为芝加哥联劝因应外在环境挑战考验的利器。

台湾联劝迈向未来,该如何树立自己的组织独特性?仿效芝加哥联劝重视"小区基金"的分配机制与劝募策略,或许是值得思考的方向之一。现任台湾联劝副秘书长的 W 就提到,台湾联劝在小区经营部分确实仍有不足。他说,"美国非营利组织近年来成长20倍,面对强大的竞争环境,地方联劝分会开始去问小区需求什么,联劝再依据这些需求分配募款;但我们却是社福机构会什么就做什么,却不是依据小区需求。联劝近年来逐渐面临社会大众反问，联劝到底为社会整体与个别家庭改善了哪些状况？"（访谈 W，2007/06/01）虽然，目前台湾联劝尝试透过与企业"议题"募款的方式响应这些疑问，但是芝加哥联劝"小区基金"的作法，似乎能有效提升整体组织的对外责任能力，也颇能响应前述台湾联劝是否能走出北部、扩编组织，以落实在地小区扎根等问题，而给予一个值得借镜思考的策略与方向。

五 结论

面对组织外部环境的遽变，非营利组织可以透过控制情境，扩大组织成长等改变组织间的相互依赖，或借由建立组织间行动的集体结构，营造协商的环境，创造崭新的环境（Pfeffer & Salancik, 2003；余慧芸译，2007）。这些改变不单只是从管理或营销学的层面思考，而是从组织生态、制度层面及资源依赖的角度着眼。

本文以台湾联合劝募组织为研究对象，探讨该组织发展 17 年来，随着其在台湾从 1980 年代末期解严后的背景下成立，从爱心诈骗事件层出不穷的大环境中艰困起步，走过九二一大地震、南亚海啸等大型灾变的冲击；从简陋的办公室靠着一大群热心的志工开始发展到今日拥有 20 个专职工作人员的规模；募款策略从"一日捐"演变为企业策略募款。因此，本研究所关照的是一个 NPO 十余年的发展脉络，尤其是其资源募集策略的变迁过程，归纳出以下的发现与结论：

首先在理论层次部分，本研究发现，在现有探究 NPO 经营、管理文献当中，从管理学及营销学层次出发者居多，较少研究从组织生命周期出发。本研究将 NPO 的存续视为能扩张或关闭的复杂有机体，分别从组织生态、制度层面及资源依赖三个理论出发，观察 NPO 在外部环境变迁中，如何调整募款策略及资源募集的方法以控制依赖；组织内部管理又如何随着外部重大议题的变迁，调整内部权力大小与规模。本文作者认为，偏废任一理论层次，将无法完整观照一个组织有机体资源募集的动态面向，以及相关理论相互牵引影响的事实。本研究的研究架构与结论相互论证与呼应，分述如下：

本研究从制度理论观点出发，探究 NPO 如何透过合法正当性的取得维系组织的存续，发现台湾联劝草创时期由于外部环境的爱心诈骗事件，导致社会信任的脆弱，组织内部透过重视典章制度的确立以因应外部变迁，印证了合法正当性对该组织对外建立责信的影响力十分深远，此组织内部的合法正当性，也对组织后续对外资源募集的成效有深远的影响力。

此外，从人口生态理论的观点，本研究发现组织为因应环境的变迁，组织内的管理群或支配的层级，会搜寻环境中的机会与威胁，适当地调整组织内部结构。联劝从成立初期赋予董事会成员重要资源募集及开拓人脉等工作任务，之后，为避免董事会被特定人士把持而将董事成员区分为四大专业领域，直至近年决策权逐渐从以董事会为核心移转至秘书处为核心；同时，专职人员的扩编、组织部门的消长与合并，显现人口生态学强调组织管理群面临外部环境变迁的策略响应的轨迹。

至于资源依赖理论部分，随着企业社会责任风潮的传散，联劝逐渐将募款重心从个人移转至企业，其募款则从"一日捐"起家的策略，转变为"议题"募款走向而与大型企业合作的策略性慈善。这些改变显现了外部环境的企业社会责任风潮对于组织内部管理策略造成的影响。同时，该组织尝试掌控资源，试图极小化对某些资源的依赖，达到"依赖管理"的目的，以维系组织的自主性，但也显现出这种资源的移转可能会衍生过度依赖企业资源的负面效应。

综合上述可知，本研究除在理论层次呈现 NPO 组织随着外部环境变迁与内部管理因应的动态样貌之外；对于资源募集策略的部分，本研究发现，台湾联劝也面临一些重大挑战与考验，这些课题也是台湾 NPO 会面临的难题。例如，在个人募款部分，尽管联劝透过企业策略性慈善的合作，扩大资源募集范畴，但大众捐款始终是该组织重要的核心支柱，且联劝现有资源募集策略多半以北部民众为重心，面临重北轻南的考验，如何以更"草根性"的策略诉求贴近台湾中南部民众，为联劝未来考验课题之一。尤其台湾地区内属于全省范围的 NPO 似乎都偏好着力于北部的曝光度，而忽略中南部民众捐款资源的开拓，走出北部、贴近中南部也成为不少 NPO 必须省思的课题。再者，在企业捐款部分，联劝在现阶段的募款所得，有相当的比例是透过企业的"议题募款"机制而来，但是企业组织一旦撤退，将对 NPO 造成巨大的冲击。因此，联劝除了持续与优良企业保持互益关系外，宜思考企业的捐赠额度是否应订定一个上限比例，切勿高度依赖一两家企业的捐赠。

注：作者于 2007 年 3～8 月期间，接受台湾"中华社会福利联合劝募协会"的委托研究计划"联合劝募在台湾的组织发展、变迁与未来策略展望的研究"，研究报告初稿发表于中华联劝十五周年国际研讨会"跨界合作、公益创新"，台北：台大医学院国际会议中心，2007 年 7 月 21～22 日。本文乃修改增删自该研究报告，在此感谢联劝的经费资助并慨允作者发表研究成果。并感谢三位匿名审查教授提供修改的宝贵意见。

参考文献

"中华社会福利联合劝募协会"，《联劝会讯》1993 年第 1 期。
"中华社会福利联合劝募协会"，《联劝会讯》1997 年第 7 期。
"中华社会福利联合劝募协会"，《联劝会讯》1998 年第 10 期。
"中华社会福利联合劝募协会"，《联劝会讯》2001 年第 21 期。
"中华社会福利联合劝募协会"，《联劝会讯》2002 年第 24 期。
"中华社会福利联合劝募协会"，《联劝会讯》2006 年第 34 期。
"中华社会福利联合劝募协会"，《缓起诉专刊》2006 年第 2 期。
"中华社会福利联合劝募协会"，《联劝十周年特刊》，中华社会福利联合劝募协会出版，2002 年。
"中华社会福利联合劝募协会"，《联劝 2005 年刊》，中华社会福利联合劝募协会出版，2005 年。
"中华社会福利联合劝募协会"，《96 年度会员大会手册》，中华社会福利联合劝募协会出版，2007 年。
王顺民：《非营利组织的社会营销及其相关议题论述——以当代台湾地区为例》，《国政研究报告》，2006。
司徒达贤：《非营利组织的经营管理》，台北：天下文化，1999。《非营利组织的经营管理》，再版，台北：天下文化，2003。
江明修主编《非营利管理》，台北：智胜文化，2000。
余佩珊译，Drucker 著《非营利组织的经营之道》，台北：远流，1994。
余慧芸译，Pfeffer & Salancik 著《组织的外部控制：资源依赖理论》，台北：联经出版公司，2007。

李礼孟：《非营利组织的策略规划》，萧新煌主编《非营利部门的组织运作》，台北：巨流图书公司，2000。

周文珍、赖金莲：《台湾公益团体信息化发展现况与应用——中华社会福利联合劝募协会》《小区发展季刊》，2005 年第 111 期。

官有垣、王仕图：《非营利组织的相关理论》，收录于萧新煌主编，《非营利部门：组织与运作》，台北：巨流图书公司，2000。

官有垣：《非营利组织的董事会角色与功能之研究：以全国性社会福利相关的基金会为例》，《中正大学社会科学学报》，1998 年第 9 卷第 1 期，第 1~49 页。

许士军：《不可忽略的非营利组织》，载于司徒达贤著《非营利组织的经营管理》，台北："国立"编译馆，1999。

陈文良：《资源动员与小区影响力》，《小区发展季刊》2006 年第 115 期。

陈定铭：《非营利组织营销管理之研究》，《小区发展季刊》，2003 年第 102 期。《非营利组织营销管理之研究—以财团法人社会福利基金会为例》，"行政院国家"科学委员会年度专题研究成果报告，2004。

陆宛苹：《非营利组织的营销管理与募款策略》，收录于萧新煌主编，《非营利部门组织与运作》，台北：巨流图书公司，1998。

张在山译，kotler 著《非营利事业之策略性营销》，台北："国立"编译馆，1998。

蔡美慧译，Allison M. & Kaye J. 著《非营利组织的策略规划：实务指南与工作手册》，台北：喜马拉雅研究发展基金会，2001。

简春安、赖金莲：《联合劝募在台湾》，《小区发展季刊》，2005 年第 109 期。

萧新煌，《我国文教基金会发展之研究》，"行政院"文化建设委员会，1991。《非营利部门：组织与运作》，台北：巨流图书公司，2000。

Aldrich, H. E., *Organizations and Environments*, Englewood Cliffs, NJ: Prentice - Hall, 1979.

Alexander, V., "Environmental Constrains and Organizational Strategies", *Private Action and the Public Good*, New Haven, Conn.: Yale University Press, 1998.

Aramony, W., *The United Way: The Next Hundred Years*, Donald I. Fine, ING. New York, 1986.

Barman, E. A., "Asserting Difference: The Strategic Response of Nonprofit Organizations to competition", *Social Force*, 2002, Vol. 80 No. 4.

Brown, W. G, Nygren, T. I., Turner, S. E., & Duffy, E. A., *The Charitable Non - profits: An Analysis of Institutional Dynamics and Characteristics*, San Francisco: Jossey - Bss, 1994.

Brody, E, "Agent without Principals: The Economic Convergence of the Nonprofit and For - profit Organization Forms", *New York Law School Review*, 1996, Vol. 40 No. 3.

Brois, E. T, "Creation and Growth: A Survey of Private Foundations", In

T. J. Odendahl（Ed.）, *America's Wealth and the Future of Foundations*, New York: Foundation Center, 1986.

Cho, Sungsook & Gillespie, D. F, "A Conceptual Model Exploring the Dynamics of Government-Non-profit Service Delivery", *Non-profit and Voluntary Sector Quarterly*, 2006, Vol. 35.

DiMaggio, P. J. and H. K. Anheier., "The Sociology of Nonprofit Organizations and Sectors", *Annual Review of Sociology*, 1990, Vol. 16.

Fogal, R. E., "Designing and Managing the Fundraising Program", in Herman, R. D, & Associates（eds.）, *The Jossey–Bass Handbook of Non-profit Leadership and Management*, San Francisco, CA.: Jossey–Bass, 2005.

Galaskiewicz and Bielefeld, *Non-profit Organizations in an Age of Uncertainty*, New York: Aldine de Gruyter, 1998.

Gronbjerg, K. A., "Non-profit Human Service Organizations: Funding Strategies and patterns of Adaptation", In Y. Hasenfeld（Ed.）, *Human Services as Complex Organizations*, New Park, CA: Sage, 1992. *Understanding Nonprofit Funding*, San Francisco, CA.: Jossey–Bass, 1993.

Hannan, M. T., and Freeman, J., "The Population Ecology of Organizations", 1977, *AJS*, Vol. 82. "The Ecology of Organizational Morality: American Labor Unions", 1830–1985, *American Journal of Sociology*, 1988, Vol. 94.

Haider, Donald., "Do Trust and Efficiency Still Sell"? In *Giving Better. Giving Smarter*, edited by John W. Barry and Bruno V. Manno, National Commission on Philanthropy and Civic Renewal, 1997.

Konopaske, W. T., and Gemeinhardt, G., "The Effects of United Way Membership on Employee Pay in Non-profit Organizations", *Non-profit and Management Leadership*, 2000, Vol. 11. No. 1.

Kuan, Y. Y., Chiou, Y. C., and Lu, W. P., "The Profile of Foundations in Taiwan Based on the 2001 Survey Data", *Taiwanese Journal of Social Welfare*, 2005, Vol. 4. No. 1.

Marx, J. D, "Corporate Philanthropy and United Way: Challenges for the Year 2000", *Nonprofit and Management Leadership*, 1997, Vol. 8. No. 1.

Nelson, S., "Catholic Elementary Schools in Chicago's Black Inner City: Four Models of Adaptation to Environmental Change", *Non-profit and Voluntary Sector Quarterly*, 1994, Vol. 23. No. 3.

Olcott, W., "United Way Growth Stagnant", *Fund Raising Management*, 1994, Vol. 25. No. 4.

Pfeffer, J., and Salancik, G. R, *The External Control of Organizations: A Resource Dependence Perspective*, New York: Harper & Row, 1978.

Plambeck, D. L., "The Implication of Board Member Composition for Fund-

Raising Success", *Journal of Voluntary Action Research*, 1985, Vol. 14 . No. 4.

Salamon, L. M. , "The Voluntary Sector and the Future of the Welfare State", *Non-profit and Voluntary Sector Quarterly*, 1989, Vol. 18 . No. 1. *America's Nonprofit Sector*: *A Primer*, 2nd Ed. , the Foundation Center, 1999.

Sargeant, A. , Wymer and W. , and Hilton, T. , "Marketing Bequest Club Membership: An Exploratory Study of Legacy Pledgers", *Non-profit and Voluntary Sector Quarterly*, 2006, Vol. 35. No. 3.

Schiff, J. , & Weisbrod, B. , "Competition between For – profit and Non-profit Organization in Commercial Markets", In A. Ben – Ner & B. Gui (Eds.), *The Non-profit Sector in a Mixed Economy*, Ann Arbor: University of Michigan Press, 1993.

Scott, W. Richard. , *Organizations*: *Rational, Natural, and Open Systems* , Prentice – Hall, 1997.

Tolbert , Pamela . and Lynne Zucker. , "Institutional Sources Role of Non-profit Organization: Structure of Organizations: The Diffusion of Civil Service Reform, 1880 – 1935", *Administrative Science Quarterly*, 1983, Vol. 28.

Tuckman, H. P. , "Competition, Commercialization, and the Evolution of Non-profit Organizational Structures", In B. A. Weisbrod (Ed.), *To Profit or not to Profit*: *The CommercialTransformation of the Non-profit sector*, New York: Cambridge University Press, 1998.

Twombly, Eric. C. , "What Factors Affect the Entry and Exit of Non-profit Human Service Organization in Metropolitan Areas", *Non-profit and Voluntary Sector Quarterly*, 2006, Vol. 32. No. 2.

Useem, M. , "Corporate Philanthropy," In W. Powell (Ed.), *The Non-profit Sector*: *A Research Handbook*, New Haven, CT: Yale University Press, 1987.

Useem, M. , and Kutner, S. , "Corporate Contribution to Culture and the Arts", In P. DiMaggio (Ed.), *Non-profit Enterprise in the Arts*, New York: Oxford University Press, 1986.

Weisbrod, B. A. , "The Non-profit Mission and Its Financing", *Journal of Policy Analysis and Management*, 1998 , Vol. 17.

附录1：访谈对象一览表

访谈对象	职称	访谈地点	访谈时间
B	理事长	台北市	2007/05/03
D	创会发起人	台中市	2007/05/22
C	秘书长	台北市	2007/05/03
E	理事长	台北市	2007/06/29
F	审查委员会召集人、常务理事	台北市	2007/06/29
L	总干事秘书长	台北市	2007/05/03
T	理事长	台北市	2007/05/25
W	副秘书长	台北市	2007/06/01

NPO Fundraising Strategies in Transformation —A Case Study of the United Way Taiwan

Yu-yuan Kuan   Lien-Chih Chiou

【Abstract】 The purpose of this article is to examine the transformation of fund-raising strategies adopted by the United Way Taiwan through the points of view of dependency theory, institutionalism, and population ecology. In addition, it relates the study's implications to the funding strategies other nonprofit organizations in Taiwan. The study results are as follows:

First, recognizing the importance of legitimacy and accountability, the United Way Taiwan has consistently worked hard to garner external support from individual donors and corporations. Second, the "rational donation" introduced by the United Way Taiwan has proven an identifiable and successful strategy for differentiation that has greatly boosted the organization's fundraising performance. Third, the United Way Taiwan recognized that a scheme with multiple donation choices is absolutely necessary. Fourth, its fundraising has increasingly targeted corporations over individuals. However, the United Way Taiwan still faces several challenges, such as how to build the capacity to break down geographic barriers in Taiwan, particularly extending from the northern to the southern part of the island, in order to gain access to financial resources; and how to avoid its heavy dependence upon one single source of funding in order to conserve the organization's autonomy.

【Keywords】 fundraising　the United Way　Funding Strategy　Individual Donation　Corporate Donation

（责任编辑　周秀平）

重构公民社会理论
——读《公民社会与政治理论》

谈火生[*]

简·科恩和安德鲁·阿雷托所著的《公民社会与政治理论》一书，对于中国学界来说并不陌生，早在十年前由邓正来先生和亚历山大合编的《国家与市民社会》一书中就收入了该书第九章的部分内容。[①] 据说后来有人想将此书译成中文，但终因各方面的原因而未能如愿。就公民社会的研究而言，尽管此书出版已有些年头了，但是，在西方学界该书一直被视为当代公民社会理论发展的一部极具启发意义的著作，它对公民社会理论发展脉络进行整理的系统性，以及它借助哈贝马斯的商谈伦理理论来重建公民社会理论所表现出来的雄心与洞见，恐怕仍是其他的著作无法替代的。

《公民社会与政治理论》一书出版于 20 世纪 90 年代初，其时正值苏东事件不久，自 20 世纪 70 年代中期开始的第三波民主化浪潮至此可以说达到了一个高潮，与此相应的，公民社会理论本身也正是在这一过程中被激活的。但它在被激活的同时，人们对它的理解和界定也呈现出高度

---

[*] 谈火生，中国人民大学国际关系学院政治学系讲师，邮编：100872。
[①] 简·科恩和安德鲁·阿雷托著，时和兴译《社会理论与市民社会》，载邓正来，J. C. 亚历山大主编《国家与市民社会：一种社会理论的研究路径》，北京，中央编译出版社，1999，第 173~205 页。此处所译为该书第九章前面 1/3 的内容。

的歧义性，以致本杰明·巴伯（Benjamin Barber）曾感慨道："公民社会这一术语使用得越来越多，人们对它的理解却越来越少。"① 正是在这种情况下，曾长期从事东欧转型研究的西方马克思主义学者科恩和阿雷托推出了这部厚达771页的巨著。

在该书正文的开篇，作者就指出："现代社会的自我理解正在发生又一次重大转型，我们就站在这个十字路口之上"（p.1），而他们相信，"公民社会话语"的复兴是此次政治文化转型最为核心的成分（p.3）。因此，在该书的前言中，作者提出自己的理论目标：其一，说明公民社会概念和现代政治理论之间的关联；其二，构建公民社会的理论框架，使之能适应当代的政治生活。为此，全书被划分为三个部分：第一部分"各种公民社会话语"（1~3章），首先分析了公民社会话语在当代复兴的背景及其意义，指出公民社会概念在各种理论争论和政治运动话语中所具有的核心地位，然后从历史的维度对公民社会理论的发展及其当代复兴进行了详细的梳理；第二部分"对公民社会的不满"（4~7章），选取了阿伦特、施米特、哈贝马斯、福柯、卢曼等当代最有影响的思想家，梳理了他们对公民社会理论的批评，并在与他们的对话中进一步强调，无论是将公民社会消解于国家，还是将其消解于市场都是不合适的；第三部分"重建公民社会"（8~11章），作者提出了他们自己关于公民社会理论的构想。

作者对上述三个部分的衔接做了很好的安排，将规范性维度的分析和历史维度的分析有机地结合在一起。第一部分的观念史考察侧重于历史的维度。例如，在第二章"概念史与理论综合"中，作者对"公民社会"概念的知识史梳理是非常博学的，同时又是非常具有启发意义的，它超越了单纯的观念史旨趣，而是试图通过这种梳理来证明，"公民社会"这一概念的规范性维度对于我们理解后传统社会来说是极其重要的。在第一部分侧重历史维度的分析之后，第二、第三部分则主要偏重于规范性的维度。正是由于作者将这两个维度有机结合在一起，所以，其规范性分析才有了历史的厚度，而不至于凌空蹈虚；而其历史的分析又有了规范性的标准，而不至于变成一个杂货铺。例如，在第一部分的观念

---

① O'Connell, Brain, *Civil Society: the Underpinnings of American Democracy*, Hanover, University Press of New England, 1999, p.10.

史梳理过程中,在评论苏格兰启蒙学派的"公民社会"观念时,作者指出弗格森、休谟和斯密等人所理解的公民社会,其本质特征不是寓于其政治组织之中,而是寓于其物质文明的组织之中,这样,他们就提供了一个新的理解公民社会的维度——经济的维度,从而颠覆了亚里士多德传统的公民社会概念(将经济排除在外)(p. 90)。在此基础上,才有了黑格尔的综合,将英国和法德两个传统结合起来,第一次提出了现代意义上的公民社会理论(p. 91)。在这样的叙事中,对苏格兰启蒙学派的考察就不仅仅是具有历史的意蕴,而且具有规范性的意义了。

但是,该书最大的贡献还不在于对过去公民社会理论的系统整理,而是提出了他们自己关于公民社会理论的构想。该书的第三部分(这一部分占了全书2/5的篇幅)要完成的就是这项工作,他们试图构建一种新型的政治哲学,不仅具有实践性,而且要克服第二部分中那些思想家们所提出的各种批评。

这一部分包含四章,前面两章是通过梳理哈贝马斯的商谈伦理理论来为后面的公民社会理论的重建奠定基础。在第八章中,作者系统梳理了哈贝马斯的商谈伦理理论,并指出它能为公民社会理论的重建提供一个规范性基础。在第九章,作者则指出,商谈伦理理论存在"制度上的不足",因为它作为一种反事实的理想(counterfactual ideal),如何与现实链接起来是一个大问题,黑格尔曾经批评康德的理论无法跨越事实与应当之间的鸿沟,那么,哈贝马斯的商谈伦理理论是否也会陷入这一困境而无法自拔呢?① 科恩和阿雷托认为,现代公民社会理论恰好可以弥补商谈伦理理论的这一缺陷,使之无需像黑格尔所认为的那样,一个合理的社会必须采取垂直的、家长式的整合形式。为此,他们对哈贝马斯的生活世界概念进行了补充,认为各种志愿性团体可以保障各种民主的价值(诸如公开性、多元化等),从而可以抵御国家和经济系统对它的"殖民化"。

在完成了以上的准备工作以后,科恩和阿雷托在后面的两章中返回激进民主的规划,将公民社会概念和"新社会运动"(第十章)、"公民不服从"(第十一章)结合起来,将这些非制度化的要素作为民主公民社

---

① 哈贝马斯在同年(1992年)出版的德文版《在事实与规范之间》要解决的其实就是这个问题。

会生机勃勃的象征。这可能是他们最具原创性的一步,在他们看来,在现代社会,公民社会不仅从国家和经济中分离出来,而且它为自我指涉(self-referential)的沟通实践提供了可能性,正是借助这些自我指涉的沟通实践,公民社会才能不断地自我更新和发展,并对自身进行限制。"各种新社会运动"就属于建立在这种沟通实践基础之上的"双重政治"(dual politics)的一部分。一方面,它是"进攻性"的,它旨在影响政治、经济政策,特别着眼于更大的包容性;另一方面,它也是"防守性"的,它会对文化生活和社团生活的基础性的沟通结构进行自我反思,使之得以保存和发展,据此,各种新的身份认同得以创造出来(pp. 531-532)。在这个意义上,新社会运动是公民社会民主化不可或缺的前提。

沿着这一思路,科恩和阿雷托进一步指出,公民不服从在新社会运动和公民社会的关联中起着关键的作用。因为在我们所生活的这个时代,政府职能快速扩张、跨国公司的影响力不断增长、整个社会都是由官僚机构来进行调节,只有公民不服从行动才能使我们重新体味到民主政治最核心的规范性理想。它们超越于制度之外,具有激进乌托邦的色彩,但又不是采取革命的形式。在这个法律实证主义流行、官僚制正一步一步实现对社会行动殖民化的时代,要想与之相抗衡,公民不服从行动是绝对必不可少的。公民不服从行动的存在本身正好说明,民主社会的规范性诉求——正义、幸福与自由——在处于晚期资本主义的今天还远远没有得到实现。公民不服从可以有力地推动社会兑现其承诺。公民不服从行动具有自我设限(self-limiting)的特点,这一优点使他们得以避免将政治道德化的危险,他们只是通过行动提醒我们,在现实生活中道德与合法之间还存在张力。公民不服从行动所诉诸的"高级法"不外乎就是体现为宪法的民主社会的道德基础。就此而言,它更多的是象征性的,通过诉诸理性来维护这个社会的大经大法,而绝不是崇尚无政府主义。值得注意的是,在科恩和阿雷托看来,公民不服从行动绝不仅仅是对"权利"的再肯定(就像自由主义者在捍卫公民不服从时所声称的那样),而是要重新肯定积极的公民身份,并复活民主的合法性——以人民主权来抵御意识形态。因此,它是公民社会与政治社会之间进行沟通的重要渠道,也是使政治社会保持开放性的重要手段(p. 602)。

正是新社会运动和公民不服从所具有的超越于制度之外的能量赋予了公民社会以活力,使之可能成为古典自由主义——崇尚消极自由和消极的公民、主张精英统治——的替代品,而且是一种具有现实可能性的替代品。

据此,科恩和阿雷托将"公民社会"理解为经济与国家之间的社会互动领域,它包括私密领域(特别是家庭)、各种社团(特别是志愿性社团)、社会运动和各种公共沟通形式(p. ix)。他们特别强调公民社会与国家、市场之间的差别,并认为在当代社会要推进民主化进程,公民社会是一个比国家和市场更合适的场所(p. 417)。

在简要地介绍了作者对公民社会理论的重新构建之后,让我们回到作者在开篇时所提出的问题:现代社会的自我理解正在发生又一次重大转型,而"公民社会话语"的复兴是此次政治文化转型最为核心的成分。那么,科恩和阿雷托对公民社会理论的重构对此有何意义呢?仔细思之,他们的工作迫使我们对西方政治现代性中的一些基本观念进行反思,起码在以下三个方面确实有助于我们反思当代的政治争论。

其一,科恩和阿雷托强调公民社会潜在的自主性,从而挑战传统的观念。在传统的观念中,或者将社会销熔于国家,或者将社会等同于市场(pp. 11 – 18)。在科恩和阿雷托看来,这都是不对的,一方面,他们批评黑格尔尽管试图让公民社会免遭国家的影响,但做得还不够(pp. 233,248,249,411);另一方面,他们反对苏格兰启蒙学派将社会等同于商业(pp. 89 – 90),并反对马克思将公民联合化约为资产阶级的交易(p. 411)。基于此,他们明确地提出了三分法的公民社会理论,试图在自由主义的福利国家主张和新保守主义的反国家立场之间寻找第三条道路,使公民社会免遭国家和经济的侵蚀,同时又能保持三者的自主性(p. 24)。他们的"公民社会"概念在保留民主理论之规范性核心的同时,又使之与现代性的结构性前提相容(p. 20),因此,他们承认可以在公民社会层次而不是在政治或经济领域推进民主化的进程,从而避免乌托邦式的或反现代性的极端民主理论。

其二,通过强调公民社会的"人为"特征,科恩和阿雷托挑战了通常所谓的自由主义和社群主义之分(pp. 8 – 10)。一方面,公民联合的集体行动依赖于个体的公民自由(pp. 400 – 403,562),这是现代的共同体依赖于自由主义权利的一面；另一方面，现代社会之所以比传统的共同体自由，并不是因为现代没有共同体，而是因为有各种共同体的存在，这就为个体的多重认同提供了可能（pp. 433 – 436），这是自由主义的个人主义依赖于共同体的一面。更进一步，科恩和阿雷托还试图通过对哈贝马斯商谈伦理理论的修正，来消解权利导向的自由主义和民主导向的社群主义之间在其哲学基础和社会前提上的尖锐对立（p. 23）。一方面，他们将商谈伦理理论作为民主合法性理论的哲学基础；另一方面，他们又将其作为权利理论的一个补充，使权利理论建立在普遍性原则和自主原则的基础之上，而不是从自由主义传统的存在论意义上的个人主义中引申而出（p. 403）。

其三，科恩和阿雷托挑战了传统观念中代议民主和参与民主之间的对立。一般认为，代议民主最重要的功能是对各种相互冲突的集团利益进行调节，但是，如果没有广泛的参与来形成集团利益，那么，利益集团政治中所追求的所谓集团利益就缺乏民主的合法性（p. 418）；与此同时，如果以民主的方式所形成的利益没有被代表，没有被公平地聚合，也没有被有效地实现，那么，民主本身已将受阻（pp. 414 – 415）。因此，代议民主和参与民主不仅是相容的，而且是依赖的。在科恩和阿雷托看来，代议民主不仅要对多样化的利益进行聚合，而且要利用广为人们所共享的原则和目标来对之进行通约，为此，政治过程中应该广泛吸纳各种协商团体。在这幅复杂的民主图景中，代议民主对参与式公民社会的依赖不仅表现在其所要聚合的偏好源于公民社会，而且表现在代议之"议"所需要的公民文化——相互可理解的论证规则、同情、尊重与和谐——亦源于公民社会（pp. 413, 589）。总之，代议民主是必须的，但仅此是不够的，必须有相对自主的参与式公民社会对之进行补充。

平心而论，《公民社会与政治理论》是一部极具原创性的著作，每一个仍对民主理想怀有敬畏之心的人都应该读一读这部巨著，相信一定会受益匪浅。

（责任编辑　仝志辉　马剑银）

Jean L. Cohen and Andrew Arato, *Civil Society and Political Theory*, Cambridge: MIT Press, 1992.

小农挑战全球资本主义

——评"粮食主权人民论坛"

严海蓉[*]

在过去的四十年里,世界人口增加了 1 倍,农业产出是原先的 2.5 倍,[①] 但是饥饿和粮食危机却困扰着当今世界。残酷的事实是多数挨饿的人口生活在出口粮食的国家,其中 70% 生活在农村。世界的 66 亿人口中饥饿人口(指每日食物热量摄入不足)以前所未有的速度增长,从 2003 年的 8.4 亿增长到今天超过 10 亿。另有 10 亿人虽然有足够的食物热量摄入,可是营养不良,[②] 而世界每年有 500 万儿童因饥饿死亡。[③] 2007 年世界谷类产出大丰收,比 2006 年增加 4%,达 23 亿吨,然而 2008 年世界穷人挨饿的程度也创了纪录。[④] 稻米的世界市场价格在 2008 年的两个月里飞增 75%,而小麦的价格在 2008 年增长了 120%,[⑤] 数个国家和地区爆发了食物涨价引发的骚乱。1996 年,世界饥饿和营养不良人口为 8 亿,

---

[*] 严海蓉,香港理工大学应用社会科学系副教授。
[①] Greenpeace, "Agriculture at Crossroads: Food for Survival", 2009.
[②] ETC Group, "Who will feed us", http://www.etcgroup.org/en/node/4921, issue 102 (pre-publication copy), November 2009, 4.
[③] Greenpeace, p. 10.
[④] Eradicate Hunger and Malnutrition, "Policies and Actions to Eradicate Hunger and Malnutrition: Working Document", November 2009, 9.
[⑤] William Pfaff, "Speculators and Soaring Food Prices," International Herald Tribune, 17 April 2008, 7.

世界各国政府在联合国粮农组织主办的第一次世界粮食峰会上曾许诺，在 2015 年之前使世界的饥饿人口减少到当时数量的一半。① 弹指 12 年过去，世界饥饿人口不仅没有减少，而且以每年 400 万的速度在增加，② 使 1996 年庄严的"罗马宣言"眼看就成空话。今年 11 月 16~18 日，联合国粮农组织在罗马召开了政府间的粮食安全世界峰会。11 月 13~17 日，数个公民社会组织和非政府组织以此为背景在罗马筹备召开了"人民粮食主权论坛"，强调如果没有食物生产者的参加，与饥饿和粮食危机做斗争将永远是空谈，指出"人民粮食主权"是解决饥饿和粮食危机的出路，也是应对当今世界多重危机（经济、食物、环境－气候、能源）的道路。

受组织者的邀请，笔者有幸参加了今年的"人民粮食主权"论坛，亲身经历了一次和世界农、牧、渔民组织的近距离接触。下面介绍一下粮食主权的概念，并提出自己的一点思考。

一　"人民粮食主权"

1996 年，联合国粮农组织召开世界粮食峰会讨论粮食安全的时候，公民社会组织和非政府组织也同时召集了一个与之平行的粮食安全会议，首次提出"粮食主权"的概念，并于 2002 年在罗马举行了有六百多家组织（四分之三来自发展中国家）参加的"粮食主权论坛"，成立食物主权国际计划委员会（简称 IPC）。③ 2007 年，在非洲马里的一个村庄，来自 80 多个国家的农民、渔民、牧民、原住民、失地农民、农业工人、移民工人、妇女、青年、消费者等组织的五百多名代表聚集在一起，通过并发表了关于"粮食主权"的《聂乐内宣言（Nyeleni Declaration）》。④ 该宣言宣告，"我们中大部分人是粮食生产者，我们有能力、有意愿并且

---

① FAO, "Rome Declaration on World Food Security," http://www.fao.org/docrep/003/w3613e/w3613e00.HTM, accessed on 26 November 2009.
② Eradicate Hunger and Malnutrition, 11.
③ IPC Food Sovereignty, http://www.foodsovereignty.org/new/history.php, accessed on 26 November 2009. 1996 年首次提出的食物主权概念是采用了"农民之路"（La Via Campesina）的建议。
④ 参见 http://www.nyeleni.org/? lang = en&lang_ fixe = ok.

也准备为满足世界人民的需求生产粮食;我们作为粮食生产者的所拥有的传统对人类的未来至关重要……但是这个传统和我们生产健康、营养和足够的粮食的能力正遭受新自由主义和全球资本主义的威胁和破坏;粮食主权给我们以希望和力量来保存、修复、建设我们生产食物的知识和能力。"今年的论坛继承了2007年《聂乐内宣言》关于"粮食主权"的界定,并且更迫切、更明确地向国际社会和机构提出,要求实现"人民粮食主权"（People's Food Sovereignty Now!）。

"粮食安全"在中国已经不是一个陌生的概念。20世纪90年代中后期的"三农"危机就敲响了农业危机的警钟。自1999年底加入世贸组织以来,中国农业向世界市场开放引发了东北大豆的覆灭,同时跨国资本加剧了世界粮食流通垄断和金融化,这使得政府、媒体和学者开始从经济命脉和国家根基的角度关注"粮食安全"问题。① 但是"人民粮食主权论坛"的中心概念是"粮食主权",强调只有"粮食主权"才能保障粮食安全。那么"粮食主权"到底指什么?它和"粮食安全"有什么不同?

世界主流体制出台的保障"粮食安全"的方案是更多的市场化。2008年11月,应对世界金融危机的G20峰会宣言重申了各政府对于开放贸易、投资和金融市场的承诺。世界银行2008年的《世界发展报告:农业发展》以提高生产效率、满足消费者为名,倡导把所有的农业生产推向市场,把小规模农业生产者纳入到由农业产业资本和金融资本控制的"价值链"里。联合国高层任务组针对全球粮食安全危机而出台的"综合性行动框架"一方面提倡一些有利于小农和可持续农业生产的政策,但另一方面却继续倡导贸易自由化、强化化肥农业以及赋予公司财团和世界银行更多的权力。②

"粮食主权"提出了什么不同的解决之道呢?如果归纳总结一下2007年的宣言的话,"粮食主权"的概念主要有如下几个方面（创造一个新的世界）:（1）自决权,为了保证每个人能得到优质、足够、买得起、健康

---

① 参见中央电视台《中国财经报道》栏目组:《粮食战争》,北京,机械工业出版社,2008。
② Eradicate Hunger and Malnutrition, p. 11.

和文化上合适的食物，所有的人民、民族、国家有权自行决定自己的食物生产体系和政策；（2）人权，获取食物、免受饥饿、拥有尊严是基本的人权；（3）生产者公平地拥有管理和掌控生产资料的权利，这里生产者包括农、牧、渔、原住民等，同时特别提出妇女应该拥有平等的权利；（4）生态的、多样性的权利，以家庭和社区为基础的小规模农业生产是建设可持续生态生产以及保障文化和知识多样性的主要力量；（5）反抗的权利，即人民有权反抗跨国公司，保卫他们的生产资料和领域。"粮食主权"的框架不是取消贸易，而是提倡平等贸易和公平贸易，以取代"自由贸易"。

显然，"粮食主权"的意义在于它鲜明地提出了解决世界饥饿和粮食危机的方向或道路，即世界食物的生产、流通、分配应以生态和文化多样性为前提，以生产者、消费者的利益、公平和健康为主导，以地方化为主要经营模式。最主要的是，"粮食主权"把生产者和消费者的利益置于粮食系统的核心，反对让市场和公司利润把粮食变成国际贸易商品，要求在新的生产关系和文化－生态意识的基础上改革粮食生产和贸易。"粮食安全"的概念只是说大家都应该有粮食，但是不管粮食从哪里来、谁生产，这样就得以让大型跨国公司控制食物，有可能制造更多的依附性和贫穷以及边缘化。[1] 当各国政府在全球市场的框架里讨论"粮食安全"的时候，"粮食主权"的概念使主权的主体重心转移，重心不是国家和（市场）经济，而是以生产者为主体的人民、社区和国家，也就是说提出了粮食的"人民主权观"。

什么是"粮食主权"的对立面？在今年论坛的讨论里，受到抨击和控诉的是"产业化农业"、"跨国公司"、"世界贸易组织"等。2007年宣言的指向则相当明确，即"帝国主义、新自由主义、新殖民主义和父权体制，以及一切使生命、资源、生态体系贫瘠的制度，和这些制度的代理人，比如国际金融机构、世界贸易组织、自由贸易条约、跨国公司和反人民的政府。"具体地来说，宣言反对以利润为主导而不以人民的利益、健康和环境为主导的公司掌控食物和食物生产体系；反对那些削减

---

[1] Latin America and the Caribbean Report, p. 20, quoted in Greenpeace, p. 23.

我们未来粮食生产能力、毁坏环境和健康的技术和科技实践,包括农业领域的新老"绿色革命"、渔业领域的"蓝色革命"和畜牧领域产业化的"白色革命",以及工业化的生物燃料基地"绿色沙漠"等;反对食物、公共服务、知识、土地、水、种子、畜种和自然遗产等的私有化和商品化;反对假"援助"之名,行倾销转基因食物之实;反对使妇女和其他社会群体边缘化的男权体制和价值观。

本次论坛有六百多人参加,其中一大半来自发展中国家的全国性、行业性或区域性的农民、牧民、渔民组织、原住民组织、青年组织和妇女组织的代表。在基层团体中,本次论坛尤其突出妇女、青年和原住民的组织,让论坛的组织者引以为自豪的是妇女成员占了60%。会议的语言是英语、法语和西班牙语,提供同声传译。看上去来自拉丁美洲、南亚、东南亚和非洲的代表占了大多数。东亚的代表只有寥寥几个。

论坛在14日下午进入实质性的过程,主要讨论分四个主题:(1)谁在决定粮食政策?(2)谁在控制粮食生产资源?(3)粮食是如何生产出来的?(4)谁需要粮食?讨论的组织方法颇有创意。14日下午人们分成妇女组、青年组、原住民组和联盟组,从各个人群的视角来讨论这四个问题。每个组的讨论由指定发言和自由发言相结合。15日上午继续前一天的安排,但全部是自由发言。15日下午,人们不再以群体分组,而是按主题分组,各人自愿选择主题。原先各个群体小组的成员有责任把他们各群体的视角和讨论带入到主题讨论中去。在主题讨论里,每个组都有4~5页的讨论稿作为讨论的指引。来自各类组织的年轻人、中年人、老年人踊跃、自信地分享他们自己最熟悉的经验,也不惧争执(比我们大学里课堂的气氛真是好多了)。这是一个相互教育、相互启发、相互团结的过程。

16日大部分的时间是继续前一天的分主题讨论,有一部分时间让大家再按人群分组。在各个人群的聚会里,各主题讨论的内容分别找人向人群汇报,由主持人做总结。每个主题小组和每个群体小组都有任务向大会提交小组讨论报告。16日晚,论坛组委会成员连夜加班,把各个小组的讨论汇报进行归纳总结,形成大会的决议草案,并连夜由翻译做好三种文字的版本。17日早晨,我们每人都拿到了他们连夜工作的成果

——一份决议草案,并在大会上听读了一遍。对文字或内容想提出修改意见的人们有排队等待发言的机会,由决议起草委员会一一听取意见。有些人群小组,如青年组、原住民组等经过几天的讨论分别起草了自己的决议,也在大会上宣读、分享。

二 最新科研报告的常识性启发

本次论坛给一些最新研究提供了传播研究报告的场地。其中比较引人注目的是两份研究报告,一份是 etc group 撰写的《谁在养活我们?》,[①]另一份是《国际农业知识与科技促进发展评估》。后者为长达 2000 多页的多卷报告,是由联合国的多家机构和世界银行发起,多方利益相关代表参加,[②] 580 位科学家参与写作,多次磋商,历时 6 年 (2002~2008)完成的全球首次综合评估。[③] 包括中国在内的 58 个国家和地区的政府认可了这份报告。在联合国领导的项目中,《国际农业知识与科技促进发展评估》(IAASTD) 是第一个介绍和弘扬"粮食主权"概念的。

这些报告对于像我这样关心农村但却不懂农业的人来说,有不少常识上和观念上的启发。比如,最基本的问题是,谁在养活世界,国际粮食贸易对人民的生活有多重要?尽管世界进入了快速城市化的过程,小农的比例在下降,然而农业仍然是世界上最大的产业,小农的绝对数量在上升,占世界人口的 40%,即 26 亿。小农场占世界可耕地面积的 60%,大多数为两公顷以下,为世界生产了大部分粮食。世界 87% 的小

---

① 报告见 http://www.etcgroup.org/en/node/4921, accessed on 26 November 2009.
② 多方利益相关的代表包括 30 个政府、30 个公民社会组织、6 个非政府组织、4 名消费者、6 名生产者/农民、4 个科研机构、6 个联合国机构,报告的组织和流程图见 Agriculture at Crossroads: Food for Survival, 7. 绿色和平做了一份 63 页的摘要,题为《处在十字路口上的农业》(Agriculture at Crossroads)。
③ 由联合国粮食及农业组织(FAO)、全球环境基金(GEF)、联合国开发计划署(UNDP)、联合国环境规划署(UNEP)、联合国教育、科学及文化组织(UNESCO)、世界银行和世界卫生组织(WHO)共同出资设立一个由多个利益相关方组成的管理机构,进行一次多主题、多空间、多时间段的政府间评估,即国际农业知识与科技促进发展评估(IAASTD)。中文摘要下载 http://www.agassessment.org/。

农场分布在亚洲、非洲、欧洲、美洲的小农场分别占8%、4%和1%，但是非洲的小农场出产了非洲90%的农产品。以单位土地和能源投入来计算，小农生产往往有最高的产出。① 所以，事实上小农是当今世界粮食的主要生产者，养活了世界70%的人口，② 也是单位面积最有效率的生产者。

有学者指出，中国农户的粮食商品率只有30%，③ 认为这反映了中国农民受到了自给自足的小农经济的束缚。然而粮食的全球化市场的规模往往是被夸大的，实际上在国际市场上流通的粮食只占世界粮食产量的10%~12%，而2007年稻米的国际流通量只有生产总量的4.7%，也就是说世界粮食产量的90%左右都在本国流通消费。④ 国际流通规模虽小，然而掌握国际流通的国际大公司龙头作用很大。这些公司垄断生物资源、渗透各国国内市场、改写游戏规则的能力远远超过了国际流通占世界产量的份额。全球100强的食物零售商占有世界零售35%的营业额，而最强的三个——沃尔玛、家乐福、乐购（Tesco）——则占了前十名公司销售额的一半。⑤

《国际农业知识与科技促进发展评估》指出，农业有多种产出，给消费者提供食物、使生产者获得生计自不必说；除了产出商品以外，农业还给人和环境提供多种公共品，包括诸多生态功能。所以农业的产出涉及经济、文化、社会和生态环境的多个方面。而目前专业化的大农业产业仅仅把农业当作经济活动，而且是用以商品为基础的货币表述这一经济活动。"绿色和平"对《国际农业知识与科技促进发展评估》所做的摘要中总结了专业化大农业的特点：专注于个别产品产量和效率的最大化；依赖化学（化肥农药）和矿石燃料的单一耕作方式；对有限资源的过多开发；其市场价值排除环境、社会和其他代价；致力于控制国内和

---

① Greenpeace, p. 19.
② Etc Group, p. 4.
③ 鲜祖德：《中国粮食问题研究》，北京，中国统计出版社，2003。
④ 感谢Luca Colombo（意大利Genetic Rights Foundation）提供这方面的资讯。根据他搜索的联合国粮农组织的数据，2000年世界主食的国际贸易量占生产总量的11.4%，其中小麦17.5%，稻米5.5%。
⑤ Etc Group, p. 16.

国际市场；导致地方性、区域性知识和价值的消失；排除农业提供健康食物和生计的基本功能；导致社区的消失，致使农民失去对耕地使用的掌握。① 所以，专业化大农业因为生产目的和手段不一样，不会使生产适应生态系统的特点和限度，而是使生态系统适应生产最大化的要求。所以，市场驱动的产业化农业生产不可能追求社会、环境、平等等多重目标，与农业的多功能性相抵触。

《国际农业知识与科技促进发展评估》的首席科学家鲍勃·华生警告说，"如果我们一切照旧，世界的人民在下半个世纪将食不果腹。这还意味着更严峻的环境退化和加剧的贫富差距。我们现有还有机会来动员我们的智力资源来避免这样的前途，否则，我们将面临一个大家不愿看到的世界"。② 因此，《国际农业知识与科技促进发展评估》呼吁决策者们要认识到食物主权和食物权利的关联，重视生态小农的知识和资源需求，给生态农业系统以公共研究和投资支持，支持农业的多重功能，珍惜和保护农业所提供的生态功能，通过生态农业来改变恶化的环境。③

三　从中国的经验看小农业

从中国的经验怎么来看本次"人民粮食主权论坛"和论坛的倡导？当今天许多发展中国家的地区和人民还在为争取"耕者有其田"呼吁抗争的时候，中国的农民在六十年前就已经实现了这一目标，那么粮食主权的概念对中国农民有没有意义？当今市场化的农业生产要求诸多的生产要素，而一般中国农民所有的是其中的两种：土地和部分农具。在市场被不断增多的农业农产品公司驱动的背景下，在化肥农药等生产要素高度（过度）市场化和部分高度依赖进口的情况下，④ 没法不和市场交易的中国小农户的生产主权最多只有部分的保障。"人民粮食主权"所要

---

① Greenpeace，p. 28.
② Greenpeace，p. 6.
③ Greenpeace，pp. 55~59.
④ 中国的钾肥70%依赖进口、磷肥原料硫磺70%依赖进口。参见中央电视台《中国财经报道》栏目组：《粮食战争》，北京，机械工业出版社，2008，第117~118页。

求的不仅仅是耕者有其田,而是整个粮食生产方式、生产目的和流通体制的根本改变。没有这个根本改变,为市场生产的小农也同样有一些产业化农业所具有的特点,如专注于个别产品的产出最大化,过度依赖化学(化肥农药)和矿石燃料的单一耕作方式(中国农民在单位面积上的化肥使用量世界最高,为世界平均量的 2.5~3 倍),[①] 对有限资源的过多开发,生产方式不顾环境、社会和其他代价。因此如果没有生产关系、生产方式、生产目的的整体转变,"耕者有其田"的小农依然缺乏"粮食主权",不能生态,不能环保,继续丧失与地方生态相适应的耕作传统和文化。

从今天中国小农的生产方式和困境来看,论坛的倡导似乎也把"小农"理想化了,把小农户理想化成生态农业的基本主体单位了,缺乏对历史上小农社会的批判和反省,也缺少对农民合作的前瞻性重视。从现实的条件看,生态农业最需要农民合作,而不太可能是依靠单个的生态农户来保证。六十年来,中国农民从分到合,从合到分,到今天再试着摸索合的曲折道路。从中国的经验来看,生态的"小农"或许更应该是"小农业"(社区农业),而不是"小农户"。

小农的世界前途问题已经有了一个半世纪的争论。马克思认为资本主义将消灭小农;而俄国的恰亚诺夫则认为因为不同于大工业,小农特有的经济合理性能够保证小农经济的长寿。这场开始于 19 世纪的争论在今天仍没有消停,而"人民粮食主权"的运动仿佛不经意地为这场争论又加了一个章节。马克思的预言在北美、欧洲、拉丁美洲的确已经被这些地区普遍的资本化的农业毫不留情地验证了。当前农场的平均规模在北美是 300 公顷,拉丁美洲是 166 公顷,西欧是 67 公顷。[②] 在今天的发展中地区,拉丁美洲最早被殖民,它的种植园经济最早被纳入世界经济体系中,它的农业比世界其他发展中地区都更具有资本化的特点。而小

---

① 参见 H. S. Yang, "Resource management, soil fertility and sustainable crop production: Experiences of China," *Agriculture, Ecosystems and Environment*, 2006, vol. 116, 31. Yang 的图表的原始数据来自于联合国粮农组织 2002 年公布的数据。感谢文佳筠分享资讯。

② Greenpeace, p. 20.

农经济大量存在的亚洲和非洲——这两个大洲农场的平均规模是 4 公顷①——相对晚近一些才被纳入世界经济体系。② 20 世纪上半叶如火如荼的第三世界民族解放运动、新兴民族国家的成立和社会主义阵营的存在给全球资本的扩张以一定程度的遏制。20 世纪晚期社会主义阵营解体,新自由主义盛行,许多亚非拉国家内外交困,被迫接受西方控制的国际金融机构开出的"结构调整"方案,导致了全球新一轮的私有化浪潮。虽然新自由主义和私有化的合法性因为最近的金融危机而受到挑战,但是在过去的五年里,世界范围内出现了新一轮的资本圈地和土地兼并,被买卖的亚非拉和东欧的土地至少有 100 万公顷。③ 无组织、分散的小农不可能阻挡资本的车轮,但是有意识、有组织的农民有可能改变资本的进程。只有这样,小农的世界前途问题才会有新的可能性。也是在这样的背景下,"人民食物主权"的呼声更显急迫。

(责任编辑:仝志辉 刘海龙)

---

① Greenpeace, p. 20.
② Greenpeace。非洲的人力资源——被贩卖到美洲种植园的非洲奴隶——自 16 世纪开始成为世界经济体系的一部分,但是欧洲对非洲大陆殖民制度的建立是 19 世纪下半叶开始的。
③ Food and Water Watch, "Global land grab undermines food security in the developing world." http://www.foodandwaterwatch.org/world/global-land-grab-undermines-food-security-in-the-developing-world? searchterm = global + land, accessed on 26 November 2009. 有兴趣跟进全球土地兼并情况的读者还可以参考"Food Crisis and the Global Land Grab," http://farmlandgrab.org/,针对当前的资本圈地,该网站提出了"农业帝国主义"(agro-imperialism)的说法。

稿　约

1. 《中国非营利评论》是有关中国非营利事业和社会组织研究的专业学术出版物，暂定每年出版两卷。《中国非营利评论》秉持学术宗旨，采用专家匿名审稿制度，评审标准仅以学术价值为依据，鼓励创新。

2. 《中国非营利评论》设"论文"、"案例"、"书评"、"随笔"四个栏目，刊登多种体裁的学术作品。

3. 根据国内外权威学术刊物的惯例，《中国非营利评论》要求来稿必须符合学术规范，在理论上有所创新，或在资料的收集和分析上有所贡献；书评以评论为主，其中所涉及的著作内容简介不超过全文篇幅的四分之一，所选著作以近年出版的本领域重要著作为佳。

4. 来稿切勿一稿数投。因经费和人力有限，恕不退稿，投稿一个月内作者会收到评审意见。

5. 来稿须为作者本人的研究成果。作者应保证对其作品具有著作权并不侵犯其他个人或组织的著作权。译作者应保证译本未侵犯原作者或出版者的任何可能的权利，并在可能的损害产生时自行承担损害赔偿责任。

6. 《中国非营利评论》热诚欢迎国内外学者将已经出版的论著赠予本编委会，备"书评"栏目之用，营造健康、前沿的学术研讨氛围。

7. 《中国非营利评论》英文刊将委托 Brill 出版集团在全球出版发行，中文版刊载的论文和部分案例及书评，经与作者协商后由编辑部组织翻译交英文刊采用。

8. 作者投稿时请寄打印稿或电子稿件。打印稿请寄至：北京市海淀区清华大学伍舜德楼 309 室《中国非营利评论》编委会，邮编 100084。电子稿件请发至：nporeviewc@ gmail. com。

9.《中国非营利评论》鼓励学术创新、探讨和争鸣，所刊文章不代表编辑立场，未经授权，不得转载、翻译。

10.《中国非营利评论》集刊以及英文刊所刊载文章的版权属于《中国非营利评论》编辑部所有；本刊已被中国期刊网、中文科技期刊网、万方数据库、龙源期刊网等收录，为适应我国信息化建设的需要，实现刊物编辑和出版工作的网络化，扩大本刊与作者知识信息交流渠道，在本刊公开发表的作品，视同为作者同意通过本刊将其作品上传至上述网站。作者如不同意作品被收录，请在来稿时向本刊声明。但在本刊所发文章的观点均属作者个人观点，不代表本刊立场。本声明最终解释权归《中国非营利评论》编辑部所有。

《中国非营利评论》2010 年将出版以社会企业为主题的专辑，特向关注社会企业理论研究与实践发展的管理者、学者、实践者等各界人士约稿。

来稿体例

1. 各栏目内容和字数要求：

"论文"栏目发表中国非营利和社会组织领域的原创性研究，字数以 8000 – 20000 字为宜。

"案例"栏目刊登对非营利和社会组织实际运行的描述与分析性案例报告，字数以 5000 – 15000 字为宜。案例须包括以下内容：事实介绍，理论框架，运用理论框架对事实的分析。有关事实内容，要求准确具体。

"书评"栏目评介重要的非营利研究著作，以 3000 – 10000 字为宜。

"随笔"栏目刊发非营利研究的随感、会议评述、纪行及心得，不超过 4000 字。

2. 稿件第一页应包括如下信息：（1）文章标题；（2）作者姓名、单位、通信地址、邮编、电话与电子邮箱。

3. 稿件第二页应提供以下信息：（1）文章中、英文标题；（2）不超过 400 字的中文摘要；（3）2~5 个中文关键词。书评和随笔无需提供中文摘要和关键词。

4. 稿件正文内各级标题按 "一"、"（一）"、"1."、"（1）" 的层次设置，其中 "1." 以下（不包括 "1."）层次标题不单占行，与正文连排。

5. 各类表、图等，均分别用阿拉伯数字连续编号，后加冒号并注明图、表名称；图编号及名称置于图下端，表编号及名称置于表上端。

6. 文章中凡采用他人研究成果或引述，以及注释，一律用当页内脚注予以说明，脚注编号以本页为限，另页有注时，仍从注释①始。如确有对文章观点有重要启发的著述，未及在脚注中说明的，可在文后以 "参考文献" 方式列出。

7. 请将参考文献中外文分列，中文在前，中外文参考文献分别按作者姓氏首字母音序排列。

图书在版编目（CIP）数据

中国非营利评论.第5卷/清华大学公共管理学院
NGO 研究所主办.—北京：社会科学文献出版社，2010.4
 ISBN 978-7-5097-1312-9

Ⅰ.①中… Ⅱ.①清… Ⅲ.①社会团体—中国—文集
Ⅳ.①C232-53

中国版本图书馆 CIP 数据核字（2010）第 023845 号

中国非营利评论（第五卷）

主　　办	清华大学公共管理学院 NGO 研究所
出 版 人	谢寿光
总 编 辑	邹东涛
出 版 者	社会科学文献出版社
地　　址	北京市西城区北三环中路甲 29 号院 3 号楼华龙大厦
邮政编码	100029
网　　址	http：//www.ssap.com.cn
网站支持	（010）59367077
责任部门	社会科学图书事业部 （010）59367156
电子信箱	shekebu@ssap.cn
项目负责	刘骁军
责任编辑	虞　辉　关晶焱
责任校对	李向荣
责任印制	郭　妍　岳　阳　吴　波
总 经 销	社会科学文献出版社发行部 （010）59367080　59367097
经　　销	各地书店
读者服务	读者服务中心 （010）59367028
排　　版	北京宝蕾元科技发展有限公司
印　　刷	北京季蜂印刷有限公司
开　　本	787mm×1092mm　1/16
印　　张	15.5　　字　数／237 千字
版　　次	2010 年 4 月第 1 版
印　　次	2010 年 4 月第 1 次印刷
书　　号	ISBN 978-7-5097-1312-9
定　　价	35.00 元

本书如有破损、缺页、装订错误，请与本社读者服务中心联系更换

版权所有　翻印必究

《中国非营利评论》征订单

  《中国非营利评论》是由清华大学 NGO 研究所和社会科学文献出版社合作发行的学术期刊,清华大学 NGO 研究所所长王名教授担任主编。

  《中国非营利评论》是一份有关中国非营利事业与非营利组织研究的专业学术出版物,每年出版两卷。出版时间为 6 月 30 日和 12 月 31 日,每卷定价 35.00 元。

  《中国非营利评论》秉持学术宗旨,采用当今国际学术刊物通行的匿名审稿制度,提倡严谨治学,鼓励理论创新,关注实证研究,为中国非营利事业与非营利组织的研究提供一个高品位、高水准的学术论坛。本刊将开设四个主要栏目,一为"论文",二为"案例",三为"书评",四为"随笔"。为提高刊物的学术品位和水准,本刊聘请国内外相关领域的 28 位知名学者组成学术顾问委员会,其中海外(含港台地区)学术顾问比例不低于 1/3。本刊英文刊 *China Nonprofit Review*(ISSN 1876 – 5092;E – ISSN 1876 – 5149)第一卷已于 2009 年 2 月在波士顿出版,第二卷于 2009 年 9 月出版。

▷ [征订单]

订购单位:			
邮寄地址:		邮编:	
联系人:		职位:	
电话:	传真:	邮箱:	
第一卷	数量:	总额:	
第二卷	数量:	总额:	
第三卷	数量:	总额:	
第四卷	数量:	总额:	
第五卷	数量:	总额:	
发票要求:□是 □否		发票抬头	
附言:			

付款	汇款请至如下地址: 帐户名称:社会科学文献出版社 开户银行:工商银行北京分行东四南支行 银行帐号:0200001009004607807	征订单请寄至: ◇北京市西城区北三环中路甲 29 号院 3 号楼华龙大厦 社会科学文献出版社 邮编:100029 联系人:闫红国 电话:010 – 59367156 ◇清华大学公共管理学院 NGO 研究所 邮编:100084 联系人:刘彦霞 电话:010 – 62773359